中國學術思想 研究輯刊

初　編

林　慶　彰　主編

第 6 冊

清代《易》學八家研究（下）

康　全　誠　著

花木蘭文化出版社

國家圖書館出版品預行編目資料

清代《易》學八家研究（下）／康全誠 著 — 初版 — 台北縣永
和市：花木蘭文化出版社，2008〔民97〕
目 6+170 面：19×26 公分
（中國學術思想研究輯刊 初編：第 6 冊）
ISBN：978-986-6657-78-8（精裝）
1. 易學　2. 研究考訂　3. 清代

121.17　　　　　　　　　　　　　　　　　　97016034

ISBN - 978-986-6657-78-8

9 789866 657788

中國學術思想研究輯刊
初 編 第 六 冊　　　　　　ISBN：978-986-6657-78-8

清代《易》學八家研究（下）

作　　者　康全誠
主　　編　林慶彰
總 編 輯　杜潔祥
出　　版　花木蘭文化出版社
發 行 所　花木蘭文化出版社
發 行 人　高小娟
聯 絡 地 址　台北縣永和市中正路五九五號七樓之三
　　　　　　電話：02-2923-1455／傳真：02-2923-1452
網　　址　http://www.huamulan.tw 信箱 sut81518@ms59.hinet.net
印　　刷　普羅文化出版廣告事業
封面設計　劉開工作室
初　　版　2008 年 9 月
定　　價　初編 28 冊（精裝）新台幣 46,000 元

清代《易》學八家研究（下）

康全誠　著

第七章　程廷祚《易》學研究

第一節　程廷祚之生平與學術著作

一、生　平

　　程廷祚（西元 1691～1767 年），初名默，字啓生，號綿莊〔註1〕，上元（今江蘇江寧）人，以家近青溪，生平出處與劉巘兄弟相類，晚年乃自號青溪居士。世籍新安，素稱望族，遠祖元鳳，相宋度宗朝，傳十五世，爲先生祖某，始遷江寧，寄籍上元，遂爲上元人。〔註2〕廷祚祖父任之公爲黃道周之友，父京萼，字韋華，一字被齋，有明朝遺民之風概，能詩工書，遯迹不仕，與八大山人爲友，程廷祚於〈先考被齋府君行狀〉有言：

> 八大山人，洪都隱君子也，或云，明之諸王孫，不求人知，時遣興潑墨爲畫，任人攜取，人亦不知貴。山人老矣，常憂凍餒。府君（京萼）客江右，訪之，一見如舊相識，因爲之謀。明日投箋索畫於山人，且貽以金，令懸壁間，箋云：「士有代耕之道，而後可以安其身，公畫超群軼倫，眞不朽之物也，是可以代耕矣。」江右之人，見而大譁，由是爭以重貲購其畫，造廬者踵相接。山人頓爲饒裕，甚德府君。山人名滿海內，自得交府君始。〔註3〕

〔註 1〕　按：《四庫總目提要》云程廷祚字綿莊，《清史稿》謂其字啓生，號綿莊，今從《清史稿》之説。

〔註 2〕　參見戴望：〈徵君程先生廷祚別傳〉。此文收入周康燮主編：《清代學術思想論叢之二・顏李學派研究叢編》（大榮圖書公司，1978 年），頁 443。

〔註 3〕　王德毅主編：《叢書集成續編》第一九○冊，《青溪集》卷十二（臺北：新文豐

京萼天性恬淡,愛山水,或獨往或攜友朋以適興為樂。初,京萼少聘於田氏,此女乃明祠部郎大同田公季登之女,早卒,未果成婚,而甚為婦翁所器,不忍忘知己,為不娶者二十六年,後迫於王母之命,始娶徐孺人。廷祚之母有勤儉婉順之德而明於大體,與京萼黽勉以營家務,先意承志如左右手,京萼甚重之,是時其年已六十矣。徐夫人生二子,廷祚是其長子。康熙三十一年(西元 1692 年),程廷祚二歲,父京萼遊武昌,巧識陶窳。陶窳字甄夫,為明末志士之子,陶窳之父陶泓,字秋水,官主事,改同知,曾從軍,兵敗後入滇,憂憤而死,遺命諸兒不得為官。陶窳一家住雲南之教化長官司,其二十六歲時,方出滇,尋得其巴陵故鄉。康熙三十九年(西元 1700 年),程廷祚十歲,其弟嗣章八歲,陶窳從浙江來遊南京,訪京萼,見廷祚兄弟,賞識月加,別去,即托人寫信來,欲以其二女許給廷祚兩兄弟。康熙四十年(西元 1701 年),程廷祚十一歲,母親徐夫人歿,京萼答陶窳書,決定婚約。程廷祚生有異質,讀書過目成誦,髫齔時不妄語言。好正襟危坐,論古今忠孝大節。時家道貧寒,廷祚父以書寫屏幅換取柴米,日閉戶課子,俾習灑掃應對之節。客來,進雞黍,侍立左右,如古弟子職。群經諸子史漢騷選之書無不讀。程廷祚年少即以文知名,年十五,有父執過訪,知其才,令作〈古松賦〉,日未移晷,得數千餘言,由是知名。廷祚弟嗣章長於史學,而廷祚志趣在六經。康熙四十八年(西元 1709 年),廷祚十九歲。北方顏李學派之領袖李塨受陝西富平縣知縣楊勤之聘,至富平作幕賓,此時,陶窳於商州知州沈廷楨之幕內。是年,李塨與沈廷楨在省城會見,康熙四十九年(西元 1710 年),李塨再往富平,七月遊商州,沈廷楨迎入州署,此為李塨首次認識陶窳,陶窳有顏李學者氣概,程廷祚於〈外舅楚江陶公行狀〉云:

> 早棄制舉業,獨攻經史之學,能晰大義。善為詩文,旁及書畫摹印,無不精妙。自號曰楚江陶者,嘗自序曰:「陶者喜讀書,每恨不生洙泗間,與游夏諸賢相上下。雅不好仙佛,亦不喜濂洛,謂聖賢者貴于致用,安事虛談性命,儱神章句耶?」〔註4〕

康熙五十年(西元 1711 年),陶窳攜家眷,自武昌遷居南京,次年,程廷祚二十二歲,陶家二女嫁與程廷祚、程嗣章。婚後,程氏從其岳丈處得見顏元《四

出版公司,民國 78 年 7 月),頁 796。
〔註4〕 按:此文收入《青溪文集・續編》卷八,原文未見,轉引自胡適:〈顏李學派的程廷祚〉,同註 2 所引書,頁 140。

存編》及李塨《大學辨業》。旋識武進惲鶴生，如聞顏李之學，上書李塨，致願學之意。康熙五十四年（西元 1715 年），韋華公卒，免喪，偕弟出應試，同中秀才，康熙五十九年（西元 1720 年），程廷祚三十歲，李塨南遊金陵，廷祚屢過問學，讀顏氏《存學論》，題其後云：

> 古之害道出於儒之外，今之害道出於儒之中。習齋先生起於燕趙，當四海倡和翕然同風之日，乃能折衷至當，而有以斥其非。蓋五百年間，一人而已！故嘗謂爲先生者，其勢難於孟子，而其功倍於孟子。讀其書，則其語言行事之實可得而知也。〔註5〕

程氏又撰《閑道錄》以矢願學之心，於是確守其學，力屏異說，凡禮樂、兵農、天文、輿地、食貨、河渠之事，莫不窮委探源，故戴望〈徵君程先生廷祚別傳〉又云：

> 以博文約禮爲進德居業之功，以修己治人爲格物致知之要，禮、樂、兵、農、天文、輿地、食貨、河渠之事，莫不窮委探源，旁及六通四闢之書，得其所與吾儒異者而詳辯之。蓋先生之學，以習齋爲主，而參以黎洲、亭林，故其讀書極博，而皆歸於實用。〔註6〕

雍正二年（西元 1724 年），年三十四，程廷祚首次遊北京，住數月。雍正四年（西元 1726 年），程廷祚三十六歲，又至北京應順天鄉試。雍正十三年（西元 1735 年），開博學鴻詞科，安徽巡撫王鈜舉之應試。乾隆元年（西元 1736 年），年四十五，廷祚至京師，宰相張廷玉主詞科，慕廷祚之名，欲招致門下，乃囑密友達其意曰：「主我，翰林可得也。」廷祚正色拒之，其〈上宮保某公（即張廷玉）書〉云：

> 某聞之：上交不諂，下交不瀆，先聖之明聖也。用下敬上，謂之貴貴，用上敬下，謂之尊賢，交際之通義也。以閣下之貴盛，天下之士思一見以爲榮而不可得，若是者，則唯閣下之命可矣，然不足爲離群絕俗者道也。古之君子，或耕田灌園而不以爲困，或飯牛牧豕而不以爲辱，或聞安車束帛之將至而色不加善，何則？道足於身，非外物之所能加損也。〔註7〕

顏元生當明末，明亡時雖年僅十歲，仍以勝朝遺民自居，恪守儒者氣節，高

〔註 5〕 同註2。
〔註 6〕 同註2。
〔註 7〕 見《青溪集》卷九，同註3所引書，頁 762。

尚不出；程廷祚生當清朝盛世，雖未存有遺民氣節問題，然卻極力講究操守，其寧爲一窮秀才，亦不肯攀援聲氣，阿附權貴，以爲進身之階。此嶔琦磊落，不徇流俗之品格，則顯現其顏李學派之風骨。廷祚既不肯就範於權要，是故詞科落選，自此不應鄉舉，杜門卻掃，以書史自娛，而尤注力於《易》，始作《易通》，其於〈與毘陵許方亨書〉云：

> 寓居郊南之東嶽廟，其地人跡罕至。偶思〈離卦〉，覺舊解不安于心，因畫其卦而懸之壁間，出入思維。夜分，忽夢有人服如古王者，授以玩索之法。驚寤，挑燈錄之。翌日覆示，則無卦不當用其法。此紀元之歲，八月初旬事也。〔註8〕

程氏著《易通》六卷，不喜漢儒互卦卦變及宋元〈河洛圖書〉〈太極〉諸說，唯取王輔嗣、程正叔、項安世及清李文貞《周易觀象》數書。是歲，程氏北上南下，兩次遇淮安，得識程晉芳，而成至友。乾隆七年（西元 1742 年），方苞告老出京，歸南京，程廷祚與之往來甚密。方苞爲三禮義疏館總裁時，曾擬有纂修條例六條，以爲群經舊注纂集之總例：一曰正義，乃直詁經義，確然無疑者。二曰辨正，乃後儒駁正舊說，至當不易者。三曰通論，或以本節本句參證他篇，比類以測義；或引他經與此經互相發明。四曰餘論，雖非正解，而依附經義，於事物之理有所發明。五曰存疑，各持一說，義皆可通，不宜偏廢。六曰存異，如《易》之取象，《詩》之比興，後儒務爲新奇而可欺惑愚眾者，存而駁之。方苞請程廷祚以此「六條」編纂《周易集說》，程氏費十載撰此書，至方苞歿始成，並改稱《大易擇言》。乾隆十六年（西元 1751 年），年六十一，詔舉經明行修之士，程廷祚以江蘇巡撫雅公薦，入都，再次落選。程氏久有用世之志，然因其不甘束縛於功令，因彼時功令所求者，乃程朱理學之傳注，而程廷祚所學者爲顏李之學，與之每多牴牾，故皆不中選。乾隆十七年（西元 1752 年），年六十二，重訂《易通》，又作《象爻求是說》。乾隆十八年（西元 1753 年），年六十三，寫成《晚書訂疑》，又編定《青溪詩說》。乾隆二十年（西元 1755 年），年六十五，作《論語說》。乾隆二十一年（西元 1756 年），年六十六，作〈尚書古文疏證辨〉。乾隆三十二年（西元 1767 年）三月二十三日卒於家，年七十有七。無子，弟嗣章以次孫兆晉爲先生立後云。

　　程廷祚爲清初至清中葉間之學者，其學風有雜染清初與清中葉之風格，

〔註8〕見《青溪集》卷十一，同註3所引書，頁783。

其能實踐躬行，實係受顏李學派之影響，嘗謂爲顏氏「其勢難於孟子，其功倍於孟子」。程氏之爲人：「其狀貌溫粹，志清而行醇，動止必蹈規距。與人居不爲崖岸，而自不可犯。」（程晉芳〈緜莊先生墓誌銘〉）然其肯定道六經，須即經求道之理念又與乾嘉學者類似，然彼時，清廷於思想界採嚴密控制，自康熙五十年（西元1711年）起，文字獄迭興，至雍正七年（西元1729年），御史謝濟世以注釋《大學》毀謗程朱獲罪。乾隆六年（西元1741年）上諭：將謝濟世所注經書中，有顯與程朱牴牾者即行銷毀。顏元嘗謂：反叛程朱，不無身家之虞。如此政治壓力，於治學「好議論程朱」之程廷祚，則不敢再宣傳顏李之學。爲此，有一私淑顏李之袁蕙纕則責難之，程廷祚復書闡明其意：「承反復于某不以顏李之書示之，其故有可得而言者。蓋學者束縛於功令，而習見之蔽錮于其中也，非一日矣。某弱冠得讀二家之書，壯歲晤剛主先生於白門，往復議論，未幾遊京師，而當代名儒，即有疑其以『共詆程朱』相唱和者。夫孔孟既沒，程朱奮乎百世之下，以斯道爲己任，此誠聖賢之徒，而非可妄加以譏評者也。第其學出于遺經，參以己意，與杏壇親炙者有間，故與聖道不無離合。數百年以來，卒未有窺其底蘊者。而徒以解經之訛誤相非議，抑末矣。國朝顏李崛興，乃能舉其是非得失之大者，以與六經證其異同，而冀幸學者之一悟。可不謂先聖之功臣，而宋賢之益友歟？……然而聞『共詆程朱』之說，不可不爲大懼也。某之懼，非敢不自立而甘於徇俗也。《易》稱『時義之大，故君子時然後言』，《論語》又曰：『知者不失人，亦不失言。』當舉世未能信從之日，而強聒不舍，必有加以非聖之謗，而害其道者，不可之大者也。當舉世未能信從之日，忽有聞而愛慕之者，而亦不與之言，是咎在失人，而坐視其道之終晦，亦不可也。凡某之不敢輕于有言，皆爲道謀，而非計一身之利害也。」〔註9〕顏門弟子在河北者除李塨、王源外，多不尚著述，而在江淮私淑顏李者雖有其人，然可稱述者，惟程廷祚一人而已。然程廷祚並非十分反對宋學，其於〈與劉學稼書〉中云：

> 元明以來，學者稍知有貞觀註疏者，即無不極詆宋儒。然以弟觀之，可以當得「人」字者，究竟宋儒爲多。何則，彼固嘗致力於存誠遏欲而以實德實行爲事者也。至若解經之得失，乃其末節。……弟於程朱經學多所異同，而卒不能昧其本心，議及於宋儒之所得者，良

〔註9〕按：此文收入《青溪文集·續編》卷七〈與宣城袁蕙纕書〉，原文未見，轉引自胡適：〈顏李學派的程廷祚〉，同註2所引書，頁153～154。

　　有由耳。〔註10〕

程廷祚於當時，能推服顏、李，又能識宋儒長處，此則尤爲通識可貴也。

二、學術著作

　　程廷祚少好辭賦，所著自群經而外，又有文二十卷，詩二十卷，程氏歿後，其《易》學及《春秋識小錄》，采進《四庫全書》，登諸著錄，他書多未板行，唯《論語說》、《晚書訂疑》及《文集》猶傳者，茲將其著作，分列如下：

經　部

（一）《易》類

　　《大易擇言》三十六卷，此書解《易》，專崇義理之學，而力排象數之說。《四庫全書提要》云：「是編因桐城方苞緒論，以六條編纂諸家之說。一曰正義，諸說當於經義者也；二曰辨正，訂異同也；三曰通論，謂所論在此而義通於彼，與別解之理猶可通者也；四曰餘論，單辭片語可資發明者也；五曰存疑，六曰存異，皆舊人訛舛之文，似是者謂之疑，背馳者謂之異也。六條之外，有斷以己意者，則以愚案別之。其闡明爻象，但以〈說卦〉健、順、動、入、陷、麗、止、說八卦義爲八卦眞象，八者之得失則以所值之重卦爲斷；其明爻義，則惟求之本爻，而力破承乘比應諸舊解；其稽六位，則專據〈繫辭〉「辨貴賤者存乎位」之旨；凡陽爻陰位陰爻陽位之說，亦盡芟除；蓋力排象數之學，惟以義理爲宗者也。」〔註11〕又清汪由敦〈大易擇言序〉云：「日月无不照也，江河无不流也，容光之照皆日月，涓滴之流歸河海；《易》之爲書，何獨不然。先天後天，文王不必同于伏羲；元亨利貞，宣尼亦不必同于文王。漢之言《易》者三家、田何、京、費皆立於學官；宋之傳《易》者，程子、朱子，言理言數並行而不悖。若語其所同者，六子統于〈乾〉〈坤〉，〈乾〉〈坤〉該于易簡；〈乾〉易知也，〈坤〉易從也，崇陽而抑陰，尚健而尚順，貴君子而賤小人，喜中正而惡不當位，趨亨吉而避悔吝，則全經之大旨，而諸儒之釋經者，亦不能外乎是也。至其辭義之間，或有博奧而難知，于是經解之家，紛然雜出，然而非有數十年窮經之功者，求一言之幾乎道而不可

〔註10〕同註3，《青溪集》卷九，頁765。
〔註11〕紀昀等編：《文淵閣四庫全書》第五十二冊，《大易擇言》（臺北：臺灣商務印書館，民國72年7月），頁451～452。

得也。我聖祖皇帝御纂《周易折中》，純粹以精用集大成，皇上道統，躬膺加意，是經更命儒臣詳加蒐採，一時通經學古之士，不乏其人曾被徵薦上元。縣莊程君著有《易通》一書，又有《大易擇言》，分別諸家之說，而間以所心得之見附著于篇，類多前賢所未發，如以〈說卦〉健、順、動、入、陷、麗、止、說爲八卦之本義，奉之以闡明爻象，而不入于穿鑿名象之糾紛，又力破承乘比應之舊解；而據依〈繫辭傳〉「辨貴賤者存乎位」之旨，祗以本爻本位自爲發揮，蓋憲章有在，復能以經解，經其深造自得，不爲苟同，古今說《易》者雖多，吾見亦罕矣。顧讀其書，覺于程《傳》、《本義》，時有未合，竊謂程朱之《易》，于聖人學《易》寡過之道已爲純密。程君亦豈有出其範圍，其不同者，辭義訓詁之間耳。夫義理无窮，使程朱復生，亦未必不以爲起予，而程君亦斷非師心而蔑古可知矣。所謂如明月之无不照，江河之无不流，皆《大易》之道，冒乎天下者爲之也。余恐學者讀《擇言》之書而有疑也，故書其語弁諸簡端。」〔註12〕又程廷祚〈大易擇言自序〉云：「六經皆明道立教之書，而箋疏之多，惟《易》爲最。其故可得而言也。夫〈典〉、〈謨〉、〈訓〉、〈誥〉，無剛柔九六之象；〈風〉、〈南〉、〈雅〉、〈頌〉，無吉凶悔吝之文。而《易》有之，後之人不能以迂怪之說，加之《詩》《書》，而於《易》則無所不至。蓋徒有見於體貌之不同，而不知明道立教未嘗有二致也。孔子作傳，首明易簡，曰：像此而謂之象，效此而謂之爻。蓋慮《易》道之晦蝕於群言，而揭其本原以詔萬世者，至矣！乃後之儒者，慕象數之名而求之，惟恐不得得之矣，而无補于一象一爻之用。夫箋疏之作，以明經也。若舍其平易，就其艱深周納，其似是附著其本，無論說之繁興，適以蔽經而已矣。學者所當愼思明辨者，孰大於是？國朝御纂《周易折中》，使千古說《易》之家粹然一由，於正日月出而天地昭矣。第學者先入之言，猶頗見於群書，若不稍加釐訂，別其從違，則見異而遷，非所以防其未然也。乾隆壬戌，望溪方先生南歸，慨然欲以六條編纂《五經集解》嘉惠後學，而首以《易》屬廷祚，曰：『子之研精於《易》久矣。』夫廷祚豈知《易》者，聞先生言，退而悚息者累月，乃敢承命而爲之，閱十年而書成，命曰《大易擇言》。夫仰觀俯察極數定象者，上古作《易》之事，非今學者所及也。《大傳》曰：『聖人之情見乎辭。』因辭以求其義，得義而明其用，非訓詁不爲功，六經之中，惟《大易》有聖人之訓詁，則後世說《易》，或鑿智強經異說多端不可致詰，或繪圖立象自命畫前

───────────

〔註12〕同註11，頁452～453。

之秘以相授受者，皆不可以不知所擇也已。廷祚非知《易》者，竊于是編之終而著其所見如此，以俟夫有志者論定焉。」〔註 13〕故此書爲以義理爲主，能以經解經，多前賢所未發之《易》學著作。

《易通》十四卷，此書分〈易學要論〉二卷、〈周易正解〉十卷、〈易學精義〉一卷、又附有〈占法訂誤〉一卷，清李紱〈易通序〉云：「六經之訓詁如聚訟，然其在于《易》則大端有二：大抵言象數者多失之鑿，言義理者多失之浮。象數義理亦各有二端，設爲互變飛伏諸法，以求象爻之義者，唐李氏《集解》所載三十二家之說是也。表章河洛先天諸圖以爲作《易》之本原者，康節、劉牧聞之希夷，而朱子信其實然者是也。至若王輔嗣、程伊川，俱含象數言義理，而一近于清淨之旨，一專爲理道之論，此其異也。宋元以來箋疏日增，崑山徐氏所梓不逮十之二三而已。充仞篋笥，學者窮年不能徧覽，況于區別其是非同異乎。康熙中，聖祖皇帝嘉惠海內，御製《折中》一書，誠有見于其說之煩，而慮後學之聽熒也。然于兩端互異之解，未嘗不兼收而並採焉，其故何也？《大易》成于數聖人之手，其道無所不該，二千年來，儒者雖多，若謂其所發明已無復遺蘊，是則何敢。余于《易》無所窺，顧嘗博覽群言，而默識其所以得失之故，亦有年矣！壬戌之歲，前輩滌齋熊公至京師，攜金陵程子綿莊所著《易通》以相示，且道程子雅意屬余爲序。昔孔子稱〈乾〉〈坤〉爲《易》之門，而著其德曰『易簡』，《記》又曰：潔靜精微，《易》教也。夫然則《易》之爲易可識矣！然孰由此旨以推見象數之大原，與義理之精奧，而不爲異說所惑。承乘比應，與陽位陰位之例，此《易》家之所世守而亦未見其盡當者，又孰毀其垣墉，決其隄岸，而豁然以與聖經相見？凡此皆天下所不能不敢者，而皆于《易通》具之。余雖未得識程子，意其人必好學深思，卓然自立者，故能于解者大備之後，掃除開闢一破雜亂拘牽之習，然則世有豪傑之士，固皆不必株守舊聞以詁遺經可知矣！折楊黃華，嗑然以笑彼紛紛者何爲哉？程子持論雖若與常解異，然多稟承于《折中》，如爻位承應，皆爲虛象，剛上柔來，不主卦變之類，而能推廣以自成其說，天下精于《易》學者，必能知之，余自愧所得者淺，雖樂效一言，而豈足爲程子之定論也。」〔註 14〕又清晏斯盛〈易通序〉云：「《易》之爲書，

〔註 13〕 同註 11，頁 453～454。

〔註 14〕 見程廷祚：《易通》，收入《續修四庫全書》編纂委員會編《續修四庫全書二〇‧經部‧易類》（上海：上海古籍出版社，1995 年），頁 381～382。

廣大悉備，得其一徑，皆能徹天人該事物，而得之者莫不自爲其說，袞然名家，〈隋志〉所載凡六十九部，〈唐志〉增至八十八部，《宋志》則二百一十三部，日積而多，然其間最傑者，莫若康節邵子。邵子之學別自爲書，不與經亂，而朱子取入《本義》，釋〈繫辭〉，作《啓蒙》，且曰：凡此非熹之說，而康節之說，亦非康節之說，而希夷伏羲之說，說不可通，則曰不得遂以孔子之說爲文王之說，亦不得以文王之說爲伏羲之說，是朱子直不信孔子，並不信文王，則《周易》竟可不作矣。何怪改易句讀，移易經文，并失費直之舊哉！昔《周易》既興，與《連山》、《歸藏》同稱「三易」，掌于太卜，並爲卜筮之用。五百餘歲而後，孔子作傳，今觀〈繫辭〉上下，明天人性命之歸，不出〈乾〉〈坤〉易簡八卦六十四卦之所由成，初無所爲先後天之安排，其卦爻之往來內外，則〈序卦〉、〈雜卦〉、錯綜、反對，確有指歸，初不假于卦變之強合，至〈象辭傳〉以本爻之時位爲主，而乘承比應，皆通其辭之簡要，不過單辭隻字而微言若揭，且爻辭之奇創，如『見豕負塗，載鬼一車，先張之弧，後說之弧，匪寇婚媾，往遇雨吉』，而傳釋之曰『群疑亡』也。何明白質實，如此非聖人而能之乎？竊嘗謂他經无聖人之註解解經，故不妨異同，獨《周易》則孔子爲之傳矣！乃欲悖傳而別爲之解，或直謂大傳爲非聖人之書，其得爲知言乎哉？予往者《周易翼宗》之作，誠有所不得已也。江寧程君綿莊，潛心六經，多所論著；乾隆丙辰試鴻博歸，鍵戶注《易》，五更寒暑，成《易通》一書如干卷、明潔靜精微之故，在于奇耦二畫，定八卦之正義，歸于健、順、動、入、陷、麗、止、說八字；詳反對爲求卦之眞解，判得失于所値之體象，辨六位之等差，分九六之優劣，刪比應之繁碎支離，而聖經之蘊奧悉著，若爻之分陰陽，二五之分君臣位之當不當；以及東北、西南，庚、申、七日，八月、三年，舊說之牽合傅會舛誤難通者，無不辭而闢之。廓清之功，于是爲大。讀卷首諸論，則要領可窺，至其訓釋經文，惟以象爻二傳辭達而理暢，言簡而義精，爲從來箋疏所未有。與予《翼宗》之作，多不謀而合。其自序曰：『某生乎二千餘年之後，覿群言之淆亂，始嘗泛濫求之而竊有疑焉，以爲三聖人之設卦繫辭，當必有其故，清夜思之，不知涕之无從。』夫亦有所不得已也。」〔註15〕又清方苞〈易通札代序〉云：「足下以所著《易解》相質數年矣，而未敢爲序，非故難之也。愚成童爲科舉之學即治《周易》，自漢唐至元明，言理言象數之書，未有不經于目者，

〔註15〕同註14，頁382～383。

就其近正者，不過據聖人所繫之辭，隨文解意，而謂其理如是，其取象如是，至所以設是卦，繫是辭，確乎能見其根源者，百不一二得焉。故學之幾二十年，于前儒所已言一一皆能記憶，而反之于心，則概乎未有所明；乃舍是而治《春秋》、《周官》，以《春秋》比事屬辭，五官各有倫序，可依類以求而互相證也。其後與安溪李文貞公論《易》，至〈乾〉〈坤〉之二爻，〈歸妹〉之初九六五，始灼見聖人繫辭取象之本義（見《周易觀象》），而于朱子所疑于〈渙〉之六四，亦若微有得焉。（卦自〈否〉來，下三陰爲小人之朋，六上居四而成〈渙〉，則小人之群散矣，當否之時，國疵民病，蘊積如邱山，一旦小人之群散，則凡此者皆渙然冰釋，其功效非尋常思議所及也，故諸爻惟此爲大吉，正〈象傳〉所謂剛來而不窮，柔得位乎外而上同也，故四爲〈渙〉主爻。）乃知卦爻之辭，皆有確乎不可易者，特後儒之心知弗能貫徹焉耳。足下嘗言學《易》者果明于剛柔之性情，六位之貴賤優劣，與成卦之體象，以數者參稽，則其義居然可識，文貞《易通論》亦略見于此，而尊著中所開闡則多《通論》所未及，惜乎不得使文貞見之也。昔愚以《易》叩文貞，輒有以開愚，而愚不能有開于文貞，文貞以《春秋》、《周官》叩愚，亦時有以開文貞，而文貞之開愚者則少假，而足下得與文貞面相質覆之，所發必更多。惜乎並世以生而不得一遇也。若天假愚年，而于《易》終有所明，當爲足下序之。」〔註16〕又清程廷鑅〈易通跋〉云：「《易通》者，家綿莊先生之所著也。其書爲目者三：曰要論，所以明例而解惑也；曰正解，則經傳義疏也；曰精義，所以發難明之道也。而附以〈占法訂誤〉焉。噫亦備矣！夫經之有解，莫盛于《易》。漢興自田何至于施讎，授受皆近于正，而惜其書不傳，讎之同門孟喜始改師法，以陰陽災異言《易》，而焦延壽京房衍其流。哀平之季，一變而爲讖緯之誕妄。馬、鄭、荀、虞之徒，言象數者宗之，時又有魏伯陽著《參同契》，排次《易》卦，以明行持火候之法，蓋即後來麻衣道人陳希夷之所祖述，而邵堯夫自命爲畫前之《易》者也。魏晉之間，王輔嗣專以意理名家，而未醇于儒，伊川正之而作傳，考亭繼之，歸重象占，而援邵氏之先天與劉牧之〈河圖〉以入于《易》，元明以來宗之。蓋自孟喜而後，異說煩興，其雜而多端有如是者。余嘗請于先生曰，是何去而何從乎？先生曰：昔者聖人作《易》而寄諸卜筮，其不罹于秦火者，卜筮之爲也；其晦蝕于百家眾說者，亦卜筮之爲也。子知《十翼》之所以作乎？夫以剛柔九六起

〔註16〕同註14，頁384～385。

義，以物類形體取象，以吉凶悔吝繫辭者，此皆《詩》、《書》之所无，而天下惟見爲卜筮者也。自有《十翼》而後，知《易》之急于人道，切于人心，與《詩》、《書》之垂世立教，不同于法而同于道，乃後世之人猶欲加以術數，參以隱怪，是无孔子之書而後可也。然則異說之紛紜，可不辭而闢之哉！余曰是則聞命矣。若爻義之有乘承比應也，六位之分陰陽也，二五之爲君臣也，從來箋疏之家，莫不視同令甲而奉若準繩，先王一旦而掃除之其若天下不信何，將必曰好辯也。先生曰：學者之蔽在敢于叛聖人之經，而不敢違先儒之說，之數端者，驗之卦象既虛渺而難憑，求諸《十翼》亦齟齬而不易合，吾之辯豈得已哉！且聞先儒之過論而有所匡救，先儒必以爲良臣益友矣，若從而阿附之，必以爲容悅之臣，便佞之友矣，二者宜何居焉。後鄭常斥先鄭之非，考亭于伊川《易傳》辯論不遺餘力，彼曾是以爲嫌乎？余不能難而退。先生少奉尊人祓齋公之教，以古賢自勵，于書無所不讀，而尤嗜經學。中歲以後，研精《大易》，幾三十年。是書之作，則自丙辰被薦入都治，時四方之士雲集輦下，方角藝于長楊五柞之間，先生獨屏跡郊南，覃思注《易》，已而罷歸，人咸怪之，遂乃發二千餘年之蘊奧，薙灌莽，削嶄巖，以與天下共由于康莊。其功偉矣！」〔註 17〕又程廷祚〈易通自序〉云：「危者使平，易者使傾，天之命也，《易》之道也；吉凶悔吝，其端不可窮，待其至而圖之，則无及之。是興神物以前民用，聖人教天下以憂患而已矣！以憂患生其心，則天德爲我用，天德爲我用，則能知天下之險阻，而自致于无咎之地；是故極天下之賾者存乎卦，鼓天下之動者存乎辭，其大指可一言而盡也。智者居而安焉，樂而玩焉，而天下无餘事矣！愚者不能然，則使以尊天敬神之意，致謹于著策而不敢肆，亦何在而非《易》之本教與？春秋以前，晦于卜筮，孔子作傳，深明觀象玩辭之法，迺由秦漢以來，異端曲學，竄伏其中，不可致詰，箋註之作，日增月盛，各自執其所是，而《易》幾爲天下裂。廷祚生乎二千餘年之後，覩群言之淆亂，始嘗泛濫求之而竊有疑焉。以爲三聖人之設卦繫辭，當必有其故，清夜思之，不知涕之无從；既有所見，不能自己。爰自乾隆丙辰，迄于庚申，五易寒暑，著《易通》若干卷，乃盡去舊說之未安者，以求合于孔子之說，以上溯乎包犧文王之意，而冀其萬有一得。嗚呼！《易》之所以前民用者，其指固可一言盡矣！而何以儒者之說乃紛紛若是耶？豈人情皆好怪而惡常，苟以其說爲可說，即涉于謬悠，入于支離，

而不自知其害道耶！廷祚不敏，有志而未逮也，乃若明《易》之本教，以還潔淨精微之舊，則俟後之君子云爾。」〔註18〕又程廷祚〈易通識語〉云：「世有聖人，《詩》、《書》雖廢，可得而復起也，而惟《易》不可作矣！然則世有聖人，于《易》將何如？曰：明其說而已，孔子之作《十翼》是也。世有學者于《易》，將何如？曰：本諸孔子以求明夫《易》之說而已，不外于《十翼》者是也。知有《易》者，莫不知有孔子之說，而《易》卒以不明于天下何也？百家紛紜，或亂其外，或迷其內也，亂其外者，若卜筮緯候之類，而河圖先天為尤甚；迷其內者，若卦變互體之類，而陽位陰位乘承比應為尤甚。之數說者，皆自以為出于《十翼》，而天下信之不疑者也。欲辨其是非，莫如反而求《易》之要，《易》之要在于剛柔八卦之所以然，六位之所以然，與卦象反對之所以然，卦體內外之所以然，有得于是，則凡亂其外，迷其內者，皆有以燭其假託傅會之情，而不惟知其不足信也矣。余治《周易》久，而見其義例，因稍稍筆之于書，而問採先儒之言有合者以為證焉，若曰《易學要論》。嗚呼！由漢以來，《十翼》其不幸矣乎！假託傅會者多而失其真也久矣。後之人不欲明《易》則已，如欲明《易》，其未必以余言為過也，而有以盡排舊說為余罪者，亦余之所不敢辭矣。」〔註19〕故此書主要內容在論《易》之主旨在盡去漢人爻變、互體、飛伏、納甲諸法，又完全排斥宋人河、洛先天諸圖及乘承比應等說，雖立不免稍有偏頗之處，但卻清除不少《周易》研究中之迷霧。其所採《周易》正文，既不用古本，亦不用今本，而以〈象傳〉、〈小象〉散入經文，《十翼》並作六翼，顯得凌亂無據。其〈易學精義〉統論《易》理，且涉於道學；〈占法訂誤〉信理而黜數，雖有廓清之功，亦有矯枉過正之失矣。

　　《讀易管見》一卷，此書內分〈易簡圖說〉、〈論乾元〉、〈論易簡〉、〈論四德〉、〈論用九用六〉、〈論內陽外陰〉、〈論剛中〉、〈論中正〉、〈論應〉、〈論恒〉、〈論既濟〉、〈論一陰一陽之謂道〉、〈論卜筮〉、〈復友人論易書〉，清吳銳〈讀易管見題辭〉云：「嘗讀老泉《易論》，怪其徒以機權說《易》，而於潔淨精微之旨無所發明，惟晉王輔嗣清言析理，不主象數，乃為超超元箸。吾友程君啟生，著述甚富，尤邃於經學，今觀其說《易》諸篇，直將天道人事，六通四闢，實有妙會，非關見聞，其王輔嗣之亞乎！邵子之詩云：『須探月窟

方知物，未躡天根豈識人。』啓生其披月窟天根之奧矣。」〔註20〕又清周中孚《鄭堂讀書記補逸》云：「是編凡十六篇，其論《易》理，略象數而詳義理，蓋有得於王、韓之傳者。至謂西方定慧之說，東土希夷之旨，無不囊括於其中，則未知《大易》性命之理，與二氏不相關涉也。」〔註21〕此爲其義。

　　《易說辨正》四卷，《四庫全書・經部・易類・存目四》云：「此書蓋其中年所作，在《大易擇言》、《易通》二書之前；後多附入二書中，然亦時有采取未盡者。蓋所見隨年而進，故不一一盡執其舊說也。」〔註22〕此爲本書之大義。

　　《彖爻求是說》六卷。程廷祚〈彖爻求是說自序〉云：「余著《易通》，自丙辰始，其後復纂《大易擇言》，歲辛未，以經學之薦入都。時《擇言》尚未成，而《易通》已刊刻數載，將攜以行，心有所疑，乃于立春之日，齋戒沐浴，奉蓍策而待命于先聖焉。二五皆動，遇〈坤〉之〈坎〉，再拜而退，曰：異哉！斯占其見先聖之不得已乎？夫《易》之爲書，崇德廣業，與民同患，以至順之道而出天下于至險者也。《易》如是，而說《易》者，從可識乎？《左氏》占例本卦每與變卦參論，今即舍〈坤〉而取〈坎〉，其故亦有可得而推者焉。〈坎〉之二曰：『坎有險，求小得。』五曰：『坎不盈，祇既平，无咎。』蓋惟聖人設卦繫詞以其情與天下相見，故求之无有不得道，在持吾心之平而已。乃若昧于平康正直之塗，而泛濫于穿鑿支離之地，非入于坎即實于叢棘，曾以前民用之謂何，且其〈象辭〉有曰：『習坎，有孚，惟心亨，行有尚。』然則從事于茲經者，非以剛中合乎至順，未有能往而有功者，守之則是悖之，則非神明之相告，豈得已于此哉！竊用是服膺而不敢置也。余中歲幽討得與斯文，每懷若失，忽忽屆于遲暮。昔紫陽以《詩傳》早刻，悔其誤人。式于前哲，爰以多春之間，取《易通》而重訂之，梨棗之上，多所改補，然挂一漏百，愈增心之怵惕，遂復作《彖爻求是說》。夫治經而趨險違順，而猶以爲不昧其是非之心，可乎哉！乃漢晉之所大惑也。余固頻有論撰，然不敢自信而求是之心，則三十年以來如一日也。不知聖人之情，何以見？不知學者之求，何以得？兢兢焉，勉勉焉，沒吾齒焉云爾。茲書多晚歲所新獲，若《易通》、《擇言》有可信者，亦頗搜採，以成全書筆墨之暇，因有感于前占而詳

〔註20〕見程廷祚：《讀易管見》，同註14，頁369。
〔註21〕周中孚：《鄭堂讀書記補逸》，《讀易管見》一卷，三近堂刊本。
〔註22〕紀昀：《四庫全書》第一冊，同註11，頁232。

繹聖經之語，以爲序；至舊說辨證出入者，既散見於各象爻之下，而發凡起例，又別爲《易》學數則，以領其要於前云。」〔註23〕程廷祚研《易》，唯取王弼、程頤、項安世及李光地《周易觀象》數書，著《易通》、《大易擇言》，而此書爲其繼此二書後，程氏於晚年之作也。

（二）書　類

《尙書通義》三十卷，《晚書訂疑》三卷。

（三）禮　類

《周禮說》四卷，《禘說辨誤》二卷。

（四）春秋類

《春秋識小錄》三卷，《左傳人名辨異》一卷，《春秋地名辨異》三卷，《春秋職官考略》三卷。

（五）四書類

《論語說》四卷。

（六）地理類

《晉書地理志證今》一卷。

集　部

《青溪文集》十二卷，《續編》八卷，《詩集》三十卷，《青溪詩說》三十卷。

第二節　程廷祚《易》學之淵源

程廷祚爲清代傑出之《易》學家，其說《易》主義理，頗採納王弼之說法，亦頗採用程頤之《易傳》，又受明末程雲莊之《易》學影響，主張《周易》爲論人事之書，《易》之本義爲「簡易」。程氏《易》學淵源於王弼者，其於〈上方望溪先生論易學書〉云：

　　聖人立教惟在義理，《易》之辭變象占，無不當以義理解之，然昔者
　　王輔嗣掃象而人俱議，其後則以《易》未嘗舍象而爲言也。竊謂《易》

〔註23〕參見《青溪集》卷六，此文收入蔣國榜編著：《金陵叢書乙集總目》（臺北：考正出版社，民國 60 年 6 月），頁 9433～9435。

之象有二，蓋剛柔交錯成一卦之體者，象之大者也，故〈大傳〉曰：
「聖人有以見天下之賾，而擬諸其形容，象其物宜，是故謂之象。」
又曰：「象也者，言乎象者也。」若爻辭之象，則以不能質言其事，
而假於物類以明之，象之小者也。惜人以辭爲小象，義取諸此，惟
是卦爻之象，今日不皆可知。〔註24〕

王弼《易》學，力主註《易》須重闡明《周易》所包含之義理，摒棄漢儒災
異說、讖諱說，恢復先秦儒家說《易》之本旨，從而開創後世以義理說《易》
之先河。故其《易》學觀，以得意忘象說、取義說、爻位說爲主；程廷祚《易》
學，除淵源於王弼，尙有程頤，朱熹、俞琰等。如其《大易擇言》一書，以
六條例編擇先儒之說，一曰正義，諸說當於經義者。二曰辨證，訂異同也。
三曰通論，所論在此，義通於彼，與別解之理猶可通者也。四曰餘論，單辭
片語可資發明者也。五曰存疑，六曰存異，皆譌舛之文，似是者謂之疑，背
馳者謂之異也。茲舉二例，列述如下，以明其淵源：

　　〈復〉卦初九爻辭：「不遠復，无祗悔，元吉。」《大易擇言·正義》云：

伊川程子曰：「復者，陽反來復也。陽君子之道，故復爲反善之義，
初剛陽來復，處卦之初，復之最先者也，是不遠而復也。失而後有
復，不失則何復之有？唯失之不遠，而復則不至於悔，大善而吉也。
祗、宜音柢，抵也。《玉篇》云『適也』，義亦同。无祗悔，不至於
悔也，〈坎〉卦曰：祗既平，无咎。謂至既平也。顏子无形顯之過，
夫子謂其庶幾乃无祗悔也。過既未形而改，何悔之有？既未能不勉
而中，所欲不踰矩，是有過也，然其明而剛，故一有不善，未嘗不
知，既知，未嘗不遽改，故不至於悔，乃不遠復也。」

紫陽朱子曰：「一陽復生於下，復之主也。祗，抵也。又居事初先之
未遠能復，於善不抵於悔，大善而吉之道也，故其象占如此。」

石澗俞氏曰：「初居震動之始，方動即復，是不遠而復，復之最先者
也，故不至於悔而元吉。」

　　〈復〉卦初九〈象傳〉曰：「不遠之復，以脩身也。」《大易擇言·正義》
云：

山陽王氏曰：「所以不遠速復者，以能修正其身，有過則改故也。」

〔註24〕《青溪文集續編》卷六，原刊本，轉引自《歷代文集易說叢輯》，清代卷，頁
　　　268，黃沛榮師、戴璉璋編。

〈復〉卦〈彖傳〉:「復,其見天地之心乎!」《大義擇言・正義》云:

> 伊川程子曰:「其道反復往來,迭消迭息,七日而來復者,天之運行
> 如是也。消長相因,天之理也。陽剛,君子之道長,故利有攸往,
> 一陽復於下,乃天地生物之心也。先儒皆以靜爲見天地之心,蓋不
> 知動之端,乃天地之心也,非知道者,孰能識之?」

又《大義擇言・辨正》云:

> 石澗俞氏曰:「天地之心,謂天地生萬物之心也。天地生物之心,无
> 乎不在,聖人於剝反爲復,靜極動初,見天地生物之心,未嘗一日
> 息,非謂惟〈復〉卦見天地之心也。或謂靜爲天地之心,非也;或
> 又謂動爲天地之心亦非也。」

程廷祚案曰:「天地之心不已者也,自其不涉於形象,有靜之名;自其流行於
物變,有動之名,動靜雖殊,无往而非天地之心也。論〈復〉之爲卦,一陽
處乎極下,而動體已萌,以是爲天地之心,程子之說其近之矣;然此一陽本
无聲臭之可尋,則輔嗣之所謂動息靜中者,亦未爲失也,兩家各執其是,不
无見仁見智之弊,當以石澗之論折衷之。夫知其无乎不在,則〈剝〉之碩果
不食,亦可以見天地之心,豈惟復哉!而聖人獨於復言之者,恐人致疑於〈剝〉
〈復〉之間,而謂其有幾微之或息也,非欲以動靜言也。」

又〈訟〉卦〈彖〉曰:「訟,上剛下險,險而健,訟。訟,有孚窒,惕,
中吉,剛來而得中也;終凶,訟不可成也;利見大人,尚中正也;不利涉大
川,入于淵也。」《大義擇言・辨正》云:

> 《折中》曰:「〈彖傳〉中有言剛柔往來上下者,皆虛象也。先儒因
> 此而卦變之說紛然,然觀〈泰〉〈否〉卦下『小往大來』、『大往小來』
> 云者,文王之辭也。果從何卦而往,何卦而來乎?亦云有其象而已
> 耳,故依王孔註疏作虛象者近是。」

程廷祚案曰:「以往來上下爲虛象而非卦變,《折中》之論至矣。然雖屬虛象,
亦自有其實義。大抵言往者皆謂由此而前去,言來者皆謂從无而忽生,即于
〈泰〉〈否〉之言往來者考之,則知其義初不出于本卦之象之外,孔氏謂于下
象多稱來此即從无忽生之義,又言凡云來皆據異類而來,則有不必盡然者。」

程氏於《易》學研究,稱崇前賢程頤、朱熹、俞琰、李光地外,尚沿襲
程雲莊之《易》學思想,其於〈明儒講學考序〉云:

> 崇禎之季,有吾家雲莊先生起於新安;國朝康熙中,有習齋顏先生

起於博野。習齋動必以禮，敦善行而不怠，率門弟子講求禮樂兵農之實學。孟子有言，彼所謂豪傑之士也！雲莊先生明睿挺出，以《大易》立教，獨闡性命之微，而謂之極數，學者鮮能得其途徑以入。〔註25〕

又於〈與毘陵許方亨書〉中云：

接望後乎教甚慰，兼蒙以家《雲莊先生年譜》，及論孝書見示，僕曾見此公著作始未甚長，未獲面悉，慈略及之。憶僕成童讀《易》，壯歲以來，始求其說而茫然，乃廣覽漢宋以來之註疏傳義而愈不得。且所最不解者，卦爻之詞作于文王，《十翼》作于孔子，故書名《周易》，今乃冠以河圖先天諸圖，謂爲作《易》之本原，若一奇一偶，與六十四卦猶非道之至者則何也？退而自歎天假以緣我生，于群經或猶有窺見藩籬之日，而《易》則已矣，然心未服也。……雲莊先生，僕兒時即知有其人，雍正丙午，旅食湘潭會館，與馬授疇數晨夕，始見其論孝書一四二三參兩諸說，汪洋歎息，莫由測其高深，要其明睿，挺出三代以下一人而矣。至其注《易》之書，授疇終未示我，後于淮陽得其《易》說二冊，〈乾〉〈坤〉〈文言〉及泛談《易》理處爲多，然語未足以盡，雲莊之蘊或出于門徒之所纂錄，非手撰也，此本今已失之，或辛未在都門爲授疇所留，皆不復記憶矣，來教謂與拙著多所符契，豈足下曾見其《易》解全書耶！……宋儒謂文王有文王之《易》，孔子有孔子之《易》，僕亦謂雲莊有雲莊之《易》，懷此已非一日，既不敢與授疇言他人，又無可語者，因與吾兄私論之，幸垂教焉。〔註26〕

程氏既受程雲莊《易》學之影響，其又主《周易》多論人事之書，此說即承繼於李塨，李塨於〈周易傳注序〉中論《周易》宗旨云：

嗟乎！《易》入漆城，乃二千年于茲，自田何傳《易》而後，說者棼如，而視其象忸怩，微其數穿鑿，按其理浮游，而尤誤者以《易》爲測天道之書，于是陳摶《龍圖》，劉牧《鉤隱》，邵雍《皇極經世》並起，探無極，推先天，不惟《易》道入于無用，而華山道士、青城隱者，異端隱怪之說，群竄聖經，而《易》之不亡，脈脈如線。

〔註25〕同註3，《青溪集》卷六，頁732。
〔註26〕同註8。

夫聖人作《易》，專爲人事而已矣。〔註27〕

李氏又於《周易傳注・凡例》中云：

> 聖教罕言性天，觀《易》亦可見。〈乾〉〈坤〉四德，必歸人事，以下〈屯〉建侯，〈蒙〉初筮，每卦皆言人事。至于《大傳》，〈乾〉大始，〈坤〉成物，合以賢人德業，陰陽性道，歸之仁知君子；鼓萬物而不與聖人同憂，以明聖人之崇德廣業，有憂患焉。其餘專明人事，此《易》之大旨也。〔註28〕

程廷祚源於此說，亦以爲《易》在專明人事，其於〈上一齋晏公論易學書〉中云：

> 綜漢宋諸家之所爲，而深求諸《大易》，則見其以天下之吉凶悔吝決於一奇一偶，以奇偶之得失決于中正；中正謂之天德，而後于物無不統于柔，無不化，內聖外王之業備于此矣！然則以《易》爲高談性命，《易》固未嘗離人事而爲言也。〔註29〕

大抵程廷祚《易》學思想源流，盡去漢儒象數，但仍以義理爲主，故其《易》學受前代諸家學派之影響，屬義理派《易》學家者，如王弼、程頤、愈琰、李光地等皆是其淵源，故程氏能成一清代義理派《易》學大師矣。

第三節　程廷祚之《易》學思想概觀

程廷祚之《易》學，其最突出者，則爲於《周易》義理之探討，程氏之《易》學思想，概而觀之，可分爲萬物相感，生生不已與動靜之理，茲分述如下：

一、萬物相感，生生不已

程廷祚以爲宇宙萬物皆「以兩爲體」，存在「對待」關係，即存在於對立面。自然界中，有陰陽、天地、日月、寒暑、剛柔、動靜、強弱、生死、存亡、大小、多少、有无、前後、進退等；於社會領域，有君臣、父子、男女、夫妻、貴賤、貧富、壽夭、禍福、善惡、利害、吉凶等；於思想領域，則有智愚、辯訥、巧拙、言意、愛戀等。故凡有事物存在，即存在對立面，然「兩

〔註27〕李塨：《周易傳注》同註11《文淵閣四庫全書》，第四七冊，頁2。
〔註28〕同註11，第四十七冊，頁5。
〔註29〕《青溪文集續編》卷四，原刊本。

「體」既是「對待」，又是「相與」、「相須」，程氏於《大易擇言》云：

> 天地、男女，皆以兩物相與而成化。兩相與而致則一，若君臣之同
> 德，父子之述事，朋友之同志，皆致一也。此道之不得不然者也。
> 其間有過不及而或害於道者，則當損之，夫子以得損三之義，精矣。
>
> 〔註30〕

天地萬物，皆以相反而成，「兩體」之「相與」、「相須」，必導致「相感」，天
地相感，而生萬物，夫婦相感，而生子女；其僞相感，而生利害。故萬物皆
有相感，而生生不已；「相體」除「相與」、「相須」、「相感」，亦能互相轉化。
陽與陰、辱與屈、卑與亢、泰與否、大與小、來與往、微與彰等，「以兩為體」、
「生生不已」，《易》之精義為「生生之謂《易》」，老氏曰「長生」，釋氏曰「無
生」，《易》道曰「生生」，程氏於《清溪集·易論一》中云：

> 夫道在天下其蘊豈不大哉！三代以後，老氏以「長生」為道，偏于
> 樂也（樂在不死者）；釋氏以「無生」為道，偏于畏也（畏有生之為
> 累也）。皆非所以為道也。準以文、孔之義，則《傳》之一言盡之：
> 「生生之謂《易》」是也。夫《易》何以生生也？〈乾〉于是乎知始
> 焉，〈坤〉于是乎作成焉，……此周之聖人，命其書必以易簡，而《大
> 傳》之發明，不遺餘力，蓋皆本于庖犧氏不言之隱，而欲盡卦象之
> 蘊者也。後之人有疑《大傳》為非孔子之書者，其尚得為知言者與！
>
> 〔註31〕

程氏以為，道家所言之「長生」、「久視」，佛家所言之「無生」，皆不合客觀
規律——道。此「道」即《易傳》所言「生生之謂《易》」。只有「生生」，方
能「富有」，方能「推而至於不可窮」，方能「日新」。故一言以蔽之，只有「生
生」，方是「為道之至者」。故程氏於《青溪集·原道》云：

> 道者何也？道者，天命之不容已於天下者也。天地一交而生生不已；
> 至善之原由此開，而物感之端亦由此啟。其端則有三：飲食也，男
> 女之欲也，樂生而惡死也。是三者名為物感，而亦發於至善之性。
> 惟其感物既深，則漸流漸遠，以及于陷溺，而天下之禍烈矣。聖人
> 曰：吾將奪而飲食，禁而男女，杜而樂生惡死之心，毋論斷斷有所
> 不能，即能為之，亦必暫效于前而終敗于後，是與於天下之禍者也。

〔註30〕同註11，第五十二冊，頁984。
〔註31〕《青溪集》卷一，同註3，頁680。

不如因其所感而利導之，以益明夫至善之所在。而「道」之大用行
焉。至善者，天之命也。天無乎不愛，而有至善。人無乎不愛，而
有至善之性。道也者，廣其愛而節其愛者也。無以「節」之，則飲
食也，紾兄之臂亦可也；男女也，摟東家之處子亦可也；樂生惡死
也，凡可以得生者無弗爲也。有以「廣」之，故一飲食也，必至于
民飢則由己飢；一男女也，必至於內無怨，外無曠；一樂生惡死也，
必至于無一夫不獲其所。仁以居之，義以宜之，禮以序，樂以和之，
政以布之，刑以齊之，其要惟在正人心之所感，以後于至善之性，
故曰，天命之不容已於天下也。〔註32〕

程氏以爲「生生不已」之天德爲至善，人對物質生活有所需求，有所感受，
此爲「物感」，此「物感」發端於「至善之性」，即人須飲食、男女、樂生之
條件。故「天地一交而生生不已，至善之原由此開，而物感之端亦由此啓，
其端則有三：飲食也，男女之欲也，樂生而惡死也。是三者各爲物感而亦發
于至善之性。」人須本「人道」原則，推己之愛以至人之愛，使人於物質需
求能平等發展，並能節欲，使不陷溺「物感」中，此爲《易》道之本原；飲
食男女樂生惡死爲物感之端，而亦發于至善之性，道者節其愛而廣其愛也，
其又於〈原教篇〉曰：

人爲天地而生，天地待人而立。彼釋老者亦人耳，而乃置天地民物
于度外，以獨善其身，吾知聖人必大有不忍于此矣。《詩》云：維天
之命，於穆不已。夫開闢之始，始于一交，自一交以至萬變，無時
不交，無地不交，無時不變，無地不變者，此天之所以盡性而至命
也。聖人法之，本一心之仁愛始于親親，而下推之以仁民愛物，上
推之以事天饗帝，旁推之以親九族，睦臣鄰，一若天地之無不交無
不變也者。此聖人之所以盡性而至命也，故曰生生之謂《易》。天地
以生生爲心，聖人以生生爲學。今釋氏則曰無生，老氏則曰長生。
然則開闢以前可以無此一交；開闢而後，可以止於一交，无何爲而
無不交，无不變，而有此不已之命，生生之易哉？……彼二家者，
極其能不過獨善其身而止，而以天地萬物爲外。謂之其學，可也，
不可以爲教也。〔註33〕

〔註32〕《青溪集》卷七，同註3，頁 748～749。
〔註33〕《青溪集》卷七，同註3，頁 749。

夫道莫大于仁，仁以萬物一體，天地以生生爲心，聖人以生生爲學，此所以儒家之業，惟在經緯天地，綱紀人物，聖人以滿足人民生活基本要求爲施政之要，程廷祚《大易擇言》卷二十九云：

> 處豐之初，天下方來合于我，而我之明未能遍照，則不能使人各得
>
> 其欲，而不足爲豐。〔註34〕

《周易》一書，圓通廣大，憑虛而立，程廷祚潛心治《易》，主張「萬物相感」、「生生不已」，其於十八世紀樸學《易》盛行之時，能於《周易》之義理探究，有所成就，誠屬難得矣。

二、動靜之理

程廷祚於《周易》中之動靜之理，以爲動靜互涵，動中有靜，靜中有動；陰陽各有動靜，其於《大易擇言·繫辭上傳·案語》云：

> 陰陽各有動靜，固非動而生陽，靜而生陰。亦非陽一于動尚无靜
>
> 陰，一于靜而無動也。……後儒……以靜爲純坤，而主靜之說出
>
> 矣。〔註35〕

動靜之理爲義理學派《易》學家所討論之重點，遠在三國時，王弼即以其理解之動靜，闡述《易》理，其於〈乾卦·文言注〉中云：

> 夫識物之動，則其所以然之理皆可知也。龍之爲德，不爲妄者也。
>
> 潛而勿用，何乎？必窮處於下也；見而在田，必以時之通舍也。以
>
> 爻爲人，以位爲時，人不妄動，則時皆可知也。文王明夷，則主可
>
> 知矣；仲尼旅人，則國可知矣。〔註36〕

〈乾〉卦六爻，皆以龍爲象，以示人之動靜之則。王弼以爲，由龍之隱顯，即可理解人事所應遵循之「所以然之理」，此理爲人之行爲準則，其內容便爲「以爻爲人，以位爲時，人不妄動」。故依王弼所見，動靜之理可示爲：當動則動，當靜則靜，孰動孰靜，由時決定。以〈乾〉卦而言，既象徵純剛之君德，又象徵至健之動，但何以初九潛龍勿用，九二見龍在田，一隱一出，一動一靜，其行爲表現有如此不同？即由雙方位時之不同而成；初九之所以潛龍勿用，因窮處在下；九二之所以見而在田，乃因時運通達，「龍之爲德，不

〔註34〕同註11，第五十二冊，頁886～887。

〔註35〕同註11，第五十二冊，頁948。

〔註36〕樓宇烈：《王弼集校釋》（臺北：華正書局，民國81年12月），頁216。

可妄也」，龍之潛顯，正是動靜出處之「所以然之理」，關鍵在於據時而動也。〔註37〕

　　程頤之《易傳》，本於《十翼》，於《周易》之闡釋中，對動靜之理，則以為「動而生陽，靜而生陰」，如〈序卦傳〉云：「物不可以終動，止之，故受之以〈艮〉。艮者，止也；物不可以終止，故受之以〈漸〉。漸者，進也。」程頤於《易傳》云：

　　　　動靜相因，動則有靜，靜則有動，物无常動之理，〈艮〉所以次〈震〉
　　　　也。〔註38〕

　　　　漸者，進也。止必有進，屈伸消息之理也，止之所生，亦進也，所
　　　　反亦進也，漸所以次〈艮〉也。〔註39〕

此處就具體事物言，動靜，進止皆為暫時，相對者。然止乃由動轉化而來，其又轉化為其反面不止即漸，故無論是止之所生亦是止之所反，皆為動，動為恒久，止為暫時；又程頤注〈革〉卦時云：「物止而後有生，故為生義。」此言止為生之條件，止中包含生之義，因而發展至其反面，變為進及動，此即所謂「止必有進」之「屈伸消息之理」。〔註40〕程廷祚於宋儒程頤之說，頗能肯定，又能提出「陰陽各有動靜」新見解，如：

　　〈艮〉卦卦辭：「艮其背，不獲其身；行其庭，不見其人，无咎。」《大易擇言・存異》云：

　　　　紫陽朱子曰：「不獲其身，如君止于仁，臣止于忠，但見得事之當止，
　　　　不見此身之為利為害，纔將此身預其間則道里便壞了，古人所以殺
　　　　身成仁，舍生取義者，只為不見此身，方能如此。」

程廷祚案曰：「朱子此論義理不為不精，然〈彖辭〉四句，一言靜則不見有我，不言動則不見有物。蓋靜而見有我則不能動，動而見有物則不能靜，皆非時、止時行之義，而有累于艮者也。觀〈象傳〉所釋自明，如朱子之言于不獲其

〔註37〕 按：高晨陽：〈王弼的崇本息末觀與玄理化的易學傾向〉有云：「王弼在處理
　　　　動靜關係時，表現了極大的靈活性。他不是片面強調動，也不是片面強調靜，
　　　　而是強調據時而動，根據位時關係把握自己的行為方式。王弼的這一動靜觀
　　　　念與《周易》的原典精神是一致的。」（《周易研究》，1997 年第二期，1997
　　　　年 5 月），頁 49。
〔註38〕 程頤：《易程傳》（臺北：文津出版社，民國 79 年 10 月），頁 466。
〔註39〕 同註 38，頁 474。
〔註40〕 參見廖名春：《周易研究史》（長沙：湖南出版社，1991 年 7 月），頁 271。

身尚遠,又何以爲不見其人乎?以此知訓經之確與未確,不在談理之精也。」

又〈坤〉卦〈文言〉曰:「坤至柔而動也剛,至靜而德方,後得主而有常,含萬物而化光。坤道其順乎!承天而時行。」《大易擇言・正義》云:

> 伊川程子曰:「坤道至柔,而其動則剛,坤體至靜,而其德則方。動剛故應乾,不違德方,故生物有常,陰之道不唱而和,故居後爲得而主,利成萬物,坤之常也,含容萬類,其功化光大也。」

> 紫陽朱子曰:「坤至柔而動也剛,坤只是承天,如一氣之施,坤則盡能發生承戴,非剛安能如此。」

程廷祚案曰:「至柔至靜者,坤之體也。得乎乾而剛方見焉,得主即得乾也,後得主所謂柔也,靜也,以是爲常,所謂至柔至靜也。含萬物而化光,得乾而剛與方也。以後二句申釋前二句也。坤不得乾則柔靜,得乾則剛方,是皆所謂順也。順者,承天時行而已,末二句總上文也。後儒不詳玩本傳文意,而務欲割剟〈象傳〉之語,以求相應似屬无益。《集解》載荀慈明訓至靜而德方曰:坤性並靜,得陽而動,布于四方也。又虞仲翔曰:陽開爲方,坤其動也闢,故方其義也。」

綜上所述,動靜爲《易》學運動觀中之重要命題,北宋程頤主動靜相因,《伊川易傳》卷四:「動靜相因,動則有靜,靜則有動。」此爲釋〈序卦傳〉「艮者,止也。」〈震〉卦與〈艮〉卦爲一種相因關係,〈震〉主動,〈艮〉主止,〈艮〉在〈震〉後,動則有靜,〈艮〉雖主靜止,但非靜止不動,而是靜則有動。至朱熹則主靜中有動,動中有靜,《朱子語類》卷九十四:「靜中有動,動中有靜,靜而能動,動而能靜。」〔註41〕意指靜中含有動,動中含有靜,兩者交錯爲一。明清之際,王夫之主動靜相函,其《周易內傳》卷四:「夫行止各因時以爲道,而動靜相函。靜以養動之才,則動不失靜之體。」〔註42〕物質之運動與靜止爲相互包含,互相滲透,並於一定條件下互相轉化。《思問錄外篇》方動即靜,方靜旋動。靜即含動,動不捨靜。」〔註43〕,王夫之又以爲〈乾〉主動〈坤〉主靜,陰陽動靜爲相互包含,《周易內傳》卷一:「太極動而生陽,靜而生陰,動靜各有其時,一動一靜各有其紀。」〔註44〕《周

〔註41〕黎靖德編:《朱子語類》(臺北:文津出版社,民國75年12月),頁2403。
〔註42〕王夫之:《船山全書》,第一冊(長沙:嶽麓書社,1996年10月),頁420。
〔註43〕同註42,所引書,第十二冊,頁42~43。
〔註44〕同註42,頁74。

易外傳》卷四:「動靜互函,以爲萬變之宗。」〔註45〕程廷祚則結合此諸家之說,並進而提出「陰陽各有動靜」高論,其意義甚爲重大矣。

第四節　程廷祚之《易》學識見

程廷祚在《易》學用力最久,甚於《易》學之研究,有幾點獨特之識見,其言象,則以〈說卦〉健、順、動、入、陷、麗、止、說八義爲八卦眞義,八者之得失則以所値之卦之體象爲解。蓋《易》之象乃體現《周易》符號能象徵之事物及時位關係,含有現象、意象、法象等含義;其於卦象也,則〈乾〉爲天,〈坤〉爲地,〈震〉爲雷,〈巽〉爲風、爲木,〈坎〉爲水、爲雨、爲雲、爲泉,〈離〉爲火、爲明、爲電、爲目、爲女,〈艮〉爲山、爲男,〈兌〉爲澤。其於卦德也,則〈乾〉爲剛健,〈坤〉爲柔順,〈震〉爲動、爲剛,〈巽〉爲柔,〈坎〉爲險,〈艮〉爲止,〈兌〉爲說,程廷祚於《易通》云:

> 八卦之取象于天地雷風水火山澤也,舉成象成形之大者爾,上古聖人蓋觀于陰陽之闔闢,而得健、順、動、入、陷、麗、止、說八者之用,于是畫卦,即天地雷風水火山澤亦八者之所爲,而八者不盡于天地雷風水火山澤,故有謂八卦爲最取于彼者誤也。且八卦之象,〈說卦〉所稱至爲繁賾,其曰乾健以至兌說則明以一義盡一卦,而若不復有他說者,其故亦可思矣。夫八卦者,具于天地雷風水火山澤未有之先,而行于天地雷風水火山澤既有之後,聖人假于數以別其用理莫精焉,道莫大焉,是豈有形之物可得而盡者哉?八卦不離乎剛柔,剛柔之義不外乎統與承,〈乾〉之健,以于柔无不統;〈坤〉之順,以于剛无不承也。〈震〉〈巽〉爲〈乾〉〈坤〉之初交,〈震〉陽處陰下,則爲動,猶〈月令〉仲冬之水泉動也。〈巽〉陰處陽下,則爲入,猶〈禹貢〉群小水之入于江河,江河之入于海也。〈坎〉〈離〉爲〈乾〉〈坤〉之再交,〈坎〉陽在陰中,謂之陷者,猶陷圍陷陳之陷,入其中而破之也。〈離〉陰在陽中,謂之麗者,猶女之于歸,臣之得君,相倚以爲命也。〈艮〉〈兌〉爲〈乾〉〈坤〉之終交,〈艮〉爲止者,陰盛而陽止之也。〈兌〉爲說者,陰以陽盛爲說也。此訓詁之淺淺者,然即此而推,則剛柔之性情可見,而卦象之獨重于八者,

---

〔註45〕同註2,頁982。

其故亦可得而知矣。〈乾〉健舉而克勝，行而不息也。〈震〉動，忽然而動，動而不已也。〈坎〉陷，陷于其中，陷而不陷也。〈艮〉止，當止則止，一止即止也。〈坤〉順，順承于陽也。〈巽〉入，與陽无違也。〈離〉麗，倚附于陽也。〈兌〉說，有欲于陽也。凡陽卦俱有二義，陰卦惟有一義，陽大而陰小也。陽卦以自健自動自陷自止爲義，其能皆足于已。陰卦以順物入物麗物說物爲義，其用皆待于外陽奇而陰耦也。……按項氏安世曰：立一奇一耦，二奇二耦，三奇三耦之象，所以擬健、順、動、入、陷、麗、止、說之意也。又曰：所謂神明之德，萬物之情，皆萃于此八字矣。(《周易玩辭》)俞氏琰曰：健、順、動、入、陷、麗、止、說此八卦之德也。凡天下萬事萬物之性情，包括无有遺者，向微孔子發明之則，〈乾〉〈坤〉〈震〉〈巽〉〈坎〉〈離〉〈艮〉〈兌〉終古不知爲何義？先儒以此八字爲八卦之訓詁，誠哉是言也 (《易集說》) 再觀二說，愚之言其不爲无本矣。……八卦之性情功德，惟在健、順、動、入、陷、麗、止、說，而其得失，又以所值之卦之體象爲斷。〔註46〕

程氏除《易通》中論八卦之義以健、順、動、入、陷、麗、止、說爲正，八卦之得失以所值卦之體象爲斷，又評論十傳今名之不當，並於解經傳以〈象傳〉散入經文，《十翼》併入六翼，其於《易通》中云：

《十翼》諸名，定于漢儒，多有未當，不可以不辨，按〈繫辭傳〉曰：聖人設卦觀象。又曰：聖人有以見天下之賾，而擬諸其形容象其物宜，是故謂之象。又曰：八卦成列，象在其中矣。又曰：八卦以象告，凡所謂象皆指卦而言也。言其體謂之象，語其用又謂之象，故曰象者材也。又曰：象者，言乎象者也。觀此，則象與象皆以卦言，而爻不得專謂之象可知矣。是故卦下所繫乾元亨利貞之類，謂之〈象辭〉。孔子所作大哉乾元以下則象辭傳也，爻下所繫潛龍勿用之類，謂之〈爻辭〉，孔子所作潛龍勿用陽在下也，以下則爻辭傳也，今以象辭傳而名曰〈象傳〉，爻辭傳而名曰〈象傳〉，又以所謂〈象傳〉者目爲〈小象〉，而于天行健，君子以自強不息之類目爲〈大象〉，又自分傳附經之後，遂不曰〈象傳〉，而直謂之〈象〉，不曰〈象傳〉而直謂之〈象〉，揆之義理，皆爲乖舛，至〈繫辭傳〉在孔門不知名

爲何傳？而今謂之〈繫辭傳〉，則亦誤，蓋此傳統論《易》之全體大例，有在卦爻以前以外者，所言不止于〈繫辭〉也，若以此名加之〈象傳〉〈爻辭〉二傳，則又當何則文王所繫于象爻者，乃謂之〈繫辭〉也。至若〈文言傳〉之名，亦未詳，其所謂先儒以文爲文飾之意，或曰依文而言其理，蓋皆不得其解而強爲之說者，今槩稱曰傳，其目如左：傳一（即〈上象傳〉）、傳二（即〈下象傳〉）、傳三（即〈上象傳〉）、傳四（即〈下象傳〉）、傳五（即〈大象傳〉）、傳六（即〈繫辭傳〉）、傳七（即〈文言傳〉）、傳八（即〈說卦傳〉）、傳九（即〈序卦傳〉）、傳十（即〈雜卦傳〉）。按：吳氏仁傑謂〈小象〉乃孔子所以釋爻辭者，當曰〈繫辭傳〉（《古周易》）是也。然又以孔穎達繫辭通指卦爻之辭之言爲非則不然。至俞氏玉吾識先儒稱〈象傳〉之非而自謂之〈爻傳〉（《易集說》），不謂之爻辭傳，亦未爲盡善也。

〔註47〕

程氏以爲《十翼》諸名，多有未當，故皆改稱爲「傳」，如〈蠱〉卦〈彖〉曰：蠱，剛上而柔下，巽而止，蠱。蠱，元亨而天下治也。利涉大川，往有事也。先甲三日，後甲三日，終則有始，天行也。程氏則將〈彖〉曰改爲「傳曰」。〈象〉曰：山下有風，蠱：君子以振民育德。此處〈象〉指〈大象傳〉，程氏將其改爲「傳五」。〈象〉曰：幹父之蠱，意承考也。此處〈象〉指〈小象傳〉，解釋初六爻象，程氏將其改爲「傳」。又〈象〉曰：幹母之蠱，得中道也。此處〈象〉指〈小象傳〉解釋九二爻象，程氏將其改爲「傳」。又〈象〉曰：幹父之蠱，終无咎也。此處〈象〉指〈小象傳〉解釋九三爻象，程氏將其改爲「傳」。又〈象〉曰：裕父之蠱，往未得也。此處〈象〉指〈小象傳〉解釋六四爻象，程氏將其改爲「傳」。又〈象〉曰：幹父用譽，承以德也。此處〈象〉指〈小象傳〉解釋六五爻象，程氏將其改爲「傳」。又〈象〉曰：不事王侯，志可則也。此處〈象〉指〈小象傳〉解釋上九爻象，程氏將其改爲「傳」。其餘〈繫辭傳〉改爲「傳六」，〈文言〉改爲「傳七」，〈說卦〉改爲「傳八」，〈序卦〉改爲「傳九」，〈雜卦〉改爲「傳十」，此皆爲程氏於《易》學之識見。

程廷祚研《易》以義理爲主，故不取邵雍、周敦頤、朱熹之象數之學，亦不取兩漢之互體、卦變、卦氣之說，其於《易通》「陰陽老少」一節中，批評邵雍曰：

〔註47〕同註14，頁419～420。

九六七八乃著策自然之數，而目之爲陰陽老少，則于古未聞其説，京山郝氏曰：七八者，筮法用以爲進退損益求九六者耳。因九六而借七八爲少，以九六爲老，求卦爻之單拆，分別變與不變，惟筮家用之，若《易》之〈乾〉〈坤〉，惟一而已。有老有少，是有二乾坤也。又曰：《易》之變非待老也，苟爲老變，不老則不變，既有不變，豈得謂《易》老變少不變者，此筮家之一法耳。邵堯夫附會其説，以老少當四象，經未有明文也。余按天數五，皆奇也。以九爲極，地數五，皆耦也。以六爲中，陽宜進，故用九而不用七；陰宜退，故用六而不用八，筮法象之，此聖人所以體天地之撰，通神明之德者也。然則七八九六皆〈乾〉〈坤〉之數，〈乾〉雖有七而不用，以陽不足也。〈坤〉雖有八而不用，以陰有餘也。七爲陽之不足，謂之少陽，似亦可矣。八爲陰之有餘，似當謂之老陰，而顧曰少陰，豈不誤乎？且以七八爲少陽少陰者，大抵本于男女六子之説也。若以六子不變，〈乾〉〈坤〉然後變，六子眾而〈乾〉〈坤〉寡，則《易》之不變者多亦至矣，豈不尤誤乎？《傳》曰：二篇之策，萬有一千五百二十，指〈乾〉策〈坤〉策而言，正所謂用九用六也。夫曰〈乾〉之策，〈坤〉之策，則所謂七八者，已不復用，而不足謂之策矣。而先儒必曰少陽少陰之策，亦萬有一千五百二十，是期之日有二，萬物之數亦有二矣，何不察之甚邪？余向疑老少陰陽之名不見于經，聞京山之言而爽然自失，然則聖經之所无，而出于後儒者，其皆未可以遽信也夫。〔註48〕

程氏既反對邵雍之象數之學，於周敦頤亦有意見，其於《易通》「中正」一節中云：

或曰濂溪所謂中正仁義者，何如？曰：道之爲道，一中盡之矣。言正以明中之，即此而在也。故傳又有靜正之説，靜而且正中无遺義，道无餘蘊矣。若夫仁者，中之異名也，仁見于外則爲義，仁義之與中正非二物也。《易》言中正，即所以言仁義，若待濂溪增之以仁義，則《易》之所謂中正者，爲何物乎？豈堯舜之執中，尚未及于仁義邪！〔註49〕

〔註48〕同註14，頁625。
〔註49〕同註14，頁620。

拋棄象數之學爲程廷祚之職志，其於朱熹之象數學亦多所批判，程氏於《易通》中云：

> 卜筮，《易》之一端，因而淫于術數者，君子弗貴也。然古者卜筮之法，今亦不可得而詳矣。《左》、《國》所記，後儒所言，余囊疑其多不與《易》應。夫不與《易》應，則非自然之道矣。豈以聖人而爲之哉？朱子以《易》爲卜筮之書，而所作《啓蒙》，往往謬于《大傳》，朱子且然，而況他乎？此余所以屢置之而不敢議也。昨著〈正解〉既竣，始條其不與《易》應者數事，別爲《占法訂誤》一卷，以俟後之君子。〔註50〕

程氏反對朱子以《易》爲卜筮之書，其亦不承認兩漢之互體、卦變、卦氣之說，程氏於〈與王從先司馬論易象數書〉中云：

> 古今解《易》者，不下數百家，自春秋之末，筮史立爲廣象，互體、卦變諸法，孔子贊《易》，擯而不用。漢興，由田何以至施讎數傳，而其書皆不存，無以知其說之是非。史稱讎之同門孟善始改師法，以陰陽災異言《易》，而焦延壽、京房衍其流，浸淫入于讖緯。東京以後，馬、鄭、荀、虞之徒採《春秋》筮史之法而用之，加以五行、納甲、飛伏、世應，附會穿鑿，不可勝窮。蓋《大易》之說，一亂于《左氏》，再亂于孟喜、焦、京，三亂于馬、鄭、荀、虞之徒，而《易》遂爲怪妄之藪。雖孔氏之書昭揭日月，而無以制群言之鼎沸，亦可慨矣！〔註51〕

又於〈與友人論易學書〉云：

> 僕非不知說《易》之妄，而今自蹈焉何也？蓋自春秋以來，《易》之大亂有三，請備陳之：《易》之書，以卜筮用，時至春秋，世教衰微，而淫於鬼神幽渺，卜人筮史破裂古法，以希時好，於是卦變互體，一切支離不經之說生焉，而《易》之本旨以晦。《左》、《國》所載可考，而知其大亂一也。漢興，言《易》者本之田何，何授丁寬，寬授田王孫，王孫授施讎、孟喜、梁丘賀，丁寬嘗作《易說》，訓故舉大誼而已，時謂之小章句。施讎謙讓，不肯以《易》教授，雅有儒者之風。相傳以爲田何之學得之孔門，或非誣也。孟喜、讎之同門，

〔註50〕同註14，頁623。
〔註51〕《青溪文集續編》卷五，原刊本，同註24，頁263～264。

獨改師法，得《易》家候陰陽災變書，詐稱田生所傳，諸儒惑焉。
時又有京房者，專以災異言《易》，云授於梁人焦延壽，而延壽自託
於孟氏。蓋漢代說《易》之妄，自孟喜始，而焦、京衍其流，至其
末年一變而爲讖緯，妄誕彌甚，馬、鄭、荀、虞之徒，起而宗之，
推論五行卦氣，廣言互變飛伏、穿鑿傅會，不可勝窮，其大亂二也。
〔註52〕

　　綜上所述，程廷祚之於《易》學，有其獨特之識見，舉凡其言象，但以
〈說卦〉健、順、動、入、陷、止、說八者而已，及解經傳以〈象傳〉散入
經文，《十翼》併入六翼，皆有其正面意義，但其盡去漢人卦變、互體、卦氣、
飛伏、納甲諸法，未免主持稍過，蓋其因信理黜數，而矯枉過直矣。

　　清初顏李學派之發展，極盛一時，而顏門弟子於河北者，除李塨、王源
外，多不尚著述，因而顏學一傳之後，驟然衰落，在江淮私淑顏李者雖有其
人，然可稱述者，惟程廷祚一人而已。故程廷祚排宋甚熾，先生嘗謂「『墨守
宋學者非，墨守漢學者尤非。』孟子不云『君子深造之以道，欲其自得之』
乎？」又曰：「宋人毀孫復疏經多背先儒，夫不救先行之非，何以爲孫復？」
蓋眞可謂「深于經者也，卓然獨往者也，且能至者也。」（袁枚《小倉山房文
集》卷四〈程縣莊先生墓誌銘〉）程廷祚以爲濂溪、康節諸君子出以太極、先
天之說，有違先聖「大中至正」之遺規，其曰：「彼先天，孔子无其名也；太
極之圖，亦孔子所末有也。斯二圖者，何補于經訓聖學，而見爲日用之不可
少？徒令學者馳神幽渺，論說滋多，菑障愈密。安得以其出于諸先生而遂謂
无遺議耶？竊謂當日者，諸先生不以先天談《易》，不以太極論學，而惟恪守
先聖相傳之遺矩，則大中至正，久有攸歸矣。」〔註53〕程氏反宋儒〈河圖〉、
〈洛書〉、〈太極〉之說如是，其於《易通》又云：

　　三代以後，陰陽之說，晦而不明，談術數者，假于五行之生克，星
　　宿之吉凶，以惑世誣民，自謂出于陰陽，而不知其賊道之甚者也。
　　至儒者之于陰陽，不知其形上形下，无所不統，而惟寒暑晝夜之粗
　　迹當之，于是非太極先天不言，非〈河圖〉〈洛書〉不言，非元亨利
　　貞不言，以爲此數者，乃天下之精理妙義，而陰陽不足言也。然則
　　《大傳》何以必曰一陰一陽之謂道，而爲此竭盡无餘之辭哉？陰陽

〔註52〕《青溪文集續編》卷六，原刊本，同註24，頁269～270。
〔註53〕《青溪集》卷十〈再上雷公論宋儒書〉，同註3所引書，頁776。

之義明，故剛柔九六健順易簡皆不能明，而自避于太極先天諸說，

以矜高妙，不知其求深反淺有害于《易》而无功于道也，可勝歎哉！

〔註54〕

程氏《易》學思想爲王輔嗣、程正叔二家所錮，故致力於排除漢儒象數，宋儒圖書之學，然其於爻義但求本爻，而破承乘比應陰陽爻位之說，專以「辨貴賤者存乎位」以解，則爲義理《易》學之闡揚，如：

〈頤〉卦初九爻〈象〉曰：「觀我朵頤，亦不足貴也。」《大易擇言‧正義》云：

石澗俞氏曰：「孟子云養其大體爲大人，養其小體爲小人。又云飲食之人，則人賤之矣。今初九陽德之大，本有可貴之質，乃內含其大，而外觀其小，豈不爲人所賤，故曰亦不足貴也。」

程氏引俞琰以九居初位爲貴，解釋「辨貴賤者存乎位」之旨，足見其闡釋《易》學義理之精微，故程廷祚可謂爲清代中葉具有影響力之義理派《易》學大師。

〔註54〕同註14，頁615。

第八章　惠棟《易》學研究

第一節　惠棟之生平與學術著作

一、生　平

　　惠棟（西元 1696～1758 年），字定宇，號松崖，學者稱爲小紅豆先生，江蘇吳縣（今蘇州）人，侍讀學士士奇次子。初爲吳江縣學生員，復改歸元和籍。〔註1〕生於清康熙三十六年丁丑（西元 1697 年）十月五日，終清乾隆二十三年戊寅（西元 1758 年）五月二十二日，年六十有二。自幼篤志向學，家多藏書，日夜講誦。於經、史、諸子、稗官野乘及七經緯之學，靡不津逮。其所讀之書目，小學本《爾雅》，六書本《說文》，餘及《急就章》，《經典釋文》，漢、魏碑碣。父友臨川李紱一見奇之，曰：「仲儒有子矣。」康熙五十五年（西元 1716 年），年二十，補元和縣諸生，即遍通諸經，年二十二，成《春秋左傳補註》。

　　康熙五十九年冬，惠士奇出任粵東學政，惠棟從之任所，粵中高才生蘇珥、羅天尺、何夢瑤、陳海六，時稱惠門四子，常入署講論文藝，與惠棟爲莫逆之交。至於學問該洽，則四子皆自以爲遠不逮。清雍正四年（西元 1726 年）冬，士奇任滿回京供職，五年，年三十一，士奇因奏對不稱旨，被罰修鎭江城，用罄其家，惠棟隨父奔忙於蘇州、鎭江間，飢寒困頓，甚於寒素。雍正十年（西元 1732 年），始鑽研《易》學〔註2〕，構思撰寫《周易述》。清

〔註 1〕　見江藩：《國朝漢學師承記》（北京：中華書局，1998 年 12 月），頁 23。
〔註 2〕　惠棟：〈沈彤墓誌銘〉云：「余學《易》二十年，集荀、鄭、虞諸家之說，作

乾隆元年（西元 1736 年），惠士奇奉旨調取來京引見，以講讀用，所欠銀兩得寬免，次年六月，補授翰林院侍讀。終因精衰力竭，於乾隆六年去世。惠棟父卒未久，其母相繼作古，連遭兩喪，家境更爲敗落，然惠氏終不以貧廢禮，終年課徒自給，甑塵常滿，處之坦如。雅愛典籍，得一善本，傾囊弗惜，或借讀手抄，校勘精審，於古書之眞僞，瞭然若辨黑白。〔註3〕

　　乾隆九年（西元 1744 年），年四十八，興鄉試，以未遵循朝廷功令，逾越朱熹《四書集註》之範圍，引用《漢書》語立論，爲考官所黜，由是息意進取。〔註4〕作《易漢學》。乾隆十五年，年五十四，詔舉經明行修之士，兩江總督文端公尹繼善、文襄公黃廷桂交章論薦，有「博通經史，學有淵源」之語〔註5〕。會大學士九卿索所著書，未及進而罷歸，然惠棟於兩公，非有半面識。余蕭客以《注雅別鈔》就正於先生，遂執贄受業稱弟子。乾隆十九年，年五十八，惠棟以所著《後漢書補註》二十四卷，屬託顧棟高爲之序。兩淮鹽運使盧見曾慕名發出聘書，欲延惠棟入幕。惠棟北上揚州，應聘入幕盧見曾署，使惠棟生活免去柴米之憂。乾隆二十年，江聲事師惠棟。乾隆二十二年，年六十一，戴震路過揚州，於揚州都轉運使盧見曾署內識見惠棟，惠棟執震之手言曰：「昔亡友吳江沈冠雲嘗語余，休寧有戴某者，相與識之也久。」〔註6〕表現長者對後學之厚愛。乾隆二十三年（西元 1758 年），年六十二，病重，《周易述》未及完稿，闕自〈鼎〉卦至〈未濟〉十五卦及〈序卦〉、〈雜卦〉二傳，五月二十二日卒，墓葬於縣境西光福鎮香雪村。〔註7〕

　　惠棟一生未嘗仕進，全與書本爲伍，可謂清貧寒士，年五十後，專心經術，於諸經熟洽貫串，尤深於《易》，爲學獨尊於漢，嘗言漢經師之說，立於學官，與經並行，古字古音非經不能辨，是故古訓不可改，經師不可廢。旁

《周易述》。」按：沈彤卒於乾隆十七年（西元 1752 年），由是推之，當爲雍
　　正十年（西元 1732 年）。

〔註3〕同註1。

〔註4〕王昶：《春融堂集》，清嘉慶丁卯十二年（西元 1807 年）、戊辰十三年（西元
　　1808 年）熟南書舍刊本卷五十五〈惠定宇先生墓誌銘〉，頁1。

〔註5〕惠棟有〈上制軍尹元長先生書〉云：「國家兩舉制科，猶是詞章之選，近乃專
　　及經術，此漢魏六朝，唐宋以來所未行之曠典。」參見惠棟：《松崖文鈔》（《聚
　　學軒叢書》第一集），卷一（《叢書集成續編》，臺北：藝文印書館，民國59
　　年6月）。

〔註6〕見戴震，《戴東原集》卷十一〈題惠定宇先生授經圖〉（臺北：大化書局，民
　　國67年4月），頁8。

〔註7〕李開：《惠棟評傳》（南京：南京大學出版社，1997年7月），頁4。

及他學，經取注疏，史兼裴（駰）、張（守節）、小司馬（司馬貞）、顏籀（師古）、章懷（李賢）之註、諸子若莊、列、荀、揚（雄）、《呂覽》、《淮南》古註並及焉。而小學本《爾雅》、六書本《說文》，餘及《急就章》、《經典釋文》、漢魏碑碣，自《玉篇》、《廣韻》而下，勿論也。〔註8〕總之，經史典籍，漢唐舊注，無不爛熟於心，以致有「惠九經」之雅稱，實爲有清一代著名之經學大師。

二、學術著作

　　惠棟平生撰述甚勤，著述宏富，皆考據詳覈，而一生精力所萃，尤在審定經義；於兩漢傳注確然有所折衷，必疏通證明而後已。其著作大部份已刊世，但亦有少數著述至今未能刊行；在惠棟去世後不到三個月，《周易述》遺稿即於揚州刊行問世。其後樸學考據之風盛行，惠棟著作更廣爲刊布，而經學著作如《新本鄭氏周易》、《周易述》、《易漢學》、《易例》、《左傳補注》及《九經古義》則被編入於官修《四庫全書》中，另有《精華錄訓纂》收入存目。未抄入《四庫全書》者，亦陸續收入於清代各種叢書中，如《貸園叢書》、《借月山房叢書》、《指海叢書》、《經訓堂叢書》、《守山閣叢書》、《墨海金壺叢書》、《澤古齋叢書》、《聚學軒叢書》、《省吾堂叢書》、《海山仙館叢書》、《學海堂叢書》、《讀經樓叢書》、《粵雅堂叢書》、《昭代叢書》、《續經解叢書》等，茲將其著作，分列如下：

經　部

（一）《易》類

　　《易漢學》八卷，此書爲惠棟年四十八時所作，主要掇拾孟喜、虞翻、京房、鄭玄、荀爽五家之說《易》餘論，以見大概，其末篇附以己意，發明漢《易》之理，以辨證〈河圖〉、〈洛書〉、先天、太極之學。此書之價值，《四庫全書總目》云：「夫《易》本爲卜筮作，而漢儒多參以占候，未必盡合周、孔之法，然其時去古未遠，要必有所受之，棟采輯遺聞，鉤稽考證，使學者得略見漢儒之門徑，於《易》亦不爲無功矣。」〔註9〕清周中孚《鄭堂讀書記

〔註 8〕 同註 4。
〔註 9〕 紀昀等編：《文淵閣四庫全書》（臺北：臺灣商務印書館，民國 72 年 7 月），
　　　　 第五十二冊，頁 302。

補逸》又云：「亦惠棟撰，《四庫全書》得著錄，松崖父半農，嘗欲撰漢經師說《易》之源流，而未及屬草，松崖習聞諸論，加以采獲，因成是篇。前二卷爲〈孟長卿易〉，第三卷爲〈虞仲翔易〉，第四五卷爲〈京君明易〉，〈干令升易〉附焉，第六卷爲〈鄭康成易〉，第七卷爲〈荀慈明易〉，第八卷分辨〈河圖〉、〈洛書〉、先天、後天、兩儀、四象及〈太極圖〉，以仲翔世傳〈孟氏易〉，故次其下，以康成通〈京氏易〉，亦如之；惟以慈明爲〈費氏易〉，故別爲卷列於後。其於五家之《易》異流同源，其說略備，後之講漢學者，可以知所取證矣。」〔註10〕此書材料豐富，爲研究漢《易》者必讀之書也。

《周易述》二十三卷，此書以講述漢人虞翻之《易》爲主，而參考鄭玄、荀爽、干寶諸家《易》說，約其旨爲注，演其說爲疏。《四庫全書總目》云：「其目錄凡四十卷；自一卷至二十一卷，皆訓釋經文；二十二卷、二十三卷爲〈易微言〉，皆雜鈔經典論《易》之語；……其〈易微言〉二卷，亦皆雜錄舊說以備參考；他時藏書，則此爲當棄之糟粕，非欲別勒一編，附諸注疏之末。」〔註11〕又清黃式三〈書惠氏周易述後〉云：「惠定宇撰《周易述》，嫥以虞氏爲宗，有虞注所未備者，則采取李《解》中之別說以足之，由是虞氏學大行於世，而張氏皋文、焦氏里堂，亦相繼宗虞，適導有力者，崇獎其書，人遂視若拱璧，莫敢指其瑕者。」〔註12〕又清周中孚《鄭堂讀書記補逸》云：「撰次是書，專宗虞仲翔，參以荀、鄭諸家，約其旨爲注，演其說爲疏，漢學之絕者，千有五百餘年，至是而粲然復章矣。……然據目錄，凡四十卷，尚有〈大義〉三卷、〈易例〉二卷、〈易法〉一卷、〈易正訛〉一卷、〈明堂大道錄〉八卷、〈禘說〉二卷。今〈易例〉、〈明堂大道錄〉、〈禘說〉各有專行刊本。」〔註13〕此爲《周易述》一書內容之梗概。

《易例》二卷，清周中孚《鄭堂讀書記補逸》云：「惠棟撰，《四庫全書》著錄。即《周易述》目錄中所闕六種之一也。凡分九十類，考漢儒之師傳，明《周易》之本例；然其中有錄無書者，凡十三類。又所分門目，頗多牽混，蓋亦未成之稿。」〔註14〕又《四庫全書總目》云：「（本書）凡九十類，其中有錄

〔註10〕 周中孚：《鄭堂讀書記補逸》，《經訓堂叢書》本。

〔註11〕 同註9，第五十二冊，頁1。

〔註12〕 參見《續修四庫全書》第三十冊，黃式三：《易釋》附（上海：上海古籍出版社，1995年），頁400。

〔註13〕 周中孚：《鄭堂讀書記補逸》，雅爾堂刊本。

〔註14〕 周中孚：《鄭堂讀書記補逸》，借月山房彙鈔本。

無書者十三類。原〈跋〉稱爲未成之本；今考其書，非惟采撫未完，即門目亦尚未分。意棟欲鎔鑄舊說，作爲《易例》，先創草本，采撫漢儒《易》說，隨手題識，筆之於冊，以儲作論之材。其標目有當爲例而立一類者，亦有不當爲例而立一類者，有一類爲一例者，亦有一類爲數例者。……然棟於諸經，深窺古義，其所捃撫，大抵老師宿儒專門授受之微旨，一字一句，具有淵源。苟汰其蕪雜，存其菁英，因所錄而排比參稽之，猶可以見聖人作《易》之大綱。」〔註15〕故知此書乃根據漢說以發明《易》之本例，實爲惠棟論《易》諸家發凡也。

《周易本義辨證》五卷，此書乃考校朱熹《周易本義》古義古音之作；朱子《本義》，坊刻本襲《大全》之訛，惠棟以爲宜遵御定《周易折中》之本，復朱子原次，乃爲此書，以辨證其次第。《續修四庫全書總目提要》云：「朱子作《易本義》，依呂祖謙所定之古本，分爲經二卷，傳十卷，刪〈彖〉曰、〈象〉曰、〈文言〉曰後增之文，程子《易傳》則仍依王弼本。明人修《周易大全》，取朱子卷次割裂附於程《傳》，坊本《易本義》，遂以程之次第爲朱之次第，沿訛襲謬，占畢之士莫喻其非，棟著此書以更正之。《本義》向無音釋，棟採呂祖謙之《古易音訓》附之，又據《說文》、《玉篇》、《廣韻》諸書，以補《音訓》之未備。朱子依古本與程子依王弼本字句不同，棟據李公傳、胡一桂、董楷、胡炳文諸家之說，悉爲改正。……至《本義》有未備者，間以《語類》、程《傳》補之，並廣以漢儒之說，洵爲讀《周易本義》之善本。」〔註16〕由此可知此書旨在勘定一完善之《周易本義》，並可見惠棟並未盡排斥宋學。

《易大義》一卷，此書乃惠棟之《中庸》注本，爲發明《易》義而作。《續修四庫全書總目提要》云：「知非《易大義》，乃《中庸注》也。蓋徵君先作此注，其後欲著《易大義》以推廣其說，當時著於目，而實無其書，嗣君漢光先生即以此爲《易大義》耳。是書雖先生少作，然七十子之微言，亦具在是矣。」〔註17〕

《新本鄭氏周易》三卷，此書爲惠棟對南宋王應麟所輯《周易鄭康成注》補正之本，《四庫全書總目》云：「初王應麟輯鄭元（玄）《易註》一卷，……皆不著所出之書，又次序先後，間與經文不應，亦有遺漏未載者。棟因其舊本，

〔註15〕同註9：第五十二冊，頁371～372。
〔註16〕中國科學院圖書館整理：《續修四庫全書總目提要》（北京：中華書局，1993年7月），頁53。
〔註17〕同註16。

重爲補正。凡應麟書所已載者，一一考求原本，註其出自某書，明其信而有徵，極爲詳核。其次序先後，亦悉從經文釐定。復搜採群籍，〈上經〉補二十八條，〈下經〉補十六條，〈繫辭傳〉補十四條，〈說卦傳〉補二十二條，〈序卦傳〉補七條，〈雜卦傳〉補五條；移應麟所附〈易贊〉一篇於卷端，刪去所引諸經論正義論互卦者八條，別據元（玄）〈周禮太師〉注，作〈十二月爻辰圖〉，據元〈月令注〉，作〈爻辰所値二十八宿圖〉，附於卷末，以駁朱震《漢上易傳》之誤。雖因人成事，而考核精密，實勝原書，應麟固鄭氏之功臣，棟之是編，亦可謂王氏之功臣矣。」〔註18〕由此可知此書爲考據兼輯佚之作也。

《九經古義》十六卷，此書包括《周易古義》二卷、《尙書古義》二卷、《毛詩古義》二卷、《周禮古義》二卷、《儀禮古義》二卷、《禮記古義》二卷、《穀梁古義》一卷、《公羊古義》二卷、《論語古義》一卷。

（二）春秋類

《春秋左傳補註》六卷。

（三）、書類

《古文尙書考》二卷。

（四）、小學類

《惠氏讀說文記》十五卷。

史　部

《後漢書補註》二十四卷，《漢事會最人物志》三卷，《續漢志補注》二卷。

子　部

《太上感應篇註》二卷。

集　部

《山海經訓纂》十八卷，《漁洋山人精華錄訓纂》十卷，《屈原賦注》。

筆　記

《松崖筆記》、《九曜齋筆記》、《松崖文鈔》二卷、《竹南漫錄》。

〔註18〕同註9，第一冊，頁56～57。

第二節　惠棟《易》學之淵源

　　惠棟爲清代漢學之奠基人，亦以精通漢《易》而聞名於時，其於《周易》之研究成果及影響，不僅在整理、保存漢代《易》學著作及思想上功不可沒，且開啓乾隆時代《易》學研究之新方向，而考究其《易》學之淵源，蓋可分爲家學淵源及踵事前賢，茲分述如下：

一、源於家學

　　惠棟出生於三代書香門第，其《易》學淵源即逮紹曾祖，近承先君，習聞餘論，左右採獲，沿著祖父輩之治《易》傳統而爲說益堅。惠棟之曾祖父惠有聲，字樸菴，爲明代科舉考試選送入國子監修習課業之生員，與同里徐枋友善，以九經教授鄉里，對漢《易》即將失傳甚爲憂心，遂取唐代李鼎祚之《周易集解》及漢儒解《易》之零散資料，撰書爲漢《易》立傳，惜天崇之際遭逢亂世而亡佚，但仍由樸巷口授傳之周惕，惠周惕爲惠棟祖父，字元龍，號研溪，人稱老紅豆先生，少傳家學，著有《易傳》，今只聞其名，不見其書。〔註 19〕周惕傳授其子士奇。惠士奇，字天牧，又字仲儒，晚號半農居士。年二十一，奮志力學，遂博通六藝、九經、諸子、史傳及《三國志》。晚年潛心經學，撰《易說》六卷、《禮說》十四卷及《春秋說》十五卷。其學「《易》、《禮》、《春秋》諸說，大抵以經爲綱領，以傳爲條目，以周秦諸子爲佐證，以兩漢諸儒爲羽翼。信而好之，擇其善而從之，疑則闕之。」〔註 20〕《易說》以象爲主，專宗漢學，直斥王弼以降改古文爲俗書之弊，其曰：

>　　《易》始於伏羲，盛於文王，大備於孔子，而其說猶存於漢。不明孔子之《易》，不足與言文王；不明文王之《易》，不足與言伏羲。舍文王、孔子之《易》而遠問庖犧，吾不知之矣。漢儒言《易》：孟喜以卦氣，京房以適變，荀爽以升降，鄭康成以爻辰，虞翻以納甲。其說不同，而指歸則一，皆不可廢。今所傳之《易》，出自費直。費氏本古文，王弼盡改爲俗書，又創爲虛象之說，遂舉漢《易》而空

〔註19〕　惠同惕生平可參閱《清史稿》、《漢學師承記》、《清儒學案小傳》、《清代傳記叢刊》、《國朝耆獻類徵初編》、《國朝學案小識》、《清代樸學大師列傳》、《碑傳集》等文獻。

〔註20〕　參見清楊超曾：〈翰林院侍讀學士惠公墓志銘〉，錢儀吉纂錄：《碑傳集》（臺北：明文書局，1985 年），卷四十六，頁 21。

之，而古學亡矣。《易》者象也。聖人觀象而繫辭，君子觀象而玩辭，
六十四卦皆實象，安得虛哉？〔註21〕

按此處惠士奇指責王弼掃象譏互、盡棄漢《易》之不當；王弼改費氏之古文，
致多俗字。並用老莊說《易》，而漢視古聖相傳之《易》象，故惠士奇解《易》，
遂表現專宗漢學之傾向，但尚未提出專主漢學之主張。至惠棟時，承祖、父
業，始確宗漢詁，立意表彰漢儒《易》說，惠棟〈易漢學自序〉云：

> 棟曾王父樸庵先生，嘗閔漢《易》之不存也，取李氏《易解》所載
> 者，參眾說而爲之傳。天、崇之際，遭亂散佚，以其說口授王父，
> 父授之先君，先君於是成《易說》六卷。又嘗欲別撰漢經師說《易》
> 之源流，而未暇也。〔註22〕

惠棟繼承父、祖未竟之志，專意於漢《易》表彰，惠棟一生撰著頗多，而且
言必稱曾王父樸庵公，其撰著亦都爲廣家學、述家學、補家學之作。蓋惠氏
數代治《易》「以古義訓弟子」，惠棟少承家學，長聞庭訓，尊崇漢儒治經之
主張，其云：

> 棟少承家學，九經注疏麤涉大要，自先曾王父樸庵公以古義訓子弟，
> 至棟四世，咸通漢學，以漢猶近古，去聖未遠故也。《詩》、《禮》毛、
> 鄭，《公羊》何休，傳注具存；《尚書》、《左傳》，僞孔氏全採馬、王，
> 杜元凱根本賈、服；唯《周易》一經，漢學全非，十五年前曾取資
> 李氏《易解》，反復研求，恍然悟洁靜精微之旨，子游〈禮運〉，子
> 思〈中庸〉，純是《易》理，乃知師法家法，淵源有自，此則棟獨知
> 之契用，敢獻之左右者也。〔註23〕

惠氏家學對惠棟之影響，乃在惠棟以其家學之訓練，初步掌握漢家訓故
之技術訓練，並以漢學作爲判斷學術眞僞之標準，故惠棟恢復漢《易》之功，
即淵源於家學也。

二、沿襲前人論說

惠棟之治《易》淵源，除由於其家學之耳濡目染，潛移默化外，尚有對
前賢學術之踵事增華；惠棟能將前人之學融入自己「四世傳經，咸知古義」

〔註21〕 支偉成：《清代樸學大師列傳》（臺北：藝文印書館，民國59年10月），頁54。
〔註22〕 同註9，第五十二冊，頁303。
〔註23〕 同註5，惠棟：《松崖文鈔》卷一，〈上制君尹元長先生書〉。

之家學中，嚴判漢、宋之疆野，從而奠定其別樹一幟，以漢爲眞，專明漢學之治《易》基調。如惠棟對宋學之清理，具有代表性者爲其對〈河圖〉、〈洛書〉之說及先後天《易》學之批判，此乃源於前人胡渭之考證。清代《易》學特色中，有對宋圖書學之反動者，本文第三章第六節清代《易》學之特色──沿承宋《易》之發展，再衍爲對宋圖書學之反對處已詳及之。而胡渭爲清初考據學大師，亦是清代漢學之先驅，其繼黃宗羲、黃宗炎及毛奇齡之後，再批判宋《易》中圖書之學，胡渭在《易圖明辨・題辭》云：

> 《詩》《書》《禮》《樂》《春秋》皆不可以無圖，唯《易》則無所用圖，六十四卦二體六爻之畫，即其圖矣。白黑之點，九十之數，方圓之體，〈復〉〈姤〉之變，何爲哉？其卦之次序方位，則〈乾〉〈坤〉三索、出〈震〉齊〈巽〉二章，盡之矣，圖可也，安得有先天後天之別？〈河圖〉之象，自古無傳，從何擬議？〈洛書〉之文，見於〈洪範〉，奚關卦爻？五行九宮，初不爲《易》而設；《參同契》、先天〈太極〉，特借《易》以明丹道，而後人或指爲〈河圖〉，或指爲〈洛書〉，妄矣。妄之中又有妄焉，則劉牧所宗之《龍圖》，蔡元定所宗之《關子明易》是也。此皆僞書，九、十之是非，又何足校乎？故凡爲《易》圖，以附益經之所無者，皆可廢也。〔註24〕

此處胡渭以爲河洛圖氏解釋八卦乃後人所杜撰，與《周易》無關；而邵雍之先天《易》學出於道教之煉丹術，亦非《周易》之本義。惠棟繼承此說，關於〈河圖〉及〈洛書〉，其在《周易述・繫辭上》引鄭玄《緯書》注曰：

> 〈河圖〉、〈洛書〉爲帝王受命之符，聖人則象天地，以順人情，故體信以達順，而致太平，爲既濟定也。〔註25〕

惠棟以爲〈河圖〉〈洛書〉並非宋《易》中所言之十河九洛圖，其在《易漢學・辨河圖洛書》中，指出，自古相傳之戴九履一圖，即《乾鑿度》中所言之九宮之法，在宋以前，未有以九宮之法爲〈河圖〉者，直至宋劉牧及阮逸出，方有此荒謬之說〔註26〕。劉牧開始以之爲〈河圖〉，又以五行生成圖爲〈洛書〉，

〔註24〕 胡渭：《易圖明辨》，同註9，第四十四冊，頁639。

〔註25〕 惠棟：《周易述》（臺南：大孚書局，民國83年10月），頁365。

〔註26〕 於史有徵，最早以圖解《易》者，當推北宋劉牧，《四庫全書總目》云：「至宋而象數之中復岐出圖書一派，牧在邵子之前，其首倡者也。」劉牧著《易數鉤隱圖》，此書共錄圖五十五幅，皆以黑白點表現「太極生兩儀、兩儀生四象、四象生八卦」之宇宙生成變化。與劉牧同爲宋仁宗時人之阮逸，則刊正

阮逸又僞作《洞極經》，以五方爲〈河圖〉，以九宮爲〈洛書〉。漢儒鄭玄與虞翻關於〈繫辭〉「天地之數」之說，雖與〈河圖〉之數相合，然二人皆未嘗言此爲〈河圖〉，以漢代去古未遠，康成、仲翔尙且未有此種說法，則宋代以後所言〈河圖〉與〈洛書〉爲伏羲時所出，則必爲妄說，惠棟此論與胡渭之考證相爲一致，故惠棟《易》學思想，有踵事前賢者，於此可知矣。

清代考據學盛行，尤以乾嘉時期成就最具代表性，吳派宗師惠棟即眞正揭開乾嘉考據學序幕，並提出獨特見解並加以實踐者，而惠棟實踐考據學之篤實方法，嚴謹態度，並揭示明確之解經方向，其治《易》主張棄宋復漢乃來自家世淵源之四世傳經，此種方式爲古中求是，梁啓超云：「惠氏家學，專以『古今』爲『是非』之標準。」〔註27〕徐世昌亦云：「惠氏之學以博聞彊記爲初基，以尊古守家法爲究竟，其治經要旨純宗漢學，謂漢經師之說，當與經並行。樸菴蓽路藍縷，研谿、半農繼之，益宏其業，至松崖而蔚爲大師。」〔註28〕除了家學淵源，沿襲前人論說，參以己見，終能成爲《易》學名家。

第三節　惠棟治《易》之方法

一、以群書解《易經》

惠棟治《易》之方法，一仍治經從經文考據入手，本著義理存乎訓詁，詁訓當本漢儒，而周秦諸子可以爲之旁證，〔註29〕以經解經，即運用最直接、最可信之資料爲證據，以證明自己想要證明之問題，而群經所載，其大義可相通，是以先儒詁經，多互證於群經，以發明經義，惠棟《周易述》云：

> 〈屯〉初九，「般桓。」注：「〈震〉爲阪，故般桓。」疏：「〈說卦〉
> 曰：『〈震〉爲阪』……《古文尚書・禹頁》曰：『織皮西傾，因桓是

《洞極元經傳》五卷，此書原爲北魏關朗《易傳》，《易傳》亦載〈河圖〉、〈洛書〉之象，但〈河圖〉爲五十五點，〈洛書〉則四十五點，恰與劉牧二圖相反，雖對河、洛之點數有所爭議，形成「圖九書十」與「圖十書九」二派圖書之爭，但以黑白點爲〈河圖〉、〈洛書〉，彼時已成一共識。

〔註27〕梁啓超：《清代學術概論》（臺北：臺灣商務印書館，民國74年2月），頁52。

〔註28〕徐世昌：《清儒學案小傳》（臺北：明文書局，1985年1月），卷五，頁705～707。

〔註29〕參見錢穆：《中國近三百年學術史》（臺北：臺灣商務印書館，1996年7月），頁352。

來。』鄭元彼注云：『桓是隴阪名，其道盤旋曲而上，故名曰桓。』
此經般桓，亦謂陵阪旋曲，故云般桓也。」〔註30〕

按此乃引《古文尚書·禹貢》文以證《易》理。又惠棟在《易漢學》一書，《荀
慈明易》之「易尙時中說」中云：

《易》道深矣，一言以蔽之，曰：時中。孔子作〈彖傳〉，言時者二
十卦，言中者三十三卦，〈象傳〉言中者三十卦。其言時也，有所謂
時者、時行者、時成者、時變者、時用者、時義者；其言中也，有
所謂中者、正中者、中正者、大中者、中道者、中行者、行中者、
剛中、柔中者。……愚謂孔子晚而好《易》，讀之韋編三絕而爲之傳，
蓋深有味於六十四卦三百八十四爻時中之義，故於〈彖〉、〈象〉二
傳言之，重詞之複。子思作〈中庸〉、述孔子之意而曰：「君子而時
中」。《孟子》亦曰：「孔子聖之時」。夫執中之訓，肇於中天，時中
之義，明於孔子，乃堯舜以來相傳之心法也（據《論語·堯曰章》）。……
知時中之義，其於《易》也，思過半矣。〔註31〕

此處惠棟以《論語》、《中庸》、《孟子》之說，以釋《易》理，此亦爲以群經
解《易》理之方式，而《易例》爲惠棟闡明漢儒解釋《易》之本例法則，其
於經史小學之書，皆能博徵廣引，如此書「《易》初爻」條云：

〈乾〉初爻曰：潛龍勿用。〈坤〉初爻曰：履霜堅冰至。虞仲翔以〈乾〉
初爲積善，〈坤〉初爲積惡，故曰：善不積不足以成名，惡不積不足
以滅身。《史記·太史公自敘》曰：故《易》曰：『失之毫釐，差以千
里。』故曰：臣弒君，子弒父，非一旦一夕之故，其漸久矣。〔註32〕

惠棟引虞仲翔《易》、《史記·太史公自序》之言，以證《易》理，而《易例》
所徵引資料，除《周易》卦爻辭及《十翼》之引文外，尙有：《周禮》及鄭玄
註、馬融傳，《禮記》及正義、鄭注，《尚書》及鄭玄註，《公羊傳》及註、疏，
賈逵《春秋左傳註》，《論語》及包咸註，〈中庸〉及朱熹註，《尚書大傳》，《乾
鑿度》及鄭玄註，《虞翻易註》，《荀爽易註》，《干寶易註》，《史記》，《漢書》
及項昭註，《後漢書》虞植補續及章懷太子註，《周書》，《戰國策》，《老子》
及河上公註，《孟子》及趙岐註，《荀子》，《韓非子》，《莊子》及郭象註、棟

〔註30〕同註25，頁十三～十五。
〔註31〕同註9，第五十二冊，頁362～頁363。
〔註32〕同註9，第五十二冊，頁379。

補註,《墨子》,《呂氏春秋》及高誘註,張湛《列子註》,《淮南子》及高誘註,《白虎通》,董仲舒《春秋繁露》,揚雄《太玄經》、《法言》,荀悅《申鑒》,《參同契》,《三統曆》及顏師古註,范子語,阮籍語,紀瞻語,褚澄語,《越錄》,《文選》。〔註 33〕故惠棟以群經解《易經》,所徵引材料之廣,於此可見,此則合於現代科學實證精神及方法矣。

二、釋《易》以「卦氣」、「取象」爲主

惠棟爲漢《易》象數學派之大家,其所推崇之漢學,實即孟、京以來之象數之學;孟喜、京房二家象數《易》學,本文第二章第一節漢代之《易》學研究概況——孟喜、京房處已詳及之。惠棟對《周易》經傳之注疏,大抵依孟喜、京房、鄭玄、荀爽、虞翻、干寶等人提出之體例及注解,並加以會通,以卦氣說爲其解經之主要依據。其對六十四卦卦象之解釋,皆主卦氣說。如論〈乾〉卦曰:「八純卦,象天,消息四月。」論〈坤〉卦曰:「八純卦,象地,消息十月。」論〈屯〉卦曰:「坎宮二世卦,消息內卦十一月,外卦十二月。」論〈蒙〉卦曰:「離宮四世卦,消息正月。」論〈師〉卦曰:「坎宮歸魂卦,消息四月。」論〈明夷〉卦曰:「坎宮游魂卦,消息九。」等等,以上皆見《周易述》。此皆依孟喜「卦氣說」及京房八宮卦說,將六十四卦與一年十二月之陰陽消息變化過程相配。又其對《周易》經傳辭句之注疏,採用京房之納甲說、五行說;《易緯》之九宮說,八卦方位說;鄭玄之爻辰說,五行生成說;荀爽之乾升坤降說,虞翻之卦變說等,皆是以「取象說」爲綱。惠棟在《易漢學》中,統計虞翻所取八卦之物象共三百七十〔註 34〕,其用「取象說」,乃繼承漢《易》傳統之學傳統也。如其《周易述》注〈繫辭〉「〈乾〉〈坤〉毀,則无以見《易》,《易》不可見,則〈乾〉〈坤〉或幾乎息矣。」云:

〈乾〉成則〈坤〉毀,謂四月也。〈坤〉成則〈乾〉毀,謂十月也。

〈乾〉〈坤〉毀,无以見《易》,謂六日七分也。幾,近;息,生也。

謂〈中孚〉至〈復〉,〈咸〉至〈姤〉也。〔註 35〕

〔註 33〕 參見江弘遠:《惠棟易例研究》(國立臺灣師範大學國文研究所碩士論文,民國 77 年 5 月),頁 25。

〔註 34〕 朱伯崑:《易學哲學史》,第四卷(臺北:藍燈文化事業股份有限公司,民國 80 年 9 月),頁 338。

〔註 35〕 同註 25,頁 366。

惠棟疏曰，陽息陰，故〈乾〉成則〈坤〉毀；〈乾〉成于巳，故謂四月。陰消陽，故〈坤〉成則〈乾〉毀；〈坤〉成于亥，故謂十月。四月无〈坤〉，十月无〈乾〉，不見〈中孚〉或〈咸〉用事，此即「〈乾〉〈坤〉毀，无以見《易》」。六日七分，謂〈中孚〉、〈咸〉。由〈中孚〉到〈復〉爲陽生，由〈咸〉到〈姤〉爲陰生，故曰「〈乾〉〈坤〉或幾乎息也」。〔註36〕其以成毀爲消息，訓息爲生，取《釋詁》義，此是以孟、京「卦氣」說，解釋〈繫辭〉文也。

第四節　惠棟之《易》學理論

一、棄宋復漢

惠棟學術思想中崇漢之主張，對其《易》學研究理論產生重大影響。惠棟以爲王弼以虛象說解《易》，空談義理，純粹爲無根之說，無本之談，漢《易》之遭受破壞，王弼實爲禍首，其〈易漢學自序〉云：

> 《易》經爲王氏所亂。……惟王輔嗣以假象說《易》，根本黃老，而
> 漢經師之義，蕩然無復有存者矣。〔註37〕

王弼掃互譏象，爲漢《易》亡失之罪人；至唐孔穎達注經，於《周易》亦採王弼之學，而漢《易》雖亡，李鼎祚撰《周易集解》略存其說〔註38〕，至宋代，宋儒解經，漫無根據，空談性理，並拋棄漢經師注經之法。惠棟以爲邵雍與周敦頤解《易》皆受道教之影響，致失先儒言《易》之本旨，其《易漢學》一書，「辨太極圖」中云：

> 愚謂道教莫盛於宋，故希夷之圖，康節之《易》，元公之太極，皆出
> 自道家，世之言《易》者，率以是三者爲先河，而不自知其陷於虛
> 無而流於他道也。〔註39〕

此處惠棟以爲邵雍之圖式與周敦頤之〈太極圖〉，皆源自道家，而世人說《易》，

〔註36〕同註25，頁369。

〔註37〕同註9。

〔註38〕江藩：《國朝漢學師承記・惠松崖》云：「年五十後，專心經術，尤邃於《易》。謂宣尼作《十翼》，其微言大義，七十子之徒相傳，至漢猶有存者。自王弼興而漢學亡，幸傳其略於李鼎祚《集解》中。精研三十年，引伸觸類，始得貫通其旨，乃撰《周易述》一編，專宗虞仲翔，參以荀、鄭諸家之義。」同註1，頁23〜24。

〔註39〕同註9，第五十二冊，頁368。

卻以之爲表率；故惠棟又以宋以前史料爲據，揭示宋儒說《易》之荒謬，如在《易漢學》之「辨兩儀四象」中云：

> 邵子割裂太極，穿鑿陰陽，一分爲二，二分爲四，四分爲八，所謂加一倍法，朱子篤信之，吾无取焉。……愚謂邵子一分爲二，二分爲四，四分爲八之說，漢唐言《易》者不聞有此，程子非不能理會邵《易》，但以之解《周易》，恐其說之未必然也。〔註40〕

依惠棟之見，邵雍解《易》，全任臆說，漫無根據，以邵雍爲代表之宋《易》，不合於《周易》經傳，故惠棟以爲「宋儒可與談心性，不可與窮經」，並主張棄宋說，惠棟云：

> 說經無以僞亂眞，舍〈河圖〉、〈洛書〉、〈先天圖〉而後可以言《易》矣，舍十六字心傳，而後可以言書矣。〔註41〕

惠棟排斥宋代圖書學與先後天《易》學，並提倡恢復漢《易》，故惠棟治《易》首重對漢《易》進行蒐集與整理。在其《易漢學》中，其孟喜《易》二卷，通過卷上對卦氣、消息、四正、十二消息、辟卦、雜卦；卷下對推卦用事之例、六十四卦用事之例等問題之搜考，使孟氏《易》學以占驗災異爲主之特色得以重現；其虞翻《易》，通過後人書中所見虞翻注《易》之例，對虞氏《易》中之八卦納甲說、陰陽五行說進行蒐集；其京房《易》，對京房治《易》之納甲說與陰陽五行說相配合之思想予以發掘；其鄭玄《易》主論鄭氏之爻辰說，並對《鄭氏易注》、《乾鑿度鄭氏注》亦有所輯佚；其荀爽《易》，輯〈乾〉升〈坤〉降、《易》尚時中、九家逸象等說。在惠棟之努力，漢代學者注《易》之源流與主張得以再現。又惠棟研《易》亦廣泛徵引漢儒治《易》之見解，其《周易述》追考漢儒遺說，其所注疏經文多引漢儒《易》義，耿志宏曾統計本書徵引漢儒之說次數。其中子夏義一次，京房義三次，劉歆義一次、許愼義一次，馬融義六次，宋衷義一次，荀爽義二十八次，鄭玄義十三次，王肅義四次，董遇義，虞翻義二六六次，九家義六次，姚信義一次，翟玄義二次，干寶義一次。此外，兼采兩家或兩家以上之義者有：子夏、虞氏義一次，京、虞義一次，馬、鄭義一次，馬、王、虞義一次，鄭、荀、許愼義一次，荀、虞義十三次，荀、鄭義一次，虞、鄭義七次，虞、九家義，虞、干義一次等。〔註42〕惠棟取義標準是

〔註40〕 同註9，第五十二冊，頁367。

〔註41〕 惠棟：《九曜齋筆記》，卷二〈趨庭錄〉（臺北：藝文印書館，1970年），頁38。

〔註42〕 參見耿志宏：《惠棟之經學研究》（國立政治大學中國文學研究所碩士論文，

以漢代諸儒之象數及名物訓詁爲指歸，尤以闡發虞氏《易》爲標準。如八卦納甲說，惠棟於《易漢學》中「虞仲翔《易》」作八卦納甲之圖云：

〈坎〉〈離〉日月也，戊巳中土也。晦夕朔旦，〈坎〉象流戊，日中則〈離〉，〈離〉象就巳，三十日會于壬，三日出于庚，八日見于丁，十五日盈于甲，十六日退于辛，二十三日消于丙，二十九日窮于乙，滅于癸。〈乾〉息〈坤〉成〈震〉，三日之象。〈兌〉八日之象。十五日而〈乾〉體成〈坤〉，消〈乾〉成〈巽〉，十六日也。〈艮〉二十三日也。二十九日而〈乾〉體就，出庚見丁者，指月之盈虛而言，非八卦之定體也。甲〈乾〉乙〈坤〉，相得合木，故甲乙在東。丙〈艮〉丁〈兌〉，相得合火，故丙丁在南。戊〈坎〉己〈離〉，相得合土，故戊巳居中。庚〈震〉辛〈巽〉，相得合金，故庚辛在西。天壬地癸，相得合水，故壬癸在北。〔註43〕

漢末三國時，虞翻接受道士魏伯陽丹道《易》之納甲說，加以自創之卦變、本義等新義說《易》，故用納甲以說《易》者，始於虞翻〔註44〕，惠棟崇漢《易》，其闡釋《周易》，多以「《虞仲翔易》」爲主，如䷑〈蠱〉卦，「元亨，利涉大川；先甲三日，後甲三日。」惠棟《周易述》注云：

先甲三日，〈巽〉也。在〈乾〉之先，故曰先甲，後甲三日，〈兌〉也。在〈乾〉之後，故曰後甲。虞氏謂初變成〈乾〉，〈乾〉爲甲，至三成〈離〉，〈離〉爲日，謂〈乾〉三爻在前，故先甲三日。〈賁〉時也，變三至四體，〈離〉，至五成〈乾〉，〈乾〉三爻在後，故後甲三日，〈无妄〉時也。〔註45〕

此處乃是惠棟引虞義，以納甲爲釋，其他對荀爽之升降，虞翻之半象、旁通、卦變、互體諸說，亦多所採用〔註46〕。惠棟又以爲《周易》自王弼、韓康伯

民國73年），頁75～76。

〔註43〕同註9，第五十二冊，頁326。

〔註44〕屈萬里先生：《先秦漢魏易例述評》：「仲翔會稽人也，與伯陽爲同籍。其說日月爲《易》，已本諸《參同契》；夢吞三爻，又隱含道士之禱幻。故納甲之說，全取於魏氏。彼自詡爲五世治孟氏《易》，實則納甲之術，固非孟氏所傳也。」（臺北：臺灣學生書局，民國74年9月），頁125。

〔註45〕同註25，頁64。

〔註46〕按徐芹庭：《兩漢十六家易注闡微》中論及漢《易》之特色與價值，計有四十二條，頗足珍惜，故惠棟既宗漢《易》而引用之，理所當然也。（臺北：五洲出版社，民國64年12月），頁41～44。

之後，多以俗字易古字，方使古訓淪亡，故以漢儒說解中之古字，改易王弼以來之本，惠棟《周易古義》云：

> 自唐人爲《五經正義》，傳《易》者，止王弼一家，不特篇次紊亂，又多俗字。如晉當爲晉，巽當爲巺，娠當爲遘，……《釋文》所載文古文，皆薛、虞。傳氏之說，必有據依。鄭康成傳《費直易》，多得古字。《說文》云：「其稱《易》孟氏」，虞仲翔五世傳孟氏《易》，故所采三家說爲多。諸家異同，動盈數百，然此七十餘字，皆卓然無疑，當改正者。〔註47〕

惠棟對所改易之古字，皆依漢儒之說，而對於《孔氏正義》本之誤字、衍字、脫字及其他諸多之謬，亦對上自先秦，下至唐代之《易》說資料，以漢代《易》說爲主，證明《孔氏正義》本之謬，其《周易古義》云：

> 孔穎達《易正義》多衍字、譌字及脫落字，如〈乾〉卦「不成乎名」，衍「乎」字；「文言曰坤至柔」，定本無「文言曰」三字；〈屯・象〉「君子以經綸」，定本「綸」作「論」，〈蒙・象〉曰：「匪我求童蒙，童蒙來求我」，脫「來」字。〔註48〕

蓋漢儒去古未遠，其所傳《易》，皆自孔子之嫡傳，有家法可尋，其訓詁皆有據依，皆溯原於孔子，其字句多爲《易》之正字，而惠棟以王弼、孔穎達之注疏，爲參合玄言之故，多改字，以故多俗字，譌字，衍字，奪字，唯漢《易》無此敝，故必通漢《易》，恢復漢代諸儒之《易》說，此則爲其《易》學理論之基礎也。

二、以天地造分、〈乾〉〈坤〉相交爲《易》理

惠棟之《易》學觀，大體爲以天地造分、〈乾〉〈坤〉始元爲《易》理之邏輯起點；象數是《易》理基礎，以象數解《易》爲深入《易》理之途徑；卜筮之法是《易》理之反映，《易》理之深層本質在言曆法；字書字義有助於說《易》，字義與《易》理相通；〈乾〉〈坤〉相交爲亨通，從而化育萬物。故惠棟以虞翻之取象說爲基礎，對荀爽之〈乾〉〈坤〉升降說及〈乾〉〈坤〉相交說、虞翻之旁通說加以貫通，並以陰陽相交說對《周易》六十四卦之卦義

〔註47〕 嚴靈峰：《無求備齋易經集成》第一三二冊（臺北：成文出版社，民國65年6月），頁39～40。

〔註48〕 同註47，頁47。

闡釋。惠棟《周易述》上下經考論，乃是以自注自疏之方式考論經文，其對〈乾〉卦卦辭「元亨利貞」注云：

> 元：始。亨：通。利：和。貞：正也（按此乃小學之釋字義）。〈乾〉初爲道本，故曰元。息至二，升〈坤〉五（按：《荀爽易》以陽在二，當上升坤五，取〈乾〉升〈坤〉降之義，見《易漢學》頁五二～三六〇。息，因〈乾〉息〈坤〉消之義，息於此處取〈乾〉陽爻之義），〈乾〉〈坤〉交，故亨。〈乾〉六爻，二四上匪正，〈坤〉六爻，初三五匪正（按：此《虞翻易》義，見下惠疏文），〈乾〉道變化，各正性命，保合大和，乃利貞。傳曰（按此指〈既濟·象傳〉）：利貞，剛柔正，而位當也。〔註49〕

此處惠氏以漢《易》象數學，闡明〈乾〉卦得以「元亨利貞」之理，漢儒去古未遠，較之後人更爲貼近古眞，惠棟全用漢《易》解之，其求眞求實之科學精神可知。然惠棟認爲僅惠注尙未足具體入微闡發《易》旨，爲實現漢《易》與經文之結合，抉發本旨與闡揚漢《易》，惠棟之疏文解說更爲詳備，其「〈乾〉元亨利貞」惠疏云：

> 〈繫上〉曰：大衍之數五十，其用四十有九，分而爲二以象兩，掛一以象三，揲之以四以象四時，歸奇于扐以象閏。又〈繫下〉曰：《易》有太極，是生兩儀，兩儀生四象，四象生八卦。虞翻注云：兩儀，〈乾〉〈坤〉也，庖羲幽贊于神明而生蓍，演三才五行而爲大衍之數五十，其一太極，故用四十有九，即蓍之數也。太極生兩儀，故分而爲二以象兩，又分天象爲三才，故掛一以象三，播五行于四時，故揲之以四以象四時。〈乾〉〈坤〉之策當期之日，以閏月定四時成歲，故歸奇于扐以象閏。所謂兩儀生四象也。四營而成《易》，十有八變而成卦，是生八卦而小成，所謂四象生八卦也。引信三才，至萬有一千五百二十，而六十四卦備矣，此聖人作八卦之事也。〈乾〉〈坤〉，陰陽之本，故首〈乾〉〈坤〉。元，始。亨，通。利，和。貞，正。子夏義也。元，始。《釋詁》文。亨者，〈乾〉〈坤〉交也。〈乾〉天〈坤〉地，天地交爲泰。〈序卦〉曰：泰者，通也。故知亨爲通也。《說文》曰：利從刀。和，然後利，從和省。《文言》曰：利者，義之和也。又曰：利物足以和義。故知利爲和也。貞，正也者，〈師〉

象傳文。〈乾〉初謂初九也。初，始也。元亦始也。何休注《公羊》
曰：元者，氣也，天地之始，故傳曰：大哉〈乾〉元！萬物資始。《說
文》曰：元從一。故《春秋》一年稱元年。《說文》又曰：唯初太始，
道立於一，造分天地，化生萬物。董子對策曰：謂一爲元者，視太
始而欲正本，是〈乾〉初爲道本，故曰元也。〔註50〕

惠氏除以引用虞翻注釋外，尚引《易》傳而以《易》解《易》，引《爾雅》、《說
文》、何休注等證釋「元亨利貞」之自注文。惠棟在證釋「一、元、始、太極」
等字義後，即疏證與〈乾〉、〈坤〉密切相關之消息卦。惠棟以《易》理之邏
輯起點在〈乾〉〈坤〉天地，《周易》之起點爲〈乾〉爲〈坤〉，〈乾〉〈坤〉而
消息卦，一脈相承。〔註51〕，故惠棟疏又云：

消息之卦，〈乾〉息〈坤〉消，息至二，當升〈坤〉五爲天子，〈乾〉
〈坤〉交通，故亨。經凡言亨者，皆謂〈乾〉〈坤〉交也。〈乾〉六
爻：二、四、上匪正；〈坤〉六爻：初、三、五匪正，虞翻義也。二、
四、上以陽居陰，初、三、五以陰居陽，故皆不正。〈乾〉變〈坤〉
化，六爻皆正，故各正性命。〈乾〉爲性，〈巽〉爲命也。〈乾〉〈坤〉
合德，六爻和會，故保合太和，正即貞，和即利，故乃利貞。《傳》
曰：利貞，剛柔正而位當也者，〈既濟·象傳〉文：六爻皆正，故剛
柔正而位當。經凡言利貞者，皆爻當位，或變之正，或剛柔相易。《經》
惟〈既濟〉一卦六爻正而得位。故云剛柔正而位當。〈乾〉用九，〈坤〉
用六，成〈既濟〉定，〈中庸〉所謂「致中和，天地位焉，萬物育焉」
是也。此聖人作《易》之事也。〔註52〕

按此處惠疏之「〈乾〉〈坤〉消息」，明用虞翻，實際爲荀爽之〈乾〉〈坤〉升
降之說。消息卦導自孟喜、京房之卦氣說，荀爽亦用卦氣說言消息，其又將
卦氣說發展成〈乾〉升〈坤〉降說；升降說尤重二五兩爻，因二爲一卦下位
之中，五爲一卦上位之中，〈乾〉二升於〈坤〉五之位，〈坤〉五降於〈乾〉
二之位，表示〈乾〉〈坤〉相交。如惠疏中消息卦爲〈泰〉卦☷☰（消息卦爲
三陽息陰，月建寅，農曆一月），若以〈乾〉「息至二，升〈坤〉五」，即〈乾〉
二爻升至〈坤〉五爻，〈坤〉五爻降至〈乾〉二爻，成爲〈既濟〉卦☵☲，此

〔註50〕同註25，頁1～2。
〔註51〕同註7，頁263。
〔註52〕同註25，頁2。

為「六爻皆正，剛柔正而位當」之卦，荀爽曰：「〈乾〉升於〈坤〉，曰雲行；〈坤〉降於〈乾〉，曰雨施。〈乾〉〈坤〉二卦，成兩〈既濟〉，陰陽和均，而得其正，故曰天下平。」〔註53〕惠棟在卦辭中言「元亨利貞」，皆指卦體變為〈既濟〉卦象，在此釋〈乾〉卦之各爻，如二五爻，按荀爽〈乾〉〈坤〉升降說及〈乾〉〈坤〉相交說，〈乾〉二升於〈坤〉五之位，〈坤〉五降於〈乾〉二之位，表示〈乾〉〈坤〉相交——〈乾〉二上升〈坤〉五之位為〈坎〉卦之卦象，〈坤〉五下降〈乾〉二之位為〈離〉卦之卦象，坎上離下又成〈既濟〉卦象，故虞翻亦言陰陽交通為亨；〈乾〉卦二四六爻為陽居陰位，皆不當位，故曰「匪正」。在荀爽與虞翻之學說基礎，惠棟以〈乾〉〈坤〉相交而得其正，以為代表漢《易》之根本大義，亦為其《易》學理論矣。

第五節　惠棟之《易》學成就

一、對漢《易》之恢復與保存

　　惠棟本於漢儒之治經傳統，以聲音訓詁為基礎，對《周易》經傳中之文字，嚴格按照故訓進行注疏，對漢儒諸家《易》說之恢復與保存有所貢獻。舊學久湮，奮然存古，此為惠棟治學目標，其撰《九經古義》，〈九經古義述首〉云：

> 漢人通經有家，故有五經師。訓詁之學皆師所口授，其後乃著竹帛，所以漢經師之說，立於學官與經師並行。五經出於屋壁，多古字古言，非經師不能辨。經之義存乎訓，識字審音乃知其義，是故古訓不可改也，經師不可廢也。〔註54〕
>
> 孔子歿後，至漢末，其間八百年，經師授受，咸有家法，故兩漢諸儒咸識古音。〔註55〕

所謂古義，乃漢儒專門訓詁之學，惠氏之治《易》，全遵漢儒，因「漢人通經有家法」，而「訓詁之學，皆師所口授」，研究古經及注疏，並「以古為師」，「訓詁必依漢儒」〔註56〕之治《易》風格，對乾嘉時期之《易》學，興起導

〔註53〕李鼎祚：《周易集解》（臺北：臺灣商務印書館，1996 年 12 月），頁 19。
〔註54〕同註 5，惠棟：《松崖文鈔》卷一，〈九經古義述首〉。
〔註55〕同註 54，〈韻補序〉。
〔註56〕參見《嘉定錢大昕全集》第九冊，《潛研堂文集》卷二十四，〈臧玉林經義雜識序〉（南京：江蘇古籍出版社，1997 年 12 月），頁 375。

師之作用，其學崇漢儒，溯之前古而求其原，開啓有別於清初之《易》學風氣。《九經古義》一書爲通過對諸經中「得以考見於今」〔註57〕之漢儒之古字、古音、古訓之詳辨，以發明經義之專著〔註58〕惠棟撰《周易述》發揮漢儒之學，其自注自疏亦徵引字書以說《易》，例如：

〈坤〉上六：「利永貞。」惠棟注云：

永，長也。〔註59〕

惠棟疏云：

永，長，釋詁文。〔註60〕

此爲《爾雅》之文以釋之者。

〈屯〉六二：「乘馬驙如。」

惠棟疏云：

《說文》曰：「驙者，馬重難行。」〈震〉爲馬，馬异足，故驙如也。〔註61〕

此取《說文》之文以釋之者。

〈明夷〉六五：「其子之明夷，利貞。」惠棟注云：

其讀爲亥，〈坤〉終于亥，〈乾〉出于子，故其子之明夷。三升五得正，故利貞。馬君俗儒讀爲箕子，涉〈彖傳〉而訛耳。〔註62〕

惠棟疏云：

蜀才從古文作其子，今從之。其古音亥，故讀爲亥，亦作萁。劉向曰：今《易》其子作荄茲。荀爽據以爲說，蓋讀其子爲荄茲。古文

〔註57〕《四庫全書總目》卷二三經部五經總義類《九經古義》條，同註9，第一冊，頁678。

〔註58〕尹彤云：〈惠棟學術思想研究〉云：「他（惠棟）對古代經，包括《易》、《詩》、《書》、《禮》、《春秋》、《左傳》、《論語》；史，包括《後漢書》、《漢志》等；子，包括《尸子》；集，包括《漁洋山人精華錄》的大量著作，從文字音韻的訓釋、解讀上進行了新的整理、爬梳和注釋。發掘了一些亡佚的古義；糾正了前人的錯誤；提出了新的見解。其研究《周易》，訂正七十餘字，認爲『諸家異同，動盈數百，然此七十餘字，皆卓然無疑，當改正者。』其《九經古義》考訂經書的字義，有不少創見。」（《清史研究》1999年，第二期，中國人民大學，1999年6月），頁92。

〔註59〕同註25，頁10。

〔註60〕同註25，頁11。

〔註61〕同註25，頁15。

〔註62〕同註25，頁120。

作其子，其與亥，子與慈，字異而音義同。……三統曆曰：『該閡於亥孳』，『萌于子』是也。五本〈坤〉也，〈坤〉終于亥，〈乾〉出于子，用晦而明，明不可息，故曰其子之明夷。……馬融俗儒，不識七十子傳《易》之大義，以〈象傳〉有箕子之文，遂以箕子當五，尋五爲天位；箕子臣也，而當君位，乖于易例，逆孰大焉。謬說流傳，兆于西漢。西漢博士施讎讀其爲箕；時有孟喜之高弟，蜀人趙賓，述孟氏之學，斥言其謬，以爲箕子明夷，陰陽氣無箕子，其子者，萬物方荄茲也。賓據古義以難諸儒，諸儒皆屈，于是施讎，梁丘賀咸共嫉之，讎賀與喜同事田王孫，而賀先貴，又傳子臨，從讎問薦。讎爲博士，喜未貴而學獨高，施、梁丘皆不及。喜所傳卦氣及《易》家候陰陽災異書，皆傳自王孫，以授梁人焦延壽者，而梁丘惡之，謂無此事，引讎爲證，且以此語聞於上，於是宣帝以喜爲改師法，不用爲博士，中梁丘之譖也。讎、賀嫉喜而并及賓，班固不通《易》，其作喜傳，亦用讎、賀之單詞，皆非實錄。〔註63〕

此處惠棟獨採孟喜、趙賓義，謂〈明夷〉六五「其子」讀爲「亥子」，惠氏之對漢《易》之恢復，《四庫全書總目提要》謂其：「獨一一原本漢儒，推闡考證，雖掇拾散佚，未能備睹專門授受之全，要其引據古義，具有根柢，視空談說經者，則相去遠矣。」〔註64〕故其著《易例》，即考漢儒之傳，以發明《易》之本例，惠棟鎔鑄漢儒《易》說，鉤證考稽，掇拾散佚，引據古義使學者得見漢《易》之門徑，有助於儒林，此皆爲對漢《易》之恢復與保存所作之貢獻。

二、建立完整之漢《易》考據學

乾嘉漢學興盛，吳派惠棟及漢《易》之倡導者，其《易》學則恪守漢儒荀爽、虞翻、鄭玄等解《易》之體例，以解說卦爻象及卦爻辭，尤推崇孟喜、京房以來之象數之學及卦氣說，而排斥宋《易》解經之傳統。此即帶有明末清初以來之考據與實證之治學風格，惠氏對漢儒諸家皆有所取捨、選擇，大致以取象說爲綱，以虞翻之升降說及荀爽之旁通說爲主幹，以象數之學爲主體，從卦象及爻象之形成與變化以解釋《周易》經傳中之概念，並建立與宋《易》判若河漢之漢易考據學。惠棟著眼於漢《易》之象數理論，對《周易》

〔註63〕 同註25，頁122。
〔註64〕 同註9，《周易述》，第五十二冊，頁2。

經傳中之《易》學注釋，則不同於宋《易》義理學之結論，亦有異於宋《易》象數學之觀點。〔註65〕例如：

〈繫辭上傳〉：「形而上者謂之道，形而下者謂之器。」惠棟《周易述》注云：

《易說》：《易》无形畔，《易》變而爲一，一變而爲七，七變而爲九，九者氣變之究也。乃復變爲一，一者形變之始。清輕者上爲天，故形而上者謂之道；濁重者下爲地，故形而下者謂之器也。〔註66〕

此處惠棟引用《乾鑿度》之文以釋道與器，其疏又云：

〈乾〉息至二則升〈坤〉五，故清輕者上爲天，〈乾〉爲道，故形而上者謂之道；〈坤〉消至五，則降〈乾〉二，故濁重者下爲地，〈坤〉爲器，故形而下者謂之器也。〔註67〕

此以〈乾〉陽爲道，〈坤〉陽爲器，並以荀爽之〈乾〉升〈坤〉降說解釋《乾鑿度》文意，即以天爲道，以地爲器，此一解釋亦就〈乾〉〈坤〉爻象之變化而言也。又〈繫辭上傳〉：「《易》无思也，无爲也，寂然不動，感而遂通天下之故。」惠棟《周易述》注云：

天下何思何慮，同歸而殊塗，一致而百慮，故无所謂其靜也專。謂隱藏〈坤〉初，機息矣專，故不動者也。感，動也。以陽變陰，通天下之故，謂發揮剛柔而生爻者也。〔註68〕

此處惠棟引虞翻注文，惠氏疏又曰：

〈乾〉伏〈坤〉初，藏神无內，故其靜也專。〈乾〉隱藏〈坤〉初，佼易立節，寂然无爲之時，故其機息矣，其靜也專，故不動者也。〈乾〉出〈坤〉初，以陽變陰，清淨焐哲，故能通天下之故。……變剛生柔爻，變柔生剛爻，以三爲六，則發揮剛柔而生爻者也。〔註69〕

以上皆是以〈乾〉〈坤〉兩卦之爻象變化，即以虞氏卦變說，京房之飛伏說，闡釋〈繫辭〉文「寂然不動，感而通天下之故」。惠棟之《易》學已非純粹之漢《易》，而進入樸學《易》之範疇；清代樸學《易》由顧炎武高舉大旗、領

〔註65〕 參見尹彤：〈惠棟周易學與九經訓詁學簡評〉(《寧夏社會科學》，1997 年第一期，1997 年)，頁 90。
〔註66〕 同註 25，頁 367。
〔註67〕 同註 25，頁 369。
〔註68〕 同註 25，頁 347。
〔註69〕 同註 25，頁 350。

軍於前，惠棟響應於後，其樸學《易》並非精緻，然身爲吳派領袖，於推崇漢儒質樸篤實學風，建立完整之漢《易》考據學；並貶宋復漢，在搜輯鉤稽漢人《易》說，保有存古之功，而成爲清代樸學《易》之主要代表，其《易》學成就，實亦爲盛極一時之乾嘉學派殿軍。

　　惠棟之《易》學研究，徹底剔除宋《易》之義理之學，其以漢學爲治經之標準，用辨僞、輯佚、校勘、訓詁等考據手段，對漢《易》之恢復、融會與系統整理，形成《易》學史上獨具特色之漢《易》考據學，爲清代《易》學史上第一個成系統之樸學《易》，其存古之功，實不可抹滅矣。然其過於信古而缺乏明辨，致知孟喜、京房等原爲機祥占驗而設之術，如卦氣、八宮、世應、及虞翻牽合象數之半象說等，皆用以說《易》，後人則有異議。歷來抨擊惠棟最力者當屬梁啓超，其於《清代學術概論》云：

> 惠派治學方法，吾得以八字蔽之，曰：「凡古必眞，凡漢皆好。」其
> 言「漢經師說與經並行，」意蓋欲尊之使儕於經矣。王引之嘗曰「惠
> 定宇先生考古雖勤，而識不高，心不細，見異於今者則從之，大都不
> 論是非。」（《焦氏叢書》卷首，〈王伯申手札〉）可謂知言。棟以善《易》
> 名：其治《易》也，於鄭玄之所謂「爻辰」，虞翻之所謂「納甲」，荀
> 諝之所謂「升降」，京房之所謂「世應」「飛伏」，與夫「六日七分」
> 「世軌」諸說，一一爲之疏通證明；汪中所謂「千餘年不傳之絕學」
> 者也。以吾觀之，此其矯誣，與陳摶之「〈河圖〉〈洛書〉」有何差別；
> 然彼則因其宋人所誦習也而排之，此則因其爲漢人所倡道也而信之；
> 可謂大惑不解。然而當時之人蔽焉，輒以此相尚。〔註70〕

梁氏之批評似嫌過激〔註71〕，惠棟治《易》本著客觀、實事求眞之精神，錢大昕曾贊論曰：「宋、元以來，說經之書盈屋充棟。高者蔑棄古訓，自誇心得；下者勦襲人言，以爲己有。儒林之名，徒爲空疏藏拙之地，獨惠氏世守古學，而先生所得尤深，擬諸漢儒，當在何邵公、服子慎之間，馬融、趙岐輩不能及也。」〔註72〕惠棟於《易》學之研究亦雜揉儒道，因漢《易》今文讖緯學

〔註70〕同註27，頁53～54。
〔註71〕盧建榮、周何、王法周、陸寶千、劉昭仁、余新華：《中國歷代思想家》十六，
　　　　〈惠棟的學術思想〉云：「王氏的批評夾雜著門戶之見，梁氏的批評則更顯過
　　　　激，如說惠棟治《易》與宋儒的〈河圖〉〈洛書〉沒有差別，這是失之客觀的。」
　　　　（臺北：臺灣商務印書館，1999年8月），頁135
〔註72〕同註56，第九冊，卷三十九傳三〈惠先生傳〉，頁667。

與道教之形成本密切相關，其授道入《易》，如對被稱爲道家經典中「丹經之祖」之《參同契》，惠棟認爲：「漢末術士魏伯陽《參同契》用〈坎〉、〈離〉爲金丹之訣，後之學者徵創異說，諱言〈坎〉、〈離〉，于是造皮膚之語以釋聖經，微言既絕，大義尤乖。殊不知聖人贊化育以天地萬物爲〈坎〉、〈離〉，何嫌、何疑而諱言之乎？今幸東漢之《易》尤存，荀虞之說具在，用申師法，以明大義，以溯微言。二千年絕學庶幾未墜，其在茲乎，其在茲乎。」〔註73〕此爲其公然鼓吹以《參同契》解《易》，可以繼微言，承絕學。惠棟又雜引《陰符經》、《抱朴子》、《靈寶經》等以講《易》〔註74〕，此爲惠棟學術特異於其他乾嘉學者之處，惠棟之學，以博贍求古爲其特徵，博贍是惠棟學說之所長，但博而寡要，以致流於嗜博，亦正是惠學短處所在。〔註75〕然惠棟在《易》學之成就亦不朽矣。

〔註73〕同註9，《易例・元亨利貞大義》，第五十二冊，頁378。

〔註74〕廖名春：《周易研究史》云：「他（惠棟）還雜引《陰符經》、《抱朴子》、《靈寶經》等以講《易》，說：『陽長陰消，皆以積漸而成。《文言》曰：其所由來者漸矣。故云：浸，漸也。《陰符經》曰：天地之道浸，故陰陽勝。〈遯・象傳〉曰：小利貞浸而長也，此謂陰陽浸而長也。』皮錫瑞《經學通論》卷一說：『其《易漢學》采及《龍虎經》，正是方外爐火之說。』漢學家而又有濃厚的道士氣，這是人們很少注意到的。」（長沙湖南出版社，1991年7月），頁385。

〔註75〕參見陳祖武：〈清代經學大師惠棟〉，此文收入林慶彰主編：《經學研究論叢》第一輯（臺北：聖環圖書有限公司，83年4月），頁197。

第九章　張惠言《易》學研究

第一節　張惠言之生平與學術著作

一、生　平

　　張惠言（西元 1761～1802），原名一鳴，字皋文〔註 1〕，號茗柯，常州武進（今屬江蘇）人。張惠言祖輩世代習儒，家境貧寒。張惠言祖先，在明弘治中，即居於常州武進縣南門安德里，人稱「大南門張氏」，其先祖「自典至金弟」，五代皆補郡縣學生，有文章名，世以教授爲事，可謂家學深厚。自張惠言祖父輩起，張家即三世貧寒，科場不遇，生活困窘。祖父張金弟，「倜儻好學，通六藝諸子之書、天文術數劍騎之說」〔註 2〕，頗具才名，卻「屢困童子試」，連秀才皆未曾得中，憂鬱悲慨，加上窮困潦倒，遂病死京師，年僅三十五歲。父張蟾賓亦爲能詩善文、又恪守儒家行爲準則之一介儒生，不幸因生活所迫，於沅州謀生時得病，不久即溘然長逝，時年三十八歲。張惠言四歲時，父親病歿，時母親僅二十九歲，姊姊八歲，家無一夕儲，僅靠母親與姊姊作女工及親友「省嗇口食」資助生活，常「無以爲夕饔，各不食而寢」，但母親仍不忘送子讀書。張惠言九歲時即隨伯父在城中寄宿讀書，並與弟張琦（字翰風）苦讀經書，受《易》學。年十四，即爲童子師，補貼

〔註 1〕　《碑傳集》卷一三五五云，張惠言「字皋文」，《國朝耆獻類徵初編》卷一三二、《國朝先正事略》卷三十六同；清史館〈張惠言傳稿〉則作「字皋聞」，清國史館〈張惠言傳〉、《清史列傳》卷六十九〈張惠言傳〉同。
〔註 2〕　張惠言：《茗柯文二編・先祖妣事略》，清同治刻本。

家用；並修學立行，敦品自守，未嘗以所能自異，人皆稱敬。十七歲，補縣學附生，十九歲試高等補廩膳生。工駢體文與古文，曾受古文義法於桐城派劉大櫆，又依惲敬於浙江富春，不久又到安徽歙縣，館於皖派經學大師金榜家中〔註3〕，一面向金榜問學，一面教授金氏弟子。〔註4〕乾隆五十一年（西元 1786 年），考中舉人，而後七年間，先後七次赴京參加禮部會試，皆鎩羽而歸，此期間，曾赴禮闈，報罷。考取教習景山宮之官學，期滿，例得引見，聞母疾，遽歸，遂居母憂。嘉慶四年（西元 1799 年），仁宗親政，試天下進士，張惠言中進士。彼時大學士朱珪爲吏部尚書，以惠言學行，特奏選庶吉士，光實錄館纂修官，武英殿協修官，時年三十九。嘉慶六年（西元 1801 年），散館，以部屬用，朱珪復特奏，改授翰林院編修。嘉慶七年（西元 1802 年），六月三日，以疾卒，距其生於乾隆二十六年（西元 1761 年），得年四十有二。

張惠言體格清羸，鬚眉作青紺色，面有風稜，而性情特別和易，與人相交，無論賢不肖皆樂之，至於義之所在，必達然後已。鄉、會兩試皆出於朱珪門，惠言未嘗求私見，而以所能自異，默然隨群弟子進退而已。朱珪暗中觀察，則大喜，陰加器重，故屢次進達之。而張氏亦斷斷以相善相爭不敢隱，如朱珪言：「天子當以寬大得民。」惠言則言：「國家承平百餘年，至仁涵育，遠出漢、唐、宋之上，吏民習於寬大，故奸孽萌芽其間，宜大伸刑罰，以肅內外之政。」朱珪言：「天子當優有過大臣。」惠言則言：「庸猥之輩，倖致通顯，復壞朝廷法度，惜全之，當何所用。」朱珪喜進用淹雅之士。惠言則曰：「當進內治官府、

〔註3〕 徐楓：〈張惠言與常州經學〉云：「金榜是漢學家江永和戴震（皖派）之學生，字榮齋，又字蕊中，乾隆三十七年進士，授修撰。散館後，即乞歸，讀書不出，所著書最有名的爲《禮箋》（三卷），凡『天文地域田賦學校郊廟明堂以及車旗服器之細，固不貫串群言，析衷一是，不自干飾其文，第祖鄭詩箋毛之義，名曰《禮箋》，以爲譯鄭云爾。』榜雖尊鄭氏之學，然於鄭義所未衷也，必糾舉之。卷首〈識言〉即云：『榜幼承義方，治禮鄭氏，稍長而受學於先師江慎修先生，遂窺禮堂論贊之緒，其間采獲舊聞，或摭秘逸，要於鄭氏治經家法，不敢誣也。昔鄭氏箋云：注詩宗毛爲主，毛義若隱略，則更表明，如有不同，即下己意，便可辨識也。禮箋之名，蓋首其義。』觀此亦可略知其治學大旨矣。張惠言有〈祭金先生文〉（收錄於《茗柯文四編》），對金先生之爲學爲人皆有所論，崇敬之心，溢於言表。」（《杭州師範學院學報》，1997年第二期，1997 年 3 月），頁 20。
〔註4〕 參見徐楓：〈張惠言的家族傳統與其詞學淵源〉（《漳洲師院學報》，1998 年第四期），頁 45。

外治疆場者。」並嘗與同縣洪亮吉於廣坐諍之，〔註5〕朱珪不以爲忤。張惠言治經最重《易》，其《易》說，海內推爲絕學，獨宗虞翻，被譽爲《虞氏易》專家。治《禮》，則專宗康成，少爲辭賦，嘗擬司馬相如、揚雄之文；及壯，散文效韓愈、歐陽修；又夙善篆書，初學李陽冰，後學漢碑額及石鼓文，曾奉命詣盛京篆列聖加尊號玉寶。惠言於小學，纂《說文諧聲譜》未竟而卒，其子成孫成之；《詞選》二卷，爲「常州詞派」之中堅人物。〔註6〕

二、學術著作

　　張惠言其學要歸六經，尤深《易》、《禮》，又修《文選》之學，善修文，並受惠棟《易》學之影響，專研《虞氏易》，在清代卓然成一家言，茲將其著作，分列如下：

經　部

（一）《易》類

　　《周易虞氏義》九卷，此書爲張惠言整理研究漢《易》之主要典籍，張惠言以爲惠棟對漢《易》之解說，尤以對虞氏義之探討，零碎而無系統，未能復其全貌。故其以虞翻《易》學，發揮盡致，別家作爲附庸，分別蒐擇，不相雜廁。張氏於《周易虞氏義》中，先以李鼎祚《周易集解》所提虞氏注爲主，參考漢《易》各家說，逐句解釋《周易》經傳文句，而李氏《周易集解》所引虞氏注雖多，並非其全部，其中未引虞氏注者，張惠言則依虞氏補之；有虞氏注者，則加以注疏，企圖以注疏之形式，恢復《虞氏易》之全部面貌。其於〈周易虞氏易序〉云：「自漢成帝時劉向校書，考《易》說，以爲諸《易》家皆祖田何、楊叔、丁將軍，大義略同，唯京氏爲異。而孟喜受《易》家陰陽，其說《易》本於氣，而後以人事明之。八卦六十四象，四正七十二

〔註5〕　參見支偉成：《清代樸學大師列傳》（臺北：藝文印書館，民國59年10月），頁181。

〔註6〕　張惠言之生平、行誼、著述，可參考清阮元撰：〈張惠言傳〉，收入清錢儀吉纂錄《碑傳集》，卷一三五，頁1～2；清徐世昌撰：《清儒學案》，卷一一七，頁1～2；清惲敬撰：〈張皋文墓誌銘〉、《大雲山房文稿》（民國間上海涵芬樓影印本，初集卷四，頁23～25）；清吳德旋撰〈張惠言述〉，收入清查桓輯《國朝耆獻類徵初編》（周駿富編《清人傳記叢刊》本，臺北：明文書局），卷一三一，頁39～40。

候，變通消息，諸儒祖述之莫能具。當漢之季年，扶風馬融作《易傳》授鄭康成，康成作《易注》，而荊州牧劉表、會稽太守王朗、潁川荀爽、南陽宋忠、皆以《易》名家，各有所述。唯翻傳孟氏學，……翻之言《易》，以陰陽消息，六爻發揮旁通，升降上下，歸於乾元用九而天下治，依物取類，貫穿比附。始若瑣碎，及其沈深解剝，離根散葉，暢茂條理，遂於大道，後儒罕能通之。自魏王弼以虛空之言解《易》，唐立之學官，而漢世諸儒之說微；獨資州李鼎祚作《周易集解》，頗采古《易》家言，而翻注爲多，其後古書盡亡，而宋道士陳摶以意造爲龍圖，其徒劉牧以爲《易》之〈河圖〉、〈洛書〉也。河南邵雍又爲先天、後天之圖，宋之說《易》者，翕然宗之，以至於今牢不可破，而《易》陰陽之大義，蓋盡晦矣。清之有天下百年，元和徵士惠棟始考古義，孟、京、荀、鄭、虞氏，作《易漢學》，又自爲解釋曰《周易述》，然掇拾於亡廢之後，左右采獲，十无二三，其所述大抵宗禰虞氏，而未能盡通，則旁徵他說以合之。蓋從唐、五代、宋、元、明，朽壞散亂，千有餘年，區區修補收拾，欲一旦而其道復明，斯固難也。翻之學既世，又具見馬、鄭、荀、宋氏書，考其是否，故其意爲精。又古書亡，而漢、魏師說可見者十餘家，然唯鄭、荀、虞三家，略有梗概可指說，而虞又較備；然則求七十子之微言，田何、楊叔、丁將軍之所傳者，舍虞氏之注，其何所自焉？故求其條貫，明其統例，釋其疑滯，信其亡闕，爲《虞氏義》九卷。」〔註7〕清阮元〈周易虞氏義序〉云：「漢時說《易》者皆明消息，今遺文可考者，鄭、荀、虞最著，而虞氏仲翔世傳《孟氏易》，又博考鄭、荀諸儒之書，故其書參消長於日月，驗變動於爻象，升降上下，發揮旁通，聖人消息之教，更大明焉。……唐初以王注列學官，而師說亡，迨宋圖書之說興，而《易》義更晦。幸李鼎祚撰《集解》，採虞注獨詳。國朝惠徵士棟據之作《易漢學》，推闡納甲，於消息變化之道，稍啓端緒。後作《周易述》，大旨宗虞，而義有未通，補以鄭、荀諸儒，讀者以未能專壹少之。蓋虞學之晦久矣，武進張編脩惠言承惠徵士之緒，恢而張之，約而精之，闡其疑滯，補其亡闕，糾其譌舛，成《虞氏義》九卷。」〔註8〕又清周中孚《鄭堂讀書記補逸》云：「按漢魏《易義》，今可見

〔註7〕見張惠言：《周易虞氏義》，收入《易學十書》中（臺北：廣文書局，民國66年7月），頁2～6。

〔註8〕見張惠言：《周易虞氏義》，收入《續修四庫全書》編纂委員會編《續修四庫全書》，二六‧經部‧《易》類（上海：上海古籍出版社，1995年），頁427。

者，二十餘家，然惟鄭玄、荀爽、虞翻三家，略有梗概可指說，而虞又較備。故皋文是編，專就李鼎祚《周易集解》中錄出虞注，附以他書所引，依《隋志》釐爲九卷；并求其條貫，明其統例，釋其疑滯，申其亡闕，詳加詮釋，以闡發之，故名曰《虞氏義》。」〔註9〕又柯劭忞於《續修四庫全書總目提要・周易虞氏義》云：「李鼎祚《周易集解》，撰集漢魏以來諸家《易》說，惟采《虞氏義》最詳，幾得原書十之七八，故納甲十二辟卦、旁通之卦兩象《易》之說，尚可尋其門徑；惠徵君棟研究古義，作《周易述》，大抵宗禰虞氏，其未能盡通，則補以他家之義，學者以未能專壹少之；惠言繼徵君而起，獨宗虞氏，窮探力索，積三年而後通，以爲翻之宗旨，以陰陽消息六爻，發揮旁通，升降上下，歸於乾元、用九而天下治；依物取類，貫穿比附，始若瑣碎，及其深沈解駮，離根散葉，暢茂條理，遂於大道，後儒罕能通之。又謂翻之學既世，又具見馬、鄭、荀、宋氏書，考其是否，故其義爲精；求七十子之微言，田何、楊叔、丁將軍所傳者，舍此則何所自焉？蓋虞氏之學，獨惠言深造，非汎濫者所及也。」〔註10〕故張惠言爲《虞氏易》之大師。

《周易虞氏消息》二卷，此書爲張惠言闡發《虞氏易》原理及其解《易》之條例，將其歸結爲陰陽消息說，以明其統例。柯劭忞於《續修四庫全書總目提要・周易虞氏消息》中云：「惠言治《虞氏易》，潛心探索，三年始通其要領，乃撰《虞氏消息》以發明之，其上卷爲乾元第一，日月在天成八卦第二，庖羲則天成八卦第三，〈乾〉〈坤〉六位第四，〈乾〉〈坤〉立八卦第五，八卦消息成六十四卦第六，其下卷爲卦氣用事第七，乾元用九第八，元第九，中第十，權第十一，反卦第十二，兩象《易》第十三，〈繫辭〉引爻第十四，歸奇象閏第十五。惟八卦消息成六十四卦，爲虞氏最精之義。以陽出〈震〉爲〈復〉，息〈兌〉爲〈臨〉，盈〈乾〉爲〈泰〉，〈泰〉反〈否〉，括囊成〈觀〉，終於〈剝〉而入〈坤〉，〈復〉反於〈震〉；陽虧於〈巽〉爲〈遘〉，消〈艮〉爲〈遯〉，虛〈坤〉爲〈否〉，〈否〉反〈泰〉，〈復〉成〈大壯〉，決於〈夬〉而就〈乾〉，〈復〉入於〈巽〉，爲十二消息。以〈坎〉、〈離〉、〈大過〉、〈頤〉、〈小過〉、〈中孚〉爲〈坎〉、〈離〉、〈乾〉、〈坤〉之合，以〈謙〉、〈履〉、〈師〉、〈同人〉、〈比〉、〈大有〉爲體，〈坎〉、〈離〉是〈乾〉〈坤〉之交，〈剝〉〈復〉

〔註 9〕周中孚：《鄭堂讀書記補逸》，《周易虞氏義》九卷，琅嬛僊館阮氏刊本。

〔註10〕中國科學院圖書館：《續修四庫全書總目提要》（中國科學院圖書館，1996 年 12 月），第三十五冊，五四三。

之消息，〈屯〉、〈鼎〉爲將出〈震〉之消息，〈豫〉、〈小畜〉、〈萃〉、〈大畜〉、
〈蹇〉、〈睽〉爲〈夬〉〈遘〉中間之消息，〈蒙〉、〈革〉爲〈大過〉、〈頤〉後
將〈遘〉〈巽〉之消息，〈蠱〉、〈隨〉、〈益〉、〈恆〉爲〈泰〉反〈否〉之消息，
〈旅〉、〈豐〉爲特變，〈震〉、〈巽〉、〈艮〉、〈兌〉爲變伏，而不旁通。其義例
精深，初學不易入門，亦可謂孤經絕學矣。」〔註11〕此爲本書之梗概。

　　《易圖條辨》一卷，此書爲張惠言總結黃宗羲、毛奇齡以來評論圖書之
學之成果，其繼胡渭之後，駁斥陳摶與劉牧之〈河圖〉〈洛書〉說及邵雍之先
後天說，並評論周敦頤之〈太極圖〉。柯劭忞於《續修四庫全書總目提要·易
圖條辨》云：「首辨〈河圖〉〈洛書〉，次辨劉牧『太極生兩儀』、『天地數十有
五』諸圖，次『朱子啓蒙圖』，次『太極圖』，次趙撝謙『天地自然之圖』，趙
仲全『古太極圖』，次『參同契納甲圖』，次《皇極經世》，次讀《三易備遺》，
次『卦變圖』，皆援據舊文，悉心研究，非肆爲攻駁者可比。自毛奇齡撰《圖
書原舛》，黃宗羲撰《易學象數論》，黃宗炎撰《圖書辨惑》，胡渭撰《易圖明
辨》，證圖書陰陽奇偶，雖與《易》相應，而非《易》所從出，惠言賡續爲之，
尤無罅漏。其謂趙仲全『古太極圖』，出於元初，明人盛傳之，託於蔡季通亦
無證據，而胡朏明深信之，以爲希夷所撰、康節所傳，實惑之甚者，洵不愧
爲知言。謂先天圖不曾離得漢人，故《皇極經世》曰：太元見天地之心，可
知邵子之學之所本；亦非講先天之學者所知，蓋惠言窮探力索，實事求是，
不獨闡明《虞氏易》爲一時絕學也，至陳希夷之〈龍圖序〉，謂未合之數，於
夫子三陳九卦之義得之。按三陳九卦何以與龍圖未合之數相表裏，是則希夷
之學，不得謂無與於《易》之精微矣。」〔註12〕張氏於此書在辨〈河圖〉〈洛
書〉，劉牧「太極生兩儀圖」、「天地之數五十有五」諸圖，「朱熹啓蒙河圖」、
「太極圖」，趙撝謙「天地自然之圖」、趙仲全「古太極圖」、「參同契納甲圖」，
《皇極經世》，卦變圖等，都援據舊文，悉心研究，較之黃氏兄弟、毛奇齡、
胡渭諸作更爲嚴密完備，其價值亦不可抹滅矣。

　　《虞氏易禮》二卷，此書張惠言以爲虞翻解《易》與鄭玄依《禮》釋《易》
有相合之處，遂爲之牽連辨述。其於〈虞氏易禮序〉云：「敘曰：韓宣子見《易》
象與《魯春秋》，曰周禮盡在魯矣。《記》曰，禮必本於太一，轉而爲陰陽，
變而爲四時，其降曰命，故知《易》者《禮》象也。《易》家言《禮》者，惟

〔註11〕同註10，頁459。
〔註12〕同註10，頁504。

鄭氏，惜其殘闕不盡存。又其取象用爻辰，爻辰者，遠而少變，未足以究天地消息。至於原文本質，使周家一代之制，損益具備，後有王者監儀在時，不可得而廢也。虞氏于禮，蓋已略矣，然以其所及，揆諸鄭氏原流本末，蓋有同焉。何者？其異者，所用之象也，而所以爲象者不殊，故以虞氏之註推禮，以補鄭氏之缺，其有不當，則闕如，一以消息爲本。」〔註13〕又《續修四庫全書總目提要‧虞氏易禮》云：「鄭君據《禮》釋《易》，爲專家之學，虞氏詆鄭注爲不得其門，則虞氏不主言《禮》可知。惠言謂：揆諸鄭氏原流本末，蓋有合焉；未免曲爲附會，然其原文本質，發揮經義，足以補康成之缺，正不必援虞入鄭，混淆家法也。」〔註14〕

　　《虞氏易事》二卷，張惠言以爲《周易》之學唯「天道」、「人事」而已，虞氏論象皆氣，人事雖具，卻略不貫穿，遂撰是書以通說之。其於〈虞氏易事卷序〉云：「孟氏說《易》本於氣，而後以人事明之，然虞氏之論象備矣，皆氣也。人事雖具說，然略不貫穿，匪獨虞耳；鄭、荀號爲說人事者，爻象亦往往錯雜，後學不得其通，乃始苦其支窒而不能騁，于是悉舉而廢之，而相羻以浮言，日以益眾。夫理者无跡而象者有依，舍象而言理，雖姬孔靡所據以辯言正辭，而況多歧之說哉。設使漢之師儒，比事合象，推爻附卦，明示後之學者有所依，逐至於今，曲學之響，千喙一沸，或不至此。雖然，夫《易》廣矣，大矣！象无所不具，而事著于一端，則吾未見漢儒之言之略也，述《易事》云爾。」〔註15〕又柯劭忞於《續修四庫全書總目提要‧虞氏易事》云：「惠言云：『比事合象，推爻附卦』，實爲治《易》者之準的；至云：『象无所不具，而事著於一端』，則舉一反三，是在善學者之得其通而已。」〔註16〕故書中徵引廣泛，雖名《虞氏易事》，實不囿於一家之學。

　　《虞氏易候》一卷，此書乃張惠言以爲，《易》氣應卦必以其象，遂取虞翻《易》以發明占候之義，據虞《易》消息以推時訓，撰爲是書，柯劭忞於《續修四庫全書總目提要‧虞氏易候》云：「惠言謂《易》氣應卦，必以其象，乃據消息以推時訓，全本《虞氏易象》，發明占候之義。按《漢書‧五行志》，雷以二月出，其卦曰〈豫〉，以八月入，其卦曰〈歸妹〉，入地則孕毓根核，

〔註13〕見張惠言《虞氏易禮》，同註8，頁601。
〔註14〕同註10，頁550。
〔註15〕見張惠言《虞氏易事》，同註8，頁627。
〔註16〕同註10，頁508～509。

收藏蟄蟲，避盛陰之害，出地則長養華實，發揚隱伏，宣盛陽之德，入能除害，出能興利，人君之象也。《後漢書‧郎顗傳》，顗曰：〈大壯〉用事，六日之內，雷當發聲，發聲則歲和，王道興也，皆據七十二候言之，古義雖迂，實經師之舊說。惠言詮釋詳明，然亦時有疏舛。」〔註17〕此書中所辨析虞氏《易》象與《易》候之旨，頗為廣博。

《虞氏易言》二卷，《易》傳有〈文言〉一篇，專為闡說〈乾〉、〈坤〉兩卦之象徵義旨，餘六十二卦則無。張惠言則依〈乾〉、〈坤〉二卦〈文言〉之例以撰是書，自〈屯〉、〈蒙〉始，至〈鼎〉卦終，亦本〈彖傳〉、〈象傳〉之意以推言諸卦大義；又兼取虞氏義以發揮其言，遂名書曰《虞氏易言》。然而此書中多引群經古義，以相佐證，故此書又非僅闡述虞氏一家之言。張氏於說《易》之際，時或根據自己之思想抒發議論，柯劭忞於《續修四庫全書總目提要‧虞氏易言》云：「孔子申〈彖傳〉、〈象傳〉之意，作〈文言〉，以盡〈乾〉〈坤〉之蘊；朱子《本義》謂餘卦之說可以例推，故惠言撰《易言》，自〈屯〉、〈蒙〉始，亦本〈彖傳〉、〈象傳〉之意推言之；惟缺自〈鼎〉以下十四卦，則未成之帙也。惠言為《虞氏易》專家，而是書則多援群經古義，以相證佐，不僅為虞氏一家言也。……經義宏深，固非墨守章句之士所能窺其涯涘者。」〔註18〕案此書缺自〈震〉以下十四卦，惠言歿後，其甥董士錫以劉逢祿治《易》亦主虞氏，乃請劉補完之。所補之文載於《劉禮部集》卷二〈易言篇〉，篇末跋言及卷五〈易虞氏五述序〉皆述此事。尚秉和於《續修四庫全書總目‧虞氏易言》云：「然《易言》本未成之書，故下經自〈震〉以下皆闕，所以謂之《易言》者，案劉逢祿《劉禮部集》卷二〈易言篇跋〉云：『初張皋文先生述《易言》二卷，自〈震〉以下十四卦未成，而先生沒，其甥董士錫學於先生，以余言《易》主虞仲翔氏，於先生言若合符節，屬為補完之。先生善守師法，懼言虞氏者，其象變，失其指歸，故引伸〈文言〉舉隅之例，一正魏晉以後儒者望文生義之失，於諸著述為最精。』又卷九〈易虞氏五述序〉云：余既補張皋文先生《易言》二卷，蓋先生懼學虞氏者，執象變而失指歸，參天象而疏人事，故取以言尚辭之義，捄其失也。依劉氏之說而推之，蓋知惠言之《易》，以虞氏為宗，其明章句者，備於《虞氏義》，闡消息者備於《虞氏消息》，考典禮者備於《虞氏易禮》，說人事者

〔註17〕同註10，頁547。
〔註18〕同註10，頁544～545。

備於《虞氏易事》，推時訓者備於《虞氏易候》，獨虞氏之微言大義，尚未有所傳述，故又本〈乾〉〈坤〉〈文言〉之例，作《易言》以推衍其說，通體舍象變而談義理，雖未知其悉中虞氏之旨與否；要其說理樸實，遣辭典雅，无穿鑿附會之弊，支離轇轕之習，較其他書，特爲平正，苟能合劉氏補完之說而行之，雖未足以輕視王、程，要亦爲言義理者所必當取資焉爾。」〔註19〕此爲其義。

　　《易義別錄》十四卷，此書乃張惠言採輯漢魏六朝《易》說凡十四家，就《釋文》、《集解》及他書所引者各爲別錄，柯劭忞於《續修四庫全書總目提要・易義別錄》云：「清張惠言撰，凡《孟氏易》四家：孟喜、姚信、翟元、蜀才；《京氏易》三家：京房、陸績、干寶；《費氏易》七家：馬融、宋衷、劉表、王肅、董遇、王廙、劉瓛；皆就《釋文》、《集解》及他書所引者，各爲別錄，以著其源流之所出。雖單辭碎義，條理不完，而苦心考證，往往通其家法，……研究精細，非潛心古義者不能如此也。惟《漢書》稱孟喜好自稱譽，得《易》家候陰陽災異書，自言師田生且在時枕喜膝，獨傳喜；梁丘賀以爲妄言。惠言乃據虞氏所說陰陽消息之序，神明參兩之數，九六變化之用，以爲田生所傳於喜者，果爲祕奧，斤斤然爲辯護之辭，以與梁丘賀相駁難，亦可謂不急之爭矣。」〔註20〕故張氏對各家之淵源流變，亦頗爲辨析考證矣。

　　《周易荀氏九家義》一卷，張惠言謂九家，或云即淮南九師，或云荀爽集古《易》家凡九，皆非是。惠徵士云六朝人說《荀氏易》者，爲得其實。然唐陸德明《經典釋文・敘錄》云：「《荀爽九家集解》十卷，不知何人所作。稱『荀爽』者，以荀爲主故也。其〈序〉有荀爽、京房、馬融、鄭玄、宋衷、虞翻、陸績、姚信、翟子元。子元不知何許人，爲《易義》。」陸德明尚不知《九家集解》爲何人所集。惠棟將其定爲六朝人，張惠言謂惠氏得其實。《荀爽九家集解》釋「姤天地相遇，品物咸彰也」云：「謂〈乾〉成於〈巽〉，〈巽〉位在巳，故言〈乾〉成於〈巽〉。既成轉合於〈離〉，萬物皆盛大，〈坤〉從〈離〉出，與〈乾〉相遇，故言天地遇也。」惠言將此條作爲九家述荀之確證。按此條所言誠爲荀氏義，然或出於翟子元。《荀爽九家集解》將翟氏

〔註19〕中國科學院圖書館整理《續修四庫全書總目提要》・經部・《易》類・（北京中華書局，1993年9月），頁75。
〔註20〕同註10，頁535。

排在三國吳人姚信之後，則其當爲魏、晉間人，而非六朝人，故惠言不當謂九家全爲六朝人。〔註21〕

《周易鄭荀義》三卷，張惠言以爲鄭玄、荀爽俱爲費氏學，故述兩家學說，合爲一編。柯劭忞於《續修四庫全書總目提要‧周易鄭荀義》云：「（惠言）謂鄭言《禮》，荀言升降。按以《易》例言之，當云鄭言爻辰，不當云鄭言《禮》，其駁鄭氏卦爻無變動，謂之象詞，謂七八者象，九六者變；經稱用九用六，而辭皆七八，名與實不相應。駁鄭氏爻辰，謂〈乾〉〈坤〉六爻上繫二十八宿，依氣應宿，謂之爻辰；若此則三百八十爻，其象僅十二爻而止，駁荀氏以〈乾〉升〈坤〉爲消息，謂陽常宜升而不降，陰常宜降而不升，是〈姤〉、〈遯〉、〈否〉之義，大于〈既濟〉義，皆精當，學《易》者不可不知。虞氏謂荀異俗儒，鄭未得其門，特以荀言卦變、言消息、言〈乾〉升〈坤〉降，成〈既濟〉定，與虞學差近耳。其實鄭君據《禮經》以說《易》，……其學說非荀虞所及也。」〔註22〕其說皆精當。

《易緯略義》三卷，張惠言認爲，《易緯》八種之中，《乾坤鑿度》爲僞書，《乾元序制記》爲宋人抄撮而成，《坤靈圖》、《是類謀》、《辨終備》三書又殘缺不完，以上五種皆不足論，唯《稽覽圖》、《乾鑿度》、《通卦驗》三書接近完整。《稽覽圖》講「六日七分」，《通卦驗》講八卦暑氣，乃孟喜、京房陰陽之學；《乾鑿度》講陰陽消息，統於一元，正於六位，此三書存《易》之大義，爲漢初田何、楊何以來先儒所傳習。故就三書尋其醇者而疏論之，凡《通卦驗》十三則，《稽覽圖》十五則，《乾鑿度》十八則，條而次之，以類相從，通說其可知者，闕其不可知者，曰《略義》。柯劭忞於《續修四庫全書總目提要‧易緯略義》云：「《乾鑿度》闡消息之精義，鄭君注尤爲詳盡，可與其《易注》相表裏；《稽覽圖》、《通卦驗》雖陰陽占候之學，然亦傳義所有，不可廢也。惠言刪三書，實有功於《易》學。」〔註23〕

《周易鄭氏義》二卷。

（二）禮 類

《儀禮圖》六卷。《讀儀禮記》二卷。

〔註21〕 同註10，頁549。
〔註22〕 同註10，頁551。
〔註23〕 同註10，頁529。

（三）小學類

《說文諧聲譜》二十卷。

子　部

（四）墨　學

《墨子經說解》二卷。

（五）曆算、術數類

《青囊天玉通義》五卷、《握奇經定本正義》一卷。

集　部

（六）文集類

《茗柯文集》五卷。《茗柯詞》一卷。《七十家賦鈔》五卷。

第二節　張惠言《易》學之淵源

　　張惠言爲乾嘉間之《易》學家，其說《易》之書，專主漢人之說，而以《周易虞氏義》及《消息》二書最爲著稱，此爲張氏闡發漢《易》之主要著作，其餘則是補充。張惠言之《易》學，實淵源於惠棟。惠棟專精《周易》，其反對宋人說《易》，「專宗虞仲翔（虞翻），參以荀（爽）、鄭（康成）諸家之義」〔註24〕。張惠言認爲漢人《易》說之可見者三家（即鄭、荀、虞），互有不同，唯虞翻得孟喜之正傳，繼七十子之微言，故專以虞氏爲主，發明虞氏義，更由虞翻上溯至西漢博士孟喜。西漢有今文經學博士十四家，於《周易》有孟喜一家。張惠言研究虞翻關於〈易象〉之解釋入手，並進而探索孟喜義理。張氏推崇虞翻上繼孔門，未免不能除漢人之陋見。但漢儒之《易》學各派不同，鄭荀出於費氏，而虞翻出於孟喜，其勢不能合，而惠棟作《周易述》，尊虞翻而補以鄭荀，大有「凡漢皆好」，不忍割捨之情，但又不察其說之不通處。張惠言意在「探賾索隱，以存一家之學」，其識見實高於惠氏，皮錫瑞總結清代經學演變歷史，指出「嘉、道以後，又由許、鄭之學導源而

〔註24〕 參見錢大昕：《嘉定錢大昕全集》第九冊，《潛研堂文集》卷三十九，〈惠先生棟傳〉（南京：江蘇古籍出版社，1997 年 12 月），頁 662。

上。《易》宗虞氏以求孟義」〔註25〕，即指張惠言之《易》學研究。故張氏專攻虞氏義，乃基於補惠棟《易》學之不足，企圖全面有系統恢復虞翻《易》，由此可知。張惠言曾批評惠棟對虞氏義之探討，零碎而無系統，未能復其全貌，其於〈周易虞氏義序〉云：

> 清之有天下百年，元和徵士惠棟始考古義，孟、京、荀、鄭、虞氏，作《易漢學》，又自爲解釋曰《周易述》，然掇拾於亡廢之後，左右采獲，十无二三，其所述大抵宗補虞氏，而未能盡通，則旁徵他說以合之。蓋從唐、五代、宋、元、明，朽壞散亂，千有餘年，區區修補收拾，欲一旦而其道復明，斯固難也。〔註26〕

張氏既對惠棟之治《易》有意見，於是遂表達其任務，故又曰：

> 古書亡，而漢、魏師說可見者十餘家，然唯鄭、荀、虞三家，略有梗概可指說，而虞又較備。然則求七十子之微言，田何、楊叔、丁將軍之所傳者，舍虞氏之注，其何所自焉？故求其條貫，明其統例，釋其疑滯，信其亡闕，爲《虞氏義》九卷，又表其大指，爲《消息》二卷。〔註27〕

張惠言屬於漢學家，其反對魏晉說《易》流於虛空，亦反對宋學說《易》侈談「性命」甚至變成「道士圖書」。因而肯定惠棟之《易漢學》、《周易述》，故特別致力研究《虞氏易》，其云：

> 孟喜受《易》家陰陽，其說《易》本於氣，而後以人事明之。……（虞）翻傳孟氏學，既作《易》注，奏上之獻帝曰：……六經之始，莫大陰陽，……經之大者，莫過於《易》，……翻之言《易》，以陰陽消息，六爻發揮旁通，……依物取類，貫穿比附。始若瑣碎，及其沈深解剝、離根散葉，暢茂條理，遂於大道，後儒罕能通之。〔註28〕

茗柯之《易》學要旨，與惠棟相符，皆宗漢《易》；惠棟發揮漢儒之學，以荀爽、虞翻爲主，而參以鄭玄、宋咸、干寶諸家之說，融會其義，自爲註而自疏之。張惠言則以爲漢魏解《易》者，惟虞翻之說較爲詳備，故獨宗虞氏，

〔註25〕見皮錫瑞：《經學歷史》（臺北：藝文印館，民國76年10月），頁376。
〔註26〕同註7，頁5。
〔註27〕同註7，頁5～6。
〔註28〕同註7，頁2～4。

窮探力索，專攻虞說，求其條貫，明其通例，釋其疑滯，申其亡闕，表其大旨。由此觀之，張惠言之《易》學淵源於惠棟，則信可徵也。

第三節　張惠言之《易》學思想

一、象數、義理並重

　　張惠言研究《易》學，著眼於探索宇宙、人生之消息、變化，故重「象」，其於〈丁小雅鄭氏易注后定序〉中云：

> 《易》者，象也。《易》而無象，是失其所以為《易》。數者，所以筮也。聖人倚數以作《易》，而卦爻之辭，數無與焉。漢師之學，謂之言象可。〔註29〕

漢人講《易》，注重象數，張惠言治《易》，亦不取魏晉人以玄入《易》，而取漢人之象數學，張氏所本之虞翻，即善於以象數析《易》者。茗柯治《易》於象數、義理並重，其對《易》學並非純粹僅作抽象、哲理之研究，而是用以觀察社會、觀察人事，希冀能經世致用，弭亂臻治〔註30〕。張氏曾論象與理之關係云：

> 夫理者無跡，而象者有依。舍象而言理，雖姬孔靡所據以辯言正辭，而況多歧之說哉！設使漢之師儒，比事令象，推爻附卦，明示後之學者有所依逐，至于今，曲學之響，千喙一沸，或不至此。雖然，夫《易》廣矣，大矣，象无所不具，而事著于一端，則吾未見漢儒之言之略也。〔註31〕

張惠言闡發虞氏《易》學，在打擊宋《易》中之義理之學〔註32〕，其以為漢

〔註29〕張惠言：《茗柯文》二編卷上，四部備要，集部（臺北：中華書局，民國 77 年 12 月），頁 18～19。

〔註30〕錢璱之：〈論張惠言〉云：「他（張惠言）有一篇〈周生字說〉，雖為代作，卻很好體現了他的《易》學思想。他說：『天下不動之物不可以久，欲久則蠹，器久則敝，水久而不流則污，山久無行焉則穢。天地日月所以能久者以其動也。故曰：不息則久。』他又說：『雖然，夫動者，君子之所慎也。在《易》之恆：君子以立不易方。……其在〈乾〉曰：君子以自強不息。……夤者，敬而危之之辭也。……夤而後能不息，不息而後可以桓。進德修業，其本如此。』（《茗柯文外編》）」（《鎮江師專學報》社會科學版，1999 年第一期），頁 71。

〔註31〕同註 7，張惠言：《虞氏易事·虞氏易事一》，頁 623。

〔註32〕朱伯崑：《易學哲學史》云：「其（張惠言）所著《易圖條辨》總結了黃宗羲、

儒解經，以取象爲準則，而王弼以來之義理之學曲學捨象並空談義理，因而
眾說紛紜，故張氏曾批評朱熹《本義》取義說之誤，如其解釋䷳艮卦辭「艮
其背，不獲其身；行其庭，不見其人，无咎」云：

> 上爲時止，三爲時行。人之一身皆動而背獨止。止者非不動，謂思
> 不出位，各得其職之謂也。〔註33〕

此處張氏乃依虞翻與惠士奇義，以〈艮〉卦上九爻爲時止之象，九三爻爲時行
之象。九三所以爲時行之象，因〈艮〉卦九三至六五爻，爲互體〈震〉象〔註34〕，
九三爻居〈震〉卦初爻之位，故爲動義，張惠言以爲此即〈艮卦・爻辭〉所言：
「時止則止，時行則行，動靜不失其時，其道光明。」虞翻曾注此說云：

> 〈彖〉曰：艮止也，時止；時行則行，動靜不失其時，其道光明。
> 艮其止，止其所也；上下敵應，不相與也；是以不獲其身，行其庭
> 不見其人，无咎也。位窮於上故止也；時止謂上，陽窮上故止；時
> 行謂三，體處〈震〉爲行也；動謂三，靜謂上，艮止則止，震行則
> 行，故不失時；五動成〈離〉，故其道光明。謂兩象各止其所。〈艮〉
> 其背背也。兩象相背，故不相與也。〔註35〕

基於「時止謂上，陽窮上故止。時行謂三體處〈震〉爲行也」之論，張氏於
《虞氏易事》中，又批評程朱對〈艮卦・爻辭〉之注釋云：

> 程朱能言時止，而未能言時行。故謂二隨三爲不得志，四艮身爲不
> 足以及天下，五艮輔爲君德不全。顯背經文以成其義。漢儒說理，
> 豈不優于宋人哉！〔註36〕

張氏以爲程朱釋〈艮〉卦，乃主取義說，以艮爲止義，故以九三與上九皆爲陽
止，而以「行而止」，闡釋卦辭「行其庭，不見其人」，朱熹《周易本義》曰：

毛奇齡以來評論圖書之學的成果，繼胡渭之後，駁斥了陳搏和劉牧的河圖洛
書說和邵雍的先後天說，並評論了周敦頤的太極圖。」（臺北：藍燈文化事業
股份有限公司，民國80年9月），頁348。

〔註33〕同註7，張惠言：《虞氏易事・虞氏易事二》，頁694。

〔註34〕屈萬里先生：《先秦漢魏易例述評》云：「互體卦變者，皆所以濟象數之窮也。
孟喜始以象釋《易》辭，京房承其緒餘，因時以象數說《易》。然本卦之象，
不足以濟其說也，乃求之互體；互體仍不足以濟也，遂更求諸爻變。《周易》
之學，自是而愈紛矣。互體者，以卦之二至四三爻互一卦，三至五三爻又互
一卦。」（臺北：臺灣學生書局，民國74年9月），頁98。

〔註35〕徐芹庭：《虞氏易闡微》（臺北：龍泉出版社，民國87年11月），頁205。

〔註36〕同註7，頁695。

艮，止也。一陽止於二陰之上，陽自下升，極上而止也。其象爲山，
取坤地而隆其上之狀，亦止於極而不進之意也。其占則必能止于背而
不有其身，行其庭而不見其人，乃无咎也。蓋身，動物也。唯背爲止，
艮其背，則止於所當止也。止於所當止，則不隨身而動矣，是不有其
身也。如是，則雖行於庭除有人之地，而亦不見其人矣。蓋艮其背而
不獲其身者，止而止也。行其庭，而不見其人者，行而止也。〔註37〕

由上可知，張惠言以爲程朱之注釋，爲捨象而言理，然虞翻則依象而言理，
與經文與〈象辭〉相合，故優於宋人。張氏解經，恪守漢《易》取象之傳說，
再以象數析《易》，對象數義理，略無偏廢，則爲其《易》學思想。

二、闡明證補虞氏《易》義

　　漢魏《易》學流傳至今，尚存《王弼易注》爲惟一完本；雖有李鼎祚《周
易集解》、陸德明《經典釋文》兼收漢魏諸家之學，然俱非全本。張惠言處輯
佚學風大盛之時，覽視漢《易》之全貌，因《周易集解》收虞氏《易》最多
（詳見本文第二章第一節漢代之《易》學研究概況）。故張惠言由此書入手，
先求虞氏《易》，其精研漢《易》，欲由虞翻《易》學以上求田何、楊叔、丁
將軍之旨；因而於《周易虞氏義》中，依虞翻義，對《周易》經傳作全盤注
疏。其注疏卦爻辭之體例有旁通說、卦變說、升降說、飛伏說、納甲說、五
行說、卦氣說、互體說等，而歸結爲取象說，並以十二消息卦說爲解經之綱
領。故陳澧曾云李鼎祚《周易集解》即本於虞氏《易》學〔註38〕。如張氏注
〈乾·卦辭〉「元亨利貞」云：

　　　　《子夏傳》云：元，始也，亨、通也。利、和也。貞、正也。文言

　　　　注云：乾始開通，以陽通陰，故始通義與《子夏傳》同。乾始者，

〔註37〕　朱熹：《周易本義》卷之二，《周易》下經（臺北：華聯出版社，民國78年12
　　　　月），頁2～35。
〔註38〕　陳澧：《東塾讀書記》卷四云：「《集解》多采虞氏說，但以諸家佐之耳；如〈艮〉
　　　　卦惟采鄭康成一條，李氏自作案語二條，餘皆采虞氏。〈漸〉卦惟采干寶一條，
　　　　餘皆采虞氏。〈兌〉卦李氏案語二條，餘皆采虞氏。其專重虞氏可見矣。中孚，
　　　　豚魚吉。李氏云：『案坎爲豕，訟四降初，折坎稱豚，初陰升四，體巽爲魚，
　　　　中、二，孚、信也；謂二應變五，化坤成邦，故信及豚魚矣。虞氏以三至上
　　　　體遯，便以豚魚爲遯魚，雖生曲象之異見，乃失化邦之中信也。』澧案此虞
　　　　氏異見，李氏能不阿好曲從，然其所自爲說，則純似虞氏，可見李氏本虞氏
　　　　學也。」此說爲是。（臺北：世界書局，民國50年12月），頁9。

謂易出復初,探賾索隱,萬物資始,故曰:元以陽通陰,六陽消息,

二五利見,故曰:亨、利爲〈坤〉來入〈乾〉,以成萬物美利,利天

下當位日正,二四上失位變而之正,則雲行雨施,天下平也。〔註39〕

此處張氏先引《子夏傳》,以元爲始,亨爲通,利爲和,貞爲正,但以虞翻義釋之。其言:「文言注云,乾始開通,以陽通陰,故始通義與《子夏傳》同」。「文言注」,指虞翻對〈乾卦·文言〉「乾元者始而亨者也」之注釋。張惠言以爲,依虞氏義,元爲陽始,表示萬物資始;亨爲以陽通陰,即〈乾〉〈坤〉旁通,陽息則陰消;利爲〈坤〉來入〈乾〉,以成萬物美利;貞爲〈乾〉卦二四六變爲陰爻,成〈既濟〉,六爻皆當位。其對〈乾·卦辭〉之注疏,取虞氏旁通說〔註40〕,認爲「全卦對《易》爲旁通」,故解釋〈乾〉卦不能脫離〈坤〉卦,以見陰陽消息之義,此爲茗柯闡明虞氏《易》義之例。又如虞氏釋豫 ䷏ 六二:「不終日,貞。」云:「與〈小畜〉通,應在五,終變成离,离爲日。」〔註41〕〈豫〉上體爲震,下體爲坤,皆無離象可釋「終日」之象,故引旁通卦〈小畜〉釋之。〈小畜〉與豫旁通,下體爲乾,上體爲巽,其中二爻失位變正,則下體爲離,與豫 ䷏ 六二爻辭:「不終日,貞。」若合符節。又「飛伏說」爲漢《易》學家解《易》之義例之一,本文第二章第二節已詳及之。張惠言於《周易虞氏義》中,對虞氏以「飛伏說」注義之發揮,則能闡明其觀點,如履 ䷉ 六三「履虎尾。」虞注:「艮爲尾,在兌下,故履虎尾。」張注云:「三伏陽也,艮兌互伏。」〔註42〕此爲卦之飛伏,〈履〉下體兌,下伏〈艮〉也。又如蒙 ䷃ 九二:「納婦。」虞注:「震剛爲夫,伏巽爲婦。」張注:「巽〈遘〉下由蒙二接之,故九二有伏巽。巽長女,故爲震婦。」〔註43〕此爲卦之飛,〈蒙〉二三四互體爲震,取象爲夫,震下伏巽爲

〔註39〕 同註7,頁7。

〔註40〕 屈萬里先生:《先秦漢魏易例述評》云:「旁通者,謂兩卦相比,爻體互異:此陽則彼陰,此陰則彼陽,兩兩相通也。說亦創自虞翻。比 ䷇ 卦辭《集解》引虞翻曰:『與〈大有〉旁通。』大有 ䷍ 卦辭《集解》引虞翻曰:『與〈比〉旁通。』……其所以造爲此例者,亦因本卦之象,不敷資取;不得不更取旁通之卦之象,以足成其說也。……今按旁通之名,蓋取於〈乾·文言傳〉:『六爻發揮,旁通情也』之語。實則揮者動也;六爻發揮,即『變動不居,周流六虛』之義。」此爲旁通之義,同註34,頁134~135。

〔註41〕 同註7,頁84。

〔註42〕 同註7,頁60。

〔註43〕 同註7,頁34。

中女，故爲婦。此爲茗柯對虞氏以「飛伏說」注義之闡明。

　　李鼎祚《周易集解》所收虞翻注，並未完整，張惠言則補充敘述之；如〈乾〉卦初九爻辭「潛龍勿用」，李氏《集解》未引虞翻注〔註44〕，張惠言則依虞氏義，於《周易虞氏義》疏曰：

　　　〈乾〉爲龍，陽精變化之象。文言注云，〈坤〉亂於上，君子勿用，

　　　隱在下位。〔註45〕

「文言注云」，指虞氏注「遯世無悶」句：「〈坤〉亂於上，故不見是，悶憂也。」是說〈乾〉卦與〈坤〉旁通，〈坤〉卦初畫變爲陽爻，一陽初生於下，〈坤〉上而〈震〉下；〈坤〉爲亂，〈震〉爲龍，初九居下，表示龍隱在下位，以示「君子勿用」。又〈乾〉九二爻辭「見龍在田，利見大人」，《集解》亦未引虞氏注，張氏又於《周易虞氏義》補充云：

　　　陽息至二，〈兌〉爲見，故稱見龍。《易》有三才，初二地道，地上

　　　故在田。大人謂二，有君德，當升〈坤〉五。時舍於田之正，體離，

　　　物皆相見，與五同義。〔註46〕

張惠言於此依虞氏〈文言〉注；「陽息至二」，是說，〈坤〉卦下體初、二爲地道，故九二又稱「在田」。九二居下體中正之位，表示大人有爲君之德。按荀爽義，〈乾〉二當升〈坤〉五，上體爲離，表示物皆相見，但仍居下體中正之位，以利天下，此即「利見大人」。此又以〈乾〉升〈坤〉降說〔註47〕，解釋九二爻辭，以上二者則爲張惠言證補虞氏《易》義之例。

第四節　張惠言之《易》學成就

一、以虞翻之《易》義治詞

　　張惠言爲清代《虞氏易》之大家，亦爲常州詞派之開派領袖〔註48〕，故

〔註44〕參見李鼎祚：《周易集解》（臺北：臺灣商務印書館，1996 年 12 月），頁 1。

〔註45〕同註 7。

〔註46〕同註 7。

〔註47〕屈萬里先生曰：「升降之說，始於荀爽。其說：凡陽在下者，當上升於五；陰在上者，當降居於陽所遺之位。故有〈乾〉二當升〈坤〉五，〈坤〉當降〈乾〉二者：〈乾〉九二象傳《集解》引荀爽曰：『田謂坤也。二當升〈坤〉五，故曰見龍在田。』」同註 34，頁 117。

〔註48〕錢璱之：〈論張惠言〉云：「常州學派也叫『常州今文經學派』或『春秋公羊

其《易》學與詞學有密切之關係，張氏是以治《易》之方法以治詞；即以虞翻之《易》義治詞。茗柯治《易》，於象數義理，略無偏廢；治詞，其舍數取象，於象中，又注意綜合義理，將「比事合象，推爻附卦」〔註49〕之法，用於詞學之中，是爲「觸類條鬯，各有所歸」。〔註50〕張惠言認爲漢儒說《易》「莫不參互卦爻，而依〈說卦〉以爲象」，尤以虞翻說《易》所體現之「發揮旁通」、「貫穿比附」之特點。其於〈周易虞氏義序〉云：

> 翻之言《易》，以陰陽消息，六爻發揮旁通，升降上下，歸於乾元用
> 九而天下治。依物取類，貫穿比附，始若瑣碎，及其沈深解剝，離
> 根散葉，暢茂條理，遂於大道，後儒罕能通之。〔註51〕

張氏以爲虞翻說《易》以象數比附人事，解釋雖有瑣碎之不足，但在深細入微之辨析中，能取得「離根散葉，暢茂條理」之效果。而因象不只有隱喻象徵功能，亦有「稱名亦小，取類也大」、「引而伸之，觸類長之」之特點，經過各種不同之排列組合，可據象而明義，因小而喻大，可借此廣通天道人事，闡發微言大義。〔註52〕此即《易‧繫辭》：「六爻發揮，旁通情也。」之謂。張氏固守「虞氏注說」以治《易》，此一觀念被引入詞學研究中，其於〈詞選序〉云：

> 詞者，蓋出於唐之詩人採樂府之音，以製新律，因係其詞，故曰詞。
> 傳曰：意內而言外者，謂之詞。其緣情造端，興于微言。……然以
> 其文小，其聲哀，放者爲之，或淫蕩靡曼，雜以猖狂俳優。然要其
> 至者，罔不惻隱盱愉，感物而發，觸類條鬯，各有所歸，不徒彫琢
> 曼飾而已。〔註53〕

此處張惠言所提之「意內而言外謂之詞」，其界定詞義之據，正是漢儒解經之

學派』，代表人物是清乾嘉年間常州的莊存與（方耕，1919～1788）和劉逢祿（申受，1776～1829）。張惠言是這學派的重要成員，並帶有承前啓後的中堅性質。……常州學派的學說既不像程朱理學那樣流於空疏，也不像考據之學那樣陷入瑣碎，……它標榜西漢今文經學，強調經世致用，探求微言大義，……它不僅風靡一時，而且由莊（莊存與）、劉（劉逢祿）而龔（龔自珍）、魏（魏源）而康（康有爲）、梁（梁啓超），對晚清的『變法維新』起了推波助瀾的作用。」同註30，頁69～70。

〔註49〕同註29，《茗柯文》二編卷上，〈虞氏易事序〉，頁5。
〔註50〕同註29，《茗柯文》二編卷上，〈詞選序〉，頁17。
〔註51〕同註7，頁4。
〔註52〕同註3，頁23。
〔註53〕同註29。

書，又恰是孟喜所言。清馬國翰《玉函山房輯佚書・經編易類》輯有《周易孟氏章句》，其〈繫辭上傳〉云：「詞者，意內而言外也。」〔註54〕而「傳曰」，此「傳」，亦即孟喜《周易・繫辭上傳》，張惠言治《易》以今文孟喜之《易》爲原本闡發虞翻之說，張氏熟悉孟喜此言，故用《易》言以定義詞體，由此可知〈詞選序〉中，主要乃是本於孟之《周易・繫辭上傳》以論詞〔註55〕。張惠言以爲言即是象，比興應明象，要寓意於象，立象以明意，但言要依物取類，觀物立象，此爲張氏之新見。〔註56〕而其於〈詞選序〉中概括詞之特徵爲「緣情造端，興於微言」，「其文小，其聲哀」，則來自《易・繫辭下》對《周易》文體特徵之概括：

　　夫《易》，彰往而察來，而微顯闡幽。開而當名辨物，正言斷辭則備
　　矣。其稱名也小，其取類也大，其旨遠，其辭文，其言曲而中，其
　　事肆而隱。〔註57〕

張惠言認爲詞與《周易》相同，取類比附，言外有隱義，事外有寓意，所寫事類與所抒感情之間有一對應指向之關係。如此，在解釋唐宋人作品時，則顯現執象以求意，取類以附義之現象。又張氏治《易》偏重卦爻之象，此直接影響其對詞之比興寄託特徵之理解；虞翻治《易》採用「貫穿比附」之法，張惠言崇之，推而之於箋詞，所謂「義有幽隱，并爲指發」也〔註58〕。茗柯於〈詞選序〉中所述：「惻隱盱愉」指作者之哀樂之情，此爲作者感於物而發；

〔註54〕轉引自徐楓：《張惠言與常州經學》，同註3，頁22。

〔註55〕陳水雲：〈張惠言的詞學與易學〉云：「據陸繼輅〈治秋館詞序〉記載，張惠言將詞釋爲『意內言外』，出自許慎的《說文解字》，但經張德瀛《詞徵》考證，它實源於孟喜《周易章句・繫辭上》所云：『詞者，意內言外也。』這裡的『詞』是指《易》繫辭之『辭』，元人陸文圭〈詞源跋〉云：『詞與辭通用，《釋文》云：意內言外也。』辭即卦辭和爻辭，《易》之卦爻辭爲意內言外，即《易・繫辭上》所說的『繫辭焉以斷其吉凶』，它要分析的是卦爻辭的言外含意。」此言可資參證。（《周易研究》，2000年第一期），頁83。

〔註56〕五六 同註3，頁23。

〔註57〕同註37，頁3∽24。

〔註58〕徐楓：〈張惠言與常州經學〉云：「張惠言在〈周易虞氏義序〉中，對此多有闡發：『依物取類，貫穿比附。始若瑣碎，及其沉深解剝，離根散葉，密茂條理，遂于大道』。在他看來，詞在表達情意方面具有象徵特徵的那些符號，雖爲瑣碎，但經『沉深解剝』的探索，一樣可得微言大義，所謂『義有幽隱，并爲指發』，就是欲『指發』唐宋詞『幽隱』之意，來通於大義的。對唐宋詞的闡釋，也正是以『貫穿比附』、『沉深解剝』這一方法論爲原則來求『義理』的。」同註3，頁24。

「觸類條鬯」指作者之感情因所觸各種事物而暢所欲言，暢達者，即爲感物而發之「惻隱吁愉」之情。「觸類」一詞，本於《易‧繫辭上》：「引而伸之，觸類而長之。」類即物類，其通之於詩之比興〔註59〕；「各有所歸」指作者抒發之感情，須找到與之相對應之事類，方能通暢條達得到表現。故張惠言以虞翻之《易》義治詞，重視「求是求眞」之要義，於此可見。

二、梳理漢魏諸家學說

張惠言治《易》，專述漢人之說，又反對宋圖書學，皮錫瑞曾言其學是學《易》者所宜急治，皮氏於《經學通論》云：

> 近儒說《易》，惟焦循、張惠言最善，其成書稍後，《四庫》未收，故《提要》亦未及稱許，實皆學《易》者所宜急治。……張氏著《周易虞氏義》，復有《虞氏消息》，《虞氏易禮》、《易事》、《易言》、《易候》，篤守家法，用功至深，漢學顓門，存此一線，治顓門者，當治張氏之書，以窺漢《易》之旨。〔註60〕

張氏治《易》，獨宗虞氏，窮探力索，專攻虞說，求其條貫，明其通例，釋其疑滯，申其亡闕，表其大旨，而因其傳《虞氏易》，必然廣涉漢《易》，故對漢魏其他諸家《易》說，頗有精研，其於〈易義別錄序〉云：

> 然夫子沒而微言絕，二百餘年之間，以至漢興，……《易》之傳自商瞿以至田生，惟一家。焦氏後出及費氏爲古文，而漢之《易》有三‧自是之後，田氏《易》，楊、施、孟、梁丘、高氏而五，惟孟久行。焦氏之《易》爲京氏，費氏興而孟，京微焉。夫以傳述之統，田生、丁將軍之授受，則孟氏爲《易》宗無疑。而其行不及費氏者，以傳受者少，而費氏之經與古文同。余於《易》取虞氏，既已推明其義，以鄭荀二家注文略備，故條而次之；自餘諸象，雖條理不具，然先士之所述大義要指，往往而有不可得而略也。乃輯《釋文》、《集解》及他書所見，各爲別錄，義有可通，附著於篇，因以得其源流同異；若夫是非優劣，亦可考焉。凡孟氏四家：孟氏、姚信、翟玄、蜀才；京氏三家：京氏、陸績、干寶；費氏七家：馬融、宋衷、劉表、王肅、董

〔註59〕 唐成伯璵《毛詩指說》云：「物類相從，善惡殊態，以惡類惡，名之爲比；……以美擬美，謂之爲興。」

〔註60〕 皮錫瑞：《經學通論》（臺北：臺灣商務印書館，民國78年10月），頁33～34。

遇、王廙、劉瓛、《子夏傳》非漢師說，別爲一家。〔註61〕

張氏既重視漢魏《易》學家，而其又以爲鄭玄、荀爽乃《易》學重鎮，漢儒
《易》說，除虞翻得孟喜之正傳，繼承七十子之微言；鄭玄、荀爽則出自費
直，漢儒曾依象言理，是理中有其根據；若漢《易》諸家《易》說能流傳於
後而不亡佚，則當不致於有王弼以來之義理之學，即曲學捨象而空談義理，
導致眾說紛紜，故其用心專研漢《易》，張惠言〈周易鄭荀義敘〉云：

漢儒說《易》大恉可見者三家，鄭氏、荀氏、虞氏，鄭、荀，《費氏
易》也；虞、《孟氏易》也。鄭氏言禮，荀氏言升降，虞氏言消息。
昔者虙犧作十言之教曰，〈乾〉〈坤〉〈震〉〈巽〉〈坎〉〈離〉〈艮〉〈兌〉
消息；鄭氏贊《易》實述之，至其說經，則以卦爻無變動，謂之象辭。
夫七八者象，九六者變，經稱用九用六，而辭皆七八，名與實不相應，
非虙犧氏之旨也。爻象之區既隘，則乃求之於天，〈乾〉〈坤〉六爻，
上繫二十八宿，依氣應宿，謂之爻辰，若此則三百八十四爻，其象十
二而止，殆猶溓焉，此又未得消息之用也。然其列貴賤之位，辨大小
之序，正不易之倫；經綸創制，吉凶損益，與詩書禮樂相表裏，則諸
儒未有能及之者也。荀氏之說消息，以〈乾〉升〈坤〉降，萬物始乎
〈泰〉，終乎〈否〉；夫陰陽之在天地，出入上下，故理有易有簡，位
有進有退，道有經有權，歸於正而已。而荀氏言陽常宜升而不降，陰
常宜降而不升，則是〈姤〉〈遯〉〈否〉之義，大于〈既濟〉也。然其
推〈乾〉〈坤〉之本，合于一元，雲行雨施，陰陽和均，而天地成位，
則可謂得《易》之大義者也。虞氏考日月之行以正乾元，原七九之氣
以定六位，運始終之紀以敘六十四卦要變化之居，以明吉凶悔吝六
爻，發揮旁通乾元、用九則天下治。以則四德，蓋與荀同原，而閎大
遠矣。王弼之說，多本鄭氏，而棄其精微；後之學者習聞之，則以爲
費氏之義如此而已，其盈虛消息之次，周流變動之用，不詳於〈繫辭〉
〈象〉〈象〉者，概以爲不經。若觀鄭荀所傳卦氣、十二辰、八方之
風、六位、世應爻，互卦變，莫不彰著。劉向有言，《易》象皆祖田
何，大義略同，豈特楊叔、丁將軍哉！……余既述虞氏之注爲消息，
以發其義，故爲鄭荀各通其要，以俟後之治古文者正焉。〔註62〕

〔註61〕見張惠言：《易義別錄》，收入《易學十書》中，同註7，頁 1026～1027。
〔註62〕見張惠言：《周易鄭荀義》，收入《續修四庫全書》編纂委員會編《續修四書

此處張惠言述鄭荀兩家學說，合為一書；駁鄭玄卦爻無變動，稱為彖辭，認為七、八者象，九、六者變，經稱用九、用六，而辭皆七、八，名與實不相應。駁鄭玄爻辰，認為〈乾〉、〈坤〉六爻，上繫二十八宿，依氣應宿，稱為爻辰。如此則三百八十爻，其象僅十二爻而止。駁荀爽以〈乾〉升〈坤〉降為消息，認為陽常宜升而不降，陰常宜降而不升，是〈姤〉、〈遯〉、〈否〉之義，大於〈既濟〉，其義精當。雖皮錫瑞對此敘有微言〔註63〕，然其精研虞翻《易》學，以《虞氏易》學為其學問顓門，並疏通漢魏鄭荀諸家學說，使後學者得以稍窺探堂奧，進而以此為研究方針，此為其《易》學成就之所在。

三、《周易》經傳文字之訓詁

張惠言為清代樸學家，其對漢《易》與《虞氏易》之整理與解說，不只分條注疏，探究其體系；在《周易》經傳文字之訓詁，亦有其獨到之處，如其對〈繫辭〉文：「觀鳥獸之文與地之宜」之注釋，其於《周易虞氏義》云：

> 鳥獸之文，日月也。張衡《靈憲》云：日者陽精之宗，積而成鳥，象鳥而有三趾，陽之類，其數奇；月者陰精之宗，積而成獸象，免陰之類，其數偶是其義也。〔註64〕

張氏以「鳥獸」為「日月」之代稱，則與此句上文「仰則觀象於天」相呼應。而唐孔穎達《周易正義》解釋此句云：

> 觀鳥獸之文與地之宜者，言取象細也，大之與細，則无所不包也。
>
> 地之宜者，若《周禮》五土、動物、植物各有所宜是也。〔註65〕

觀此，張惠言之注釋較《孔疏》為佳。又對於「卦」之解釋，孔穎達於《周易正義》云：

> 卦者，《易緯》云：卦者，掛也，言縣掛物象以示於人，故謂之卦。

全書》二六・經部・《易》類（上海：上海古籍出版社，1995 年），頁 671～672。

〔註63〕皮錫瑞：《經學通論》云：「錫瑞案張氏舉鄭荀虞，而斟酌其得失，皆有心得；其於鄭義取其言禮，不取其言爻辰，與李鼎祚《集解》采鄭集，不采其言爻辰者，同一卓識。惟以卦氣十二辰之類，亦祖田何，則未必然。孟京以前，言《易》無有主卦氣十二辰之類者，不可以後人之說誣前人，不以《易》之別傳為正傳也。」同註60，頁22。

〔註64〕同註7，頁338。

〔註65〕十三經注疏──《周易正義》（臺北：藝文印書館，民國65年5月），頁166。

〔註66〕

《孔疏》依《易緯》說，以卦爲「掛」之影響，謂懸掛物象以示人，此說後人已有異議〔註67〕，張惠言於《周易虞氏義》中注疏〈繫辭上傳〉「再扐而後掛」句云：

> 卦舊作掛，《釋文》云：京作卦，云再扐而後布卦，今詳虞氏注義，其本實同。京氏作卦，後人傳寫之誤，《說文》扐字云：《易》筮再扐而後卦，《說文》引《易》孟氏，是孟氏本作卦也。取前過揲之策，復分二掛一。先并所揲之餘於初扐，乃取奇歸之，故云歸奇於初扐。扐當爲掛字之誤。又并所揲之餘於再扐，其奇則不歸也。掛當爲卦，《集解》引之，改以從經耳。布卦之一爻者，七八九六也。謂再扐之後，四揲之策，九爲九，八爲八，七爲七，六爲六是成一爻畫之於地以識之，〈士冠禮〉「有卦者」，注：有司主畫地識爻者。「有所卦者」，注：「所以畫地識爻者也。」是畫地識爻謂之卦。〔註68〕

此處張氏依《釋文》「掛」當作「卦」，並引《說文》「易筮再扐而後卦」證之。其以爲「而後卦」，即布卦之一爻，書之於地，以識之。茗柯依鄭玄於《儀禮·士冠禮》「卦者在左」之注文：「卦者，有司主書地識爻者」，以爲「書地識爻謂之卦」。此種對「卦」字之注釋，似較爲公允，以上皆爲張惠言在《周易》經傳文字之訓詁上之重要成就，其立論頗富價值。

四、考辨《易》圖

《易》圖之發展與宋代圖書學派之興起，有密不可分之關係。《易》圖種類繁多，自〈河圖〉、〈洛書〉、〈先天圖〉、〈後天圖〉等《易》圖，經朱震輯入《漢上易傳》；後人又纂入朱熹之《周易本義》中，〈太極圖〉經朱子改訂，並加表彰後，學者於易《圖》之論辨，亦隨之而啓，自宋代至清代，綿延不絕。《易》圖考辨發展至清初，由黃宗羲開其端，再有黃宗炎、朱彝尊、毛奇齡、胡渭等人之考辨。張惠言著《易圖條辨》承襲先賢遺緒，其所探討之議

〔註66〕同註65，頁8。
〔註67〕朱伯崑：《易學哲學史》云：「至明代楊慎解經，始執異議。他以『圭』解『卦』，認爲『古者造律制量，六十四黍爲圭，則六十四象總名爲卦，可也。』（《升菴經說》）並依古文圭音卦，作了論證。此說較《孔疏》爲佳。但以其釋八卦之卦，則令人費解。」同註32，頁361。
〔註68〕同註7，頁314。

題，主要集中於〈河圖〉、〈洛書〉等各種《易》圖眞僞之考辨，並及於宋《易》
之討論，及其《易》義有待商榷之處。其較清初學者所考之《易》圖諸書，
範圖又更爲廣泛。皮錫瑞於《經學通論》云：

> 國朝毛奇齡作《圖書原舛篇》，黃宗羲作《易學象數論》，黃宗炎作
> 《圖書辨惑》，爭之尤力。胡渭《易圖明辨》，引據舊文，足箝依託
> 之口。張惠言《易圖條辨》駁詰精審，足箴先儒之先。〔註69〕

此處所言，張氏《易圖條辨》一書，實總結清初黃宗羲、黃宗炎、毛奇齡以
來評論圖書之學之成果，並繼胡渭之後，駁斥陳摶、劉牧之〈河圖〉、〈洛書〉
之說，並及周敦頤〈太極圖〉，充分展現其爲清代考辨《易》圖之遺緒。張氏
《易圖條辨》一書首辨〈河圖〉、〈洛書〉，次辨劉牧〈太極生兩儀圖〉、〈天地
數十有五圖〉、〈四象生八卦圖〉、〈乾坤生六子圖〉、〈三才圖〉，再就是朱熹〈啓
蒙河圖・洛書〉、〈太極圖〉，趙撝〈天地自然之圖〉，趙仲全〈古太極圖〉，《參
同契》〈納甲圖〉，《皇極經世》，《卦變圖》等，皆援據舊文，悉心研究，校之
黃宗羲、黃宗炎、毛奇齡、胡渭等人之作，更爲嚴密完備。《續修四庫全書提
要》云：

> 自毛奇齡撰《圖書原舛》，黃宗羲撰寫《易學象數論》，黃宗炎撰《圖
> 書辨惑》，胡渭撰《易圖明辨》，證圖書陰陽奇偶，雖與《易》相應，
> 而非《易》所從。惠言賡續爲之，尤無蟶漏。其謂趙仲全〈古太極
> 圖〉，出於元初，明人盛傳之，託於蔡季通，亦無證據，而胡朏明深
> 信之，以爲希夷所撰，康節所傳，實惑之甚者，洵不愧爲知言。謂
> 〈先天圖〉不曾離得漢人，故《皇極經世》曰：太元見天地之心，
> 可知邵子之學之所本，亦非講先天之學者所知。蓋惠言窮探力索，
> 實事求是。不獨闡明虞氏《易》爲一時絕學也。〔註70〕

張氏考辨宋《易》圖書之學，成績卓絕，如其考證趙仲全〈古太極圖〉之由
來，即與胡渭主張爲陳摶所撰、邵雍所傳之說相異。又說〈先天圖〉不曾離
得漢人，張氏對《易》圖之考辨，能突破前人之說，此爲其《易》學成就。

五、輯存漢魏《易》注

清代中葉，樸學勃興，有研究漢學之學者，紛紛鉤稽舊文，進行漢魏《易》

〔註69〕同註60，頁28。
〔註70〕同註10，頁77～78。

說之輯佚工作。先有惠棟從事《周易鄭注》之補輯，成《鄭氏周易》三卷，張惠言從事虞荀《易》注之輯佚、研究工作，於虞翻用力尤勤。其《易義別錄》一書對前人《易》說之蒐集輯錄較惠棟更為全面、清楚，張氏於此書中共計收錄孟喜、姚信、瞿子玄、蜀才、京房、陸績、干寶、馬融、宋衷、劉景升、王肅、董遇、王廙、劉瓛、子夏等十五家之說，並對所輯《易》文，皆條其源流、辨其異同、析其體制。張氏《易義別錄》一書，其中所輯佚各家之《易》注，實開清代各家輯本之先。如張惠言《易義別錄》輯《周易子夏傳》一卷，此輯本輯自李鼎祚《周易集解》、孔穎達《周易正義》、陸德明《經典釋文》、唐史證《周易口訣義》及宋朱震《漢上易傳》等。《子夏易傳》，原書久佚，流傳於世者有數種，皆係後人偽作。此書至隋唐時已殘缺不全，欲窺此書面貌，僅能從隋唐以前之歷代文獻，輯出佚文，而張氏所輯《子夏易傳》，雖有疏漏，但是有承先啟後之功。又張氏《易義別錄》所輯《周易孟氏》一卷為孟氏《易》注最早之輯本。此書輯自《釋文》、《周易正義》、《周易集解》、《說文解字》、《新唐書》、朱震《漢上易傳》、王應麟《困學紀聞》、宋程迥《周易古占法》等。而孟喜《易》學著作，久已失傳，張氏之輯本乃孟氏《易》之最早輯本。又張氏《易義別錄》中輯有《周易京氏章句》二卷，此書輯自《周易集解》、《周易正義》、《釋文》、《史記‧屈原列傳》索隱，而《京氏易傳》之真偽，久為後人所爭論，其《易》注章句已佚，張氏此輯本，具有首開先河之功。又張氏於《易義別錄》中輯有《周易馬氏》一卷，輯自《周易集解》、《周易正義》、《釋文》、《漢上易傳》、《禮記‧樂記》正義等書。而《馬氏易傳》中馬融完整之《易》注雖已亡佚，但其部份《易》注仍散見於唐以後之《易》學著作之中，張氏此輯本即為《馬氏易傳》之最早輯本。此外張氏於《周易荀氏九家義》採荀氏注與《九家易》之說，而論荀氏《易》學之特徵，張氏《易義別錄》一書所輯錄漢魏諸家《易》注，均為各家輯本之最早者，故其在輯存漢《易》諸注，實有重大之成就。

　　綜上所述，張惠言為漢《易》之大師，皮錫瑞在其《經學通論》中曾提及「漢儒之書不傳，自宋至今，能治專家之學如張惠言，通全經之學如焦循，實不多覯，故後之學《易》者必自此二家始。」〔註71〕皮氏所謂專家之學，實即虞氏一家之學。蓋《虞氏易》集漢《易》之大成，而其存於今者較備，故欲求孔子一脈真傳之《易》，則宜研虞氏之義焉，而孟、京、荀、馬、鄭、

〔註71〕同註60，頁44。

宋諸家義皆相成，是通《易》之津梁。徐芹庭於《虞氏易闡微》中述先儒論《虞氏易》之言曰：

> 陳澧曰：「虞仲翔注〈乾卦〉云成〈既濟〉，惠定宇《周易述》云〈乾〉六爻二四上匪正、〈坤〉六爻初三五匪正，乾道變化，各正性命。……澧案〈乾〉之所以利貞者，以變〈既濟〉而六爻各正，〈既濟·象傳〉乃說利貞二字之通例，此虞氏之最精善處，此真以十篇說經者矣。……十二消息卦之說則必出於孔門，鄭、荀、虞皆用此說。」（《東塾讀書記》）李證剛曰：「取各家書以相參證，始覺惟虞氏說《易》較有著落。如消息旁通之理，虞氏獨得其旨，推卦爻辭亦多有據。消息惟虞氏精審允當，虞氏以消言體，而息言用，明《易》之要旨在發揮宇宙人生體用不二之理，可謂《易》學津逮矣。」（《易學研究之方法》）〔註72〕

《虞氏易》之特色、價值既如是，故張惠言在輯錄兩漢及魏晉南北朝多數名家《易》文時，對於所引《易》文，皆注明出處，並作考證與疏釋，而尤以虞翻之《易》最爲詳備可觀；清人阮元以爲張惠言之功，使兩漢《易》學，尤其虞氏之《易》「自仲翔以來，綿綿延延，千四百餘載，至今日而昭然復明，嗚呼！可謂盛矣。」〔註73〕張惠言專研《虞氏易》，在清代實卓然成一家之言。然其對虞氏注之補充與解說，力求遵循虞氏之體例及注解，闡而不發，曾文正公稱其「學循漢儒軌轍，而虛衷研究，絕無凌駕先賢之意。文詞溫潤，亦無考證辯駁之風。迨古之所謂大雅者歟！」〔註74〕誠非過言也。

〔註72〕同註35，頁34。
〔註73〕同註8。
〔註74〕同註5，頁183。

第十章　焦循《易》學研究

第一節　焦循之生平與學術著作

一、生　平

焦循（西元 1763～1820 年），字里堂，晚號里堂老人；世居江都北湖黃玨橋，江蘇甘泉人，生於清高宗乾隆二十八年癸未（西元 1763 年）二月三日，卒於清仁宗嘉慶二十五年庚辰（西元 1820 年）七月二十七日，年五十有八。少穎異，六歲入塾讀書，受業於表兄范秋帆先生，學詩古文詞。八歲，至公道橋阮氏家，與賓客辨壁上「馮夷」字，曰：「此當如《楚辭》讀皮冰切，不當讀如縫。」阮公賡堯大奇之，妻以女。乾隆三十八年（西元 1773 年），年十一，跟從精通《說文》之族父焦熊符學習小學。乾隆四十一年（西元 1776 年），年十四，承家學，幼年好《易》，其父以「『密雲不雨，自我西郊。』何以既見於〈小畜〉，復見諸〈小過〉？」一問而啓其端倪。〔註 1〕乾隆四十四年（西元 1779 年），年十七，應童子試，諸城劉文清（墉）以侍郎督學江蘇，取之爲附學生。彼時里堂用功詩賦，文清教以學賦者應學經〔註 2〕，既入學，

〔註 1〕參見焦循：《易通釋》（收入《續修四庫全書》編纂委員會編《續修四庫全書》二七・經部・《易》類，上海上海古籍出版社，1995 年），頁 131。

〔註 2〕按：焦循《雕菰集・感大人賦序》云：「乾隆己亥，夏 5 月，諸城劉文清公，時以侍郎督學江蘇，按部至揚州，循年十七，應童子試。……公曰：『不學經，何以足用？爾盍以學賦者學經！』顧謂教授金先生曰：『此子識字，今入郡學以付汝。』詢循所寓遠，令巡官執炬送歸寓。明日公謁，公復呼循至前曰：『識

讀書家塾，其父蒽授以〈太極〉、〈西銘〉、〈正蒙〉及《周濂溪全書》，辛丑（十九歲）、壬寅（二十歲）之間，遂專力於此。乾隆四十六年（西元 1781 年），年十九，焦循開始系統學習經典，讀《毛詩》、《爾雅》，並撰《毛詩鳥獸草木蟲魚釋》。在揚州西門外都天廟結識徐心仲，力勸徐心仲學習訓詁之學。乾隆四十七年（西元 1782 年），年二十，里堂與興化顧超宗同學，其父文子以經學名，因就超宗問焉，遂用力於經。〔註3〕乾隆四十九年（西元 1784 年），年二十二，少宰謝金圃督學歲試揚州，重經學，得補爲廩膳生。是年與顧超宗同爲食廩餼，在此期間焦循對數學發生興趣，爲往後研究數學打下基礎。乾隆五十年（西元 1785 年），年二十三，遭父喪，暫停書院學習，開始研習《周易》，翌年，歲大饑，焦循不顧生活窘迫，變賣田產，適書賈至，問售《通志堂經解》，先生乃購得之，又因守制痛失由朱珪主持之江南考試。乾隆五十二年（西元 1787 年），始餬口授徒於城中壽氏宅之鶴立堂。並繼續撰述《毛詩鳥獸草木蟲魚釋》，偶而閱讀王應麟《詩地理考》，苦其瑣雜，無所融貫，乃撰《毛詩地理釋》。是年顧超宗以《梅氏叢書》相贈，里堂便用力於研究算學。又結識著名學者汪中、江藩，並同汪晉蕃訂交〔註4〕。乾隆五十三年（西元 1788 年），年二十六，春二月，先生作〈王處士纂周易解序〉，仍館壽氏宅；顧超宗歿，爲理其喪。隔年，請求汪中介紹劉端臨，以事不果，結識著名語言學家黃春谷兄弟。乾隆五十五年（西元 1790 年），先生二十八歲，完成《群經宮室圖》一書。是年冬，嘔血幾死，乃不飲酒。〔註5〕胡希呂侍郎歲試揚州，李賚生教授乃舉先生試兩賦，擢置第一。乾隆五十七年（西元 1792 年），年三十秋，於友人汪晉蕃處借閱惠棟所著《後漢書訓纂》，因細爲校定。與江都黃春谷、甘泉李鍾泗等好友，賦詩飲酒，相互切磋學問。

乾隆五十九年（西元 1794 年），先生三十二歲，撰《加減乘除釋》，此書爲焦循研究數學之主要代表作。翌年，撰《釋弧》三篇、《乘方釋例》五卷。春，在山東臨清校士館結識經學家武億。三月作書與孫星衍討論「考據」之學。嘉

之！不學經，無以爲生員也。』循歸，乃屏他學而學經。循之學經，公之教也。」（臺北：鼎文書局，民國 66 年 9 月），頁 1。

〔註 3〕何澤恆：《焦循研究》（臺北：大安出版社，1990 年 5 月），頁 3。

〔註 4〕按：陳居淵〈焦循學術年譜〉云：「『乾隆丁未冬，始識子屏江君，江君子屏示以所刻《周易述》二卷，讀之三月而後歸之。』（《里堂文稿》）」（此文收入林慶彰主編《經學研究論叢》第二輯，臺北：聖環圖書公司，民國 83 年 10 月），頁 181。

〔註 5〕參見焦廷琥：《先府君事略》（附《焦氏遺書》末）。

慶元年（西元 1796 年），年三十四，撰《釋輪》二篇，隔年，完成《加減乘除釋》八卷。嘉慶三年（西元 1798 年）春，將三十卷《毛詩鳥獸草木魚蟲釋》改定為十二卷。三月，與王引之再次討論「考據」之非。秋九月，省試落選，歸家，刪訂《釋弧》舊稿，並請江藩作序。翌年，歷經十九年之努力，終完成《毛詩鳥獸草木蟲魚釋》一書。嘉慶六年（西元 1801 年），年三十九秋，應鄉試，中式舉人，入都謁座師英煦齋先生。同年，好友李鍾泗亦同舉於鄉。隔年，正月，參加北京禮部考試不第，在京作〈文章強弱辨〉一文，五月從京回家，應阮元之邀前往浙江。秋，在錢塘與劉嗣綰、程瑤田相識。十二月作《禹貢鄭注釋》。壬戌會試後，閉門注《易》。里堂自弱冠即學《易》，自是年後，始專注於學《易》〔註6〕，又窮思苦慮，乃日有進境。嘉慶九年（西元 1804 年），年四十二，與王引之討論數學與《周易》之關係，並成《易通釋》初稿，又作《論語通釋》。翌年，成《劇說》。四十四歲，與張古餘、趙懷玉同纂輯《揚州圖經》、《揚州文粹》。四十五歲，病甚危，幸而得癒，遂家居專心注《易》。〔註7〕嘉慶十四年（西元 1809 年），年四十七，先生與姚文田，白小山共同纂修《揚州府志》，以修志酬金築雕菰樓〔註8〕。四十八歲，改訂《易通釋》。五十歲，作〈告先聖先師文〉、又作《八五偶譚》一卷，撰《周易補疏》。嘉慶十八年（西元 1813 年），年五十一，完成《易通釋》、《易圖略》二書。五十二歲，家居，先生前嘗撰《毛詩地理釋》、《草木鳥獸蟲魚釋》、《毛鄭異同釋》三書，二十餘卷；是年刪併為一書，即《毛詩補疏》也。《易學三書》既初就，不樂閒曠，因取歷年讀書手錄雜文，編次為《道聽錄》五十卷。〔註9〕五十四歲，《易學三書》、

〔註 6〕　按：焦循《易廣記》卷一云：「余自弱冠即學《易》，至四十歲；此二十年中，奔走於科場，兼習他學，未嘗專也，而一無所得。自四十至四十七，此八年專於學《易》，始悟得旁通之旨。」同註 1，頁 587。

〔註 7〕　賴貴三：《焦循年譜新編》（里仁書局，民國 83 年 3 月），頁 211。

〔註 8〕　按：焦循《雕菰集》卷二十〈半九書塾記〉有云：「嘉慶己巳，纂修郡志，得修脯金五百。以少半買地五畝，在雕菰淘中，其形盤曲若瀛，以為生壙。其大半於書塾之乙方，起小樓方丈許。四旁置窗，面柳背竹。黃玨橋在東北半里許，橋外即白茆湖，行人往來趨市，帆檣出沒，遠近漁燈牧唱，春秋耕穫，盡納於牖。樓下置櫝，以生平著述草稿貯之，以為歿後神智所棲托。壙以藏骨，樓以息魂，取淘之名以名樓，曰雕菰樓。」同註 2，頁 327。又《清史稿・儒林傳》云：「葺其老屋，曰半九書塾，復構一樓，曰雕菰樓，有湖光山色之勝，讀書著述其中。嘗歎曰：『家雖貧，幸蔬菜不乏。天之疾我，福我也。吾老於此矣！』」（臺北：洪氏出版社，民國 70 年 8 月），頁 13256。

〔註 9〕　范耕研：《江都焦里堂先生年表》（臺北：文史哲出版社，民國 81 年 4 月），

《論語補疏》成。嘉慶二十二年（西元 1817 年），年五十五，二月，就所作詩文進行整理，結集爲《雕菰集》，成《春秋左傳補疏》。五十六歲，刪定《群經補疏》成，又分別編成《易話》與《易廣記》二書。五十七歲，纂《孟子正義》。嘉慶二十五年（西元 1820 年），七月，先生足疾疊發，忽然煩熱似瘧，舌燥無津，日漸加重，醫藥罔效，至二十七日辰時，溘然長逝，得年五十有八，安葬於本宅東首祖塋之內。〔註 10〕

　　焦循一生，淡泊明志，甘自清貧，自四十歲入京會試不第，從此無意仕祿，老於布衣，以家塾授徒爲業，而生當乾、嘉學術鼎盛之際，得與當世碩學鴻儒相結交，其比阮元長一歲，比王引之長三歲，年相若而境迥異，然三人過從甚密，皆爲繼鄉先賢王念孫之後之大家，亦爲揚州學派中鼎足人物；所著《易學三書》、《孟子正義》以及對《禮記》、《尚書》、《論語》、《詩經》、《左傳》等經典之研究，享盛名於學界，堪稱乾嘉學術界之一株奇葩。

二、學術著作

　　焦循爲清代之經學家及自然科學家，又是具深刻思想之思想家。其擅長考據、訓詁及音韻，對天文、數學、地理、文學均有研究，被彼時稱爲「通儒」，尤精於《易》，一生著作等身，傳世之刊本、寫本、鈔本與稿本，雖經兵燹流離，尚能存其大體，清光緒二年衡陽魏綸先之《焦氏遺書》刊刻重見於世〔註 11〕，對里堂具存之重要撰述，此書實已網羅殆盡，故《遺書》誠爲研究焦循學術思想之重要文獻，茲將其著作，分列如下：

經　部

（一）《易》類

　　《雕菰樓易學》四十卷，焦循撰《易章句》十二卷，《易圖略》八卷，《易

　　　　 頁 114。
〔註 10〕 同註 5。
〔註 11〕 按焦循：《焦氏遺書》，清光緒二年衡陽魏氏重刊本，中央研究院歷史語言研究所傳斯年圖書館典藏善本，內有《易章句》十二卷，《易圖略》八卷，《易通釋》二十卷，《易話》二卷，《易廣記》三卷，《六經補疏》六種，《群經宮室圖》二卷，圖五十篇，《禹貢鄭注釋》二卷，《孟子正義》三十卷，《里堂學算記》五種，《北湖小志》六卷，首一卷，《李翁醫記》二卷，《先府君事略》一卷，《詩品》一卷等。

通釋》二十卷，三書合稱《雕菰樓易學》，英和〈江都焦氏雕菰樓易學序〉云：
「焦子理堂深明洞淵九容之數，因以測天之法測《易》，其視《易》之爻位，
猶天之躔度，凡山、澤、雷、風、水、火，若七政恆星之昭布，一一可窺器
而辨其方也。其視爻位之往來，猶躔度之交錯，凡山、澤、雷、風、水、火
之變化，若七政恆星之經緯遲速，一一可布算而尋其緒也。所著《雕菰樓易
學》四十卷，凡《章句》十二，《通釋》二十，《圖略》八，其發揮精義，備
於《通釋》，又以數之必緣象而顯也，爲《圖略》，以表其象；以數之皆附文
而著也，爲《章句》，以釋其文。《章句》之辭，簡而賅，《圖略》之辭，博而
辨，而《通釋》則舉〈卦辭〉,〈彖辭〉,〈象辭〉,〈爻辭〉之一句一字，無不
條分縷析，珠連繩貫，以觀其通。《易》之數，得是書而明；《易》之理，亦
即是書而備矣。」〔註12〕此書在當時尤負盛名，亟爲英和、阮元、王引之諸
名公所稱誦。

　　《易通釋》二十卷，此書乃焦循據《易》例以縱通、橫通《周易》全經，
並依《周易》經、傳中之概念、術語、範疇與命題，通釋其《易學》之體例；
因焦循治《易》，曾疑《易》辭、《易》象何以或見於此卦，又見於彼卦者，
遍閱說《易》之書而無從得解，及研習天文算學，以數之比例求《易》之比
例，所疑盡釋，乃撰是書。柯劭忞於《續修四庫全書總目提要‧易通釋》云：
「循治《易》，嘗疑一『號、咷』也，何以既見於〈旅〉，又見於〈同人〉？
一『拯馬壯』也，何以既見於〈渙〉，又見於〈明夷〉？『密雲不雨』之象，
何以〈小畜〉與〈小過〉同？『甲庚三日』之占，何以〈蠱〉與〈巽〉同？
遍閱說《易》之書，皆無所發明，及學『洞淵九容』之術，以數之比例求《易》
之比例，所疑盡釋，乃撰《易通釋》一書。舉經、傳之文互相引證，會而通
之，字字求其貫徹，以爲庖犧之卦，參伍錯綜；文王、周公之繫辭，亦參互
錯綜；孔子之《十翼》，亦以參互錯綜贊之，所謂參互錯綜者，即旁通、時行、
相錯之法而已。按《易》學範圍廣大，奇偶之數推演無窮，執一端而通之全
體，皆能密合，必謂羲、文、周、孔之義，盡括於此，誠爲一孔之見；必謂
旁通時行相錯之法，支離糾轕，無當於《易》學，亦非也。惟其說多因假借
之字而引申之，阮文達公爲之辯護曰，古无文字，先有言、有意，言與意立
乎文字之前，伏羲畫☰，立其言與意而口傳之，至倉頡始依之以造乾坤二字；
故口言遯，而遯與豚同意，口言疾而疾與蒺同意，淺識者未知聲音文字之本，

〔註12〕焦循：《雕菰樓易學》，同註1，頁42。

藉曰非也。虞翻何以豚魚爲遯魚，《韓詩外傳》何以蒺藜爲據疾哉？按通假之字，有可以就本字引申者，有音同義異，不能引申者，此由經師口授，音異而義遂異，非羲文之《易》，即有通假字也；若藉口於音聲文字之本，遂謂遯與豚同意，疾與蒺藜同意，則鑿矣。」〔註13〕故《易通釋》是以「洞淵九容」之術〔註14〕，以數之比例，求《易》之比例而舉經傳或同辭而異卦者求得其解，因以經傳之文相與引證，會而通之，貫徹其字義，因以成書者也。

　　《易圖略》八卷，焦循既撰《易通釋》二十卷，復提其要爲《圖略》。全書凡《圖》五篇：〈旁通圖〉、〈當位失道圖〉、〈時行圖〉、〈八卦相錯圖〉、〈比例圖〉；《原》八篇：〈原卦〉、〈原名〉、〈原序〉、〈原象象〉、〈原辭上〉、〈原辭下〉、〈原翼〉、〈原筮〉；《論》十篇：〈論連山歸藏〉、〈論卦變上〉、〈論卦變下〉、〈論半象〉、〈論兩象易〉、〈論納甲〉、〈論納音〉、〈論卦氣六日七分上〉、〈論卦氣六日七分下〉、〈論爻辰〉。此皆批評漢《易》與宋《易》中象數流派所提出之解經體例，焦循處於清代乾、嘉盛世，諸儒崇尚漢學，而其獨能抨擊荀爽、虞翻、鄭玄諸家之謬，稱得上是豪傑之士，但其對《周易》經、傳之解釋，仍爲闡發《周易》象數學之傳統，黃壽祺《易學群書平議》云：「歸納其書，不外兩端，前者所以表明其自所建樹，後者所以破漢儒說之謬，當清代乾、嘉之隆，舉世崇尚漢學，好古不好是，風氣正盛之時，而循能獨立爲說，力闢荀、虞及康成諸家之謬，固可謂豪傑之士；惟其自所建立諸例，以測天之法測《易》，以數之比例求《易》之比例，雖曰自成一家之說，竟皆牽合膠固，无當經旨，較之鄭氏爻辰，有過之而無不及。又以荀、虞卦變爲不當，乃循所著《易通釋》，少則一卦五六變，多則十餘變或數十變；漫衍無理，視荀、虞爲尤甚。所謂明於燭人，闇於自照者，非耶！」〔註15〕又柯劭忞於《續修四庫全書總目提要》中云：「惟卦變則謂漢、魏之時，

〔註13〕　中國科學院圖書館：《續修四庫全書總目提要》（中國科學院圖書館，1996 年12 月），第三十五冊，頁 454。

〔註14〕　「洞淵九容」之說，見元李冶《測圓海鏡》，冶，字仁卿，號敬齋，登金進士第，金亡北渡，講學著書，秘演算術。本傳見《元史》卷一百六十、《新元史》卷一百七十二。「洞淵」一詞，其爲書名抑人名：今巳不可考。「九容」云者，則勾股形（案：即直角三角形。）九種容圓（案：猶切圓。）之法也；說見〈測圓海鏡序〉。又案：「《事略》謂里堂既作《通釋》，因名注《易》之室爲『倚洞淵九容數注易室』」。可見《通釋》之作與其治算學有關。

〔註15〕　張善文：《歷代易學與易學要籍》（福州：福建人民出版社，1998 年 4 月），頁388。

孔子《易》說尚有影響，荀、虞不求其端，不訊其末。循爲當位失道等圖，
此即荀、虞之卦之說之所本；蓋淵源所自，不能不爲寬假之辭矣！」〔註16〕
又焦循〈易圖略自序〉云：「余學《易》，所悟得者有三：一曰旁通，二曰相
錯，三曰時行；此三者，皆孔子之言也，孔子所以贊伏羲、文王、周公者也。
夫《易》，猶天也，天不可知，以實測而知；七政恆星，錯綜不齊，而不出
乎三百六十度之經緯；山澤水火，錯綜不齊，而不出乎三百八十四爻之變化。
本行度而實測之，天以漸而明；本經文而實測之，《易》亦以漸而明。非可
以虛理盡，非可以外心衡也。余初不知其何爲相錯，實測經文、傳文，而後
知比例之義，出於相錯；不知相錯，則比例之義不明。余初不知其何爲旁通，
實測經文、傳文，而後知升降之妙，出於旁通；不知旁通，則升降之妙不著。
余初不知其何爲時行，實測經文、傳文，而後知變化之道，出於時行；不知
時行，則變化之道不神。未實測於全《易》之先，胸中本無此三者之名；既
實測於全《易》，覺經文、傳文有如是者，乃孔子所謂相錯；有如是者，乃
孔子所謂旁通；有如是者，乃孔子所謂時行。測之既久，益覺非相錯、非旁
通、非時行，則不可以解經文、傳文，則不可以通伏羲、文王、周公、孔子
之意。十數年來，以測天之法測《易》，而此三者，乃從全《易》中自然契
合，既撰爲《通釋》二十卷，復提其要爲《圖略》。」〔註17〕故此書可謂爲
里堂《易》學發明之總綱領及提要。

　　《易章句》十二卷，焦循治《易》有三術：曰旁通，曰時行，曰八卦相
錯，此書即就「旁通」、「時行」、「相錯」之說，以疏解《周易》經傳之文。
柯劭忞於《續修四庫全書總目提要‧易章句》云：「循覃研《易》學，號爲專
家。其治《易》有三術，曰『旁通』、曰『時行』，曰『八卦相錯』。……其說
以經、傳之文，旁參互證，左右逢源，不愧一家之學。《易章句》則就旁通、
時行、相錯之說，以疏解經、傳之文者也。阮文達公（元）謂其書處處從實
測而得，聖人復起，不易斯言；高郵王文簡公（引之）則謂『一一推求，至
精至當，足使株守漢學者爽然自失』，均未免推崇過甚。按伏羲十教曰：『乾、
坤、震、巽、坎、離、艮、兌、消息』，荀、虞、馬、鄭之學未有不出於消息
者。循獨別開門徑，不從消息入手，謂之爲一家之學則可，如謂非此說不能

〔註16〕同註13，頁455。
〔註17〕焦循：《易圖略》，收入《續修四庫全書》編纂委員會編《續修四庫全書》二
　　　　七‧經部‧《易》類（上海：上海古籍出版社，1995年3月），頁473。

通義、文、周、孔之微言大義，則不敢信也。」〔註18〕此書分〈上經〉、〈下經〉、〈彖上傳〉、〈彖下傳〉、〈象上傳〉、〈象下傳〉、〈繫辭上傳〉、〈繫辭下傳〉、〈文言傳〉、〈說卦傳〉、〈序卦傳〉、〈雜卦傳〉，其內容悉依所創體例立說，簡明切當、字字句句，皆有本末矣。

　　《周易補疏》二卷，焦循以爲王弼之學雖尙空談，然其以六書通假，解經之法，則距離馬融、鄭玄諸儒不遠，而孔穎達《周易正義》不能發明之，於是撰此書以訂孔穎達之舛漏。其書首列經傳原文，次錄王弼《周易註》，次附作者按語，所疏皆援據精確，足以補《周易正義》所不及，其於〈周易補疏敍〉云：「《易》之有王弼，說者以爲罪浮桀、紂，近之說漢《易》者屛之，不論不議者也。歲壬申，余撰《易學三書》漸有成；夏月，啓書塾北窗，與一二友人看竹中紅薇白菊，因言《易》，……故弼之《易》雖參以己見，而以六書通借解經之法，尙未遠於馬、鄭諸儒。特貌爲高簡，故疏者概視爲空論耳。……惜乎秀而不實，稱道者徒飫其糠秕，譏刺者莫探其精液；然則弼之《易》，未可屛之不論不議也。於是，每夕納涼，柘籬蕉影間，縱言王弼《易》，門人錄之，得若干條。立秋暑退，取所錄，次爲二卷，迄今七年，《易學三書》既成，復取此稿訂之，列《群經補疏》之首，有治王弼《易》者，此或可參焉否也。〔註19〕又柯劭忞於《續修四庫全書總目提要‧周易補疏》云：「循以王弼之學，雖尙空談，而以六書通假，解經之法，尙未遠於馬鄭諸儒，特孔穎達之《正義》，不能發明之；乃撰《補疏》二卷，以訂孔之舛漏。如龍戰于野，王注固陽之地，陽所不堪，循謂《正義》解固爲占，然固陽之地，則未嘗指何所引。荀氏消息說，坤在亥下有伏乾；鄭君爻辰說，坤上爻實爲乾之地，而坤爻據之；王氏周荀虞之義，而渾其辭爲固陽。……皆援據精確，足以補《正義》所不及；惟循自命太高，而視古人太淺，其〈自序〉稱弼或可由一隙貫通，惜其秀而不實，儼若嚴師之誨弟子，非著書之體也。」〔註20〕此書焦循指出王弼用荀虞之義而孔《疏》而疏之者，如此之類則不少矣。

　　《易話》二卷，此書爲焦循詮釋《易》之句法，與《易》義而述及先儒之非是者，柯劭忞於《續修四庫全書總目提要‧易話》云：「循既著《易學三

〔註18〕同註13，頁452～453。

〔註19〕焦循：《周易補疏》，同註17，頁537。

〔註20〕同註13，頁456。

書》，復取三書外之餘義，爲《易話》二卷。其上卷〈易釋舉要〉，詮釋句法，最有益於初學。然循謂兩卦旁通，每以彼卦之義，係於此卦之辭，則虞仲翔旁通之法固如此，不自循發之。〈性善解〉無關《易》說，亦屬駢枝。下卷謂《易》至春秋，淆亂於術士之口，乃推而求之《易》義，惜杜易服，劉規杜，均不能言之。按尙辭、尙占本自分途，循詆《左氏傳》所載之謬悠，而《易》以比例、旁通之說，亦未見其確當。至《爾雅》『倫，敕，勞也。』以倫與輪同聲，謂『勞謙』之勞，即『曳其輪』之輪；敕與勞聲轉，〈井〉之勞民，即〈噬嗑〉之『敕法』，支離附會，安能與經義相比附乎？」〔註21〕書中之評述，焦氏則自具識見可知矣。

　　《易廣記》三卷，此書爲焦循記錄漢魏以來《易》家獨得之旨而廣爲記之者也。焦氏〈自序〉云：「余之學《易》也，自漢魏以來至今二千餘年中，凡說《易》之書，必首尾閱之，其說有獨得者，則筆之於策，可以廣聞見，益神智，因名之曰《易廣記》云。」〔註22〕又柯劭忞於《續修四庫全書總目提要·易廣記》中云：「按卷一《楊誠齋易傳》，宋臣僚請抄錄此書狀云：『自淳熙戊申八月下筆，至嘉泰甲子四月脫稿，閱十七年而後書成』，循自謂學《易》前後三十年，僅有四五年無一日不窮思苦慮，乃日有進境，楊氏之十七年未必能專一於此。周漁〈加年堂講易自序〉，循稱其學《易》艱苦，眞不我欺。然或數月，或數年而通一卦，則與循異，循之稿成一次，以一二處之疑，則通身更改，其成之艱，較周氏尤甚，皆自述其學力之勤苦，無與於見聞神智也。其稱倪元璐《易嚮上下篇》，奇博精奧，可與顧亭林《日知錄》論卜筮參看。按元璐之《兒易內儀以》六卷，《外儀》十五卷，《前提要》謂依經立訓，不必以章句訓詁，核其離合。今觀其《易嚮上下篇》，循以奇博精奧推之，信爲知言，其識在館臣之上矣。」〔註23〕里堂讀書有得，於此書可見矣。

（二）詩　類

　　《毛詩補疏》五卷，《毛詩地理釋》四卷，《毛詩鳥獸草木蟲魚釋》十一卷附考證陸璣疏一卷，《陸氏草木鳥獸魚蟲疏》二卷，《推小雅十月辛卯詳疏》二卷。

〔註21〕　同註13，頁457。
〔註22〕　焦循：《易廣記》，同註17，頁585。
〔註23〕　同註21。

（三）書　類

《尚書補疏》二卷，《書義叢鈔》四十卷，《禹貢鄭注釋》二卷。

（四）禮　類

《禮記補疏》三卷，《群經宮室圖》二卷，《三禮便蒙》不分卷，手稿本。

（五）春秋類

《春秋左傳補疏》五卷。

（六）四書類

《論語補疏》三卷，《論語通釋》一卷，《孟子正義》三十卷，《孟子補疏》二卷。

史　部

《北湖小志》六卷，〈邗記〉六卷，《揚州足徵錄》二十七卷，《里堂家訓》二卷，《揚州圖經》八卷。

子　部

《里堂學算記》五種十五卷，《加減乘除釋》八卷，《天元一釋》二卷，《釋弧》三卷，《釋輪》二卷，《釋橢》一卷，《開方通釋》一卷，《開方釋例》一卷，《乘方釋例》不分卷，《焦里堂天文歷法算稿》不分卷，《李翁醫記》二卷，《易餘籥錄》二十卷，《八五偶譚》不分卷，手稿本。

集　部

《雕菰集》二十四卷，《雕菰集文錄》二卷，《神風蕩寇記》一卷，〈與王引之書〉，〈與王引之論易書〉，〈復李尚之言天文推步書〉，〈與某論漢儒品行書〉，《憶書》六卷，《里堂詩集》八卷，《里堂詞集》二卷，《里堂書跋》二卷，《里堂道聽錄》四十卷，《里堂文稿》不分卷，《里堂札錄》六卷，《里堂隨筆》一卷，《仲軒雜錄》一卷，《仲軒詞》一卷，《紅薇翠竹詞》一卷，《雕菰樓詞話》一卷，《易餘曲錄》一卷，《花部農談》一卷，《劇說》六卷，《曲考》。〔註24〕

〔註24〕陳居淵：《焦循儒學思想與易學研究》（濟南：齊魯書社，2000 年 5 月），頁438～443。

第二節　焦循《易》學之淵源

　　焦循乃乾嘉時期著名之經學家，其博聞強記，識力精卓，於學無所不通，於經無所不治，所治群經；以《周易》經傳用功最深，焦氏幼年好《易》，自四十歲而專於學《易》，積累十數年之功夫，其治《易》，不依傍前人，於清代考據學中，獨樹一幟，屬樸學《易》中之象數創新派，今考究其《易》學之淵源，蓋可分爲家學淵源、師友啓迪，及踵事前賢者，茲分述如下：

一、源於家學、師友提攜

　　焦循出身於治《易》世家，焦氏家族世系中，其曾祖父兄弟四人名泰來、必萃、豫來、師來，以《周易》「〈泰〉、〈萃〉、〈豫〉、〈師〉」四卦爲命名之意，可知其高祖父明暘公必爲知《易》學者。其曾祖父師來公（後改名源，字文生），爲江都縣學生，深於《易》，有《讀易圖》。祖父名鏡，字鑑千，國學生，娶明吏部王觀濤先生（諱納諫）之玄孫女，王氏世以《易》名家〔註25〕；父名蔥，字佩士，爲納諫曾孫祖修之外孫，祖修以通儒爲明經，以《易》授徒，因而里堂祖、父並得聞王氏說《易》之法。故焦循家三世習《易》，世傳王氏大名先生之學，而其幼秉父教，里堂云：

> 循承祖、父之學，幼年好《易》。憶乾隆丙申夏，自塾中歸。先子問日所課若何？循舉〈小畜〉象辭，且誦所聞於師之解。先子曰：「然所謂『密雲不雨，自我西郊』者，何以復見於〈小過〉之六五？童子宜有會心，其思之也。」循於是反復其故，不可得；推之〈同人〉、〈旅（人）〉之「號咷」，〈蠱〉、〈巽〉之「先甲」、「後甲」，「先庚」、「後庚」，〈明夷〉、〈渙〉之「用拯馬壯吉」，益憤塞鬱滯，悁悁於胸腹中，不能自釋。聞有善說《易》者，就而叩之，無以應也。〔註26〕

焦氏幼時，父親令從《十翼》求經，而其於十歲前，日夕與表叔王容若形影相依，王君暇時教先生以書數，故焦循之習九九，實始於王君，並奠定其往

〔註25〕《雕菰集》卷十五（王虎士纂周易解序）云：「處士王蘅城先生，名方魏，字大名，明南京吏部員外郎納諫之孫，慈谿令玉藻之仲子。……所著有《周易廣義》，以《本義》大略，申其說而廣之也；《纂解》者，其晚年之書，明太極陰陽爻象占變大旨，不煩言而舉其要，凡五篇，手錄附諸《廣義》之後。……循自入小學，稍知識家，借讀先生遺書，乞之再三，始見其《纂辭》一冊。」同註2，頁243～244。

〔註26〕同註1。

後以數解《易》之基礎。又里堂十一、二歲時,初學詩,其父命質諸族父熊符先生教之;熊符又精於許氏《說文》,里堂爲六書之學,實起自族父,此則影響往後焦氏用六書之假借、轉注以引申其《易》學。

再則焦循十七歲應童子試,諸城劉文清(墉)以侍郎督學江蘇,取之爲附學生。彼時里堂用功詩賦,文清教以學賦者學經,而焦氏於經,亦主博涉,固非專限於一經,此於所著《六經補疏》二十卷可得其證;惟考其於群經之中,獨於《易》涉獵最久,研治之所獲,亦以是爲最豐且深。又壬寅(二十歲)之年,焦循與興化顧超宗同學,其父文子以經學名,固就超宗問焉,用力於經,甚得友朋切磋之益,丁未(二十五歲),顧超宗贈以《梅氏叢書》,是年爲里堂用力算學之始,此後並以數理解《易》,由以上二例,可知其《易》學淵源,有得於師友之提攜者。

二、得於前賢之啓示

焦循博覽古來諸家《易》說,自弱冠即學《易》,且從事於王弼、韓康伯注,又徧求說《易》之書閱之,自謂於所疑皆無所發明,乃轉而自求,而由經、傳之「參伍錯綜」一語漸悟所謂諸卦旁通之義,其於〈告聖先師文〉云:

> 循家三世習《易》。循幼承父教,令從《十翼》求經。然弱冠以前,第執趙宋人說;二十歲從事於王弼、韓康伯注;二十五歲後,進而求諸漢魏,研究於鄭、馬、荀、虞諸家者,凡十五年;年四十一始盡屏眾說,一空己見,專以《十翼》與上下兩經,思其參互融合,脈絡緯度,凡五年,三易其稿。四十五歲時,三月八日,病寒,十八日昏絕,至二十四日復甦。妻子啼泣,戚友唁問,一無所知;惟〈雜卦傳〉一篇,朗朗於心。既甦,默思此傳實爲贊《易》至精至要之處,二千年說《易》之人置之不論,或且疑之;是固我孔子神爽聿昭,以循有志於此經,所以昏瞀之中,開牖其心,陰示厥意。於是科第仕宦之心盡廢,不憚寒暑,不與世酬接,甫於參伍錯綜中,引申觸類,悟得《易》之所以爲逆數,以往來旁通、成天地之能,定萬物之命。盡改舊稿,著爲三書;一曰《通釋》,二曰《圖略》,三曰《章句》。〔註27〕

此處焦氏以爲孔子贊《十翼》,即知文王、周公定卦爻辭之意,而依此根據啓

〔註27〕《雕菰集》卷二十四〈告先聖先師文〉,同註2,頁391。

示，而由〈雜卦傳〉之內容，體驗出先聖贊《易》之精要處，此精要處即在經、傳文辭中之「參伍錯綜」，引申觸類，「往來旁通」，故其於《易圖略·原翼》中云：

> 夫孔子之傳，所謂翼也，贊也。文在於此而意通乎彼，如人身之絡，與經聯貫，互相糾結，鍼一穴而府藏皆靈。執一章一句以求其合，宜乎三隅雖舉，仍不能以一隅反也。明乎其所爲翼、所爲贊，則以〈彖〉〈象〉〈序〉〈雜〉諸傳，分割各係經句下者，非也。（李鼎祚割〈序卦傳〉附於每卦，錢士升《周易揆》又割〈雜卦傳〉分係）疑〈說卦〉〈雜卦〉兩傳非孔子作者，非也。觀傳可以知經，亦觀經乃可知傳；不知經與傳互相參補，舍經文而但釋傳者，亦非也。
> 〔註28〕

《周易》經、傳之合貫性爲焦循《易》學之主要關鍵，焦循以爲，前人如李鼎祚割裂《十翼》之完整性，將〈序卦〉分散置於本卦前，破壞其完整性；又有以〈說卦〉、〈雜卦〉疑爲非孔子作者，亦非，因前人不知《十翼》之完整性，故研究《周易》，一直無貼切之解釋，焦氏爲解此疑惑，以《周易》經、傳合貫性爲思想基礎，致有「旁通」、「時行」、「相錯」、「比例」等《易》學理論，實皆受前賢之啓示而得也。

第三節　焦循治《易》之方法

一、實　測

焦循治《易》之首要方法爲實測，其以爲，治《易》之法猶如測天之法，天須由實際之觀察，方能得其實，治《易》之法，亦須由整部《易經》中找出，加以觀察，反復測試。《周易》六十四卦三百八十四爻爲運動者，此運動猶如天體之運動一般，可由實測找尋其規律，故其於〈易圖略敘目〉中云：

> 夫《易》猶天也，天不可知，以實測而知。七政恆星，錯綜不齊，而不出乎三百六十度之經緯；山澤水火，錯綜不齊，而不出乎三百八十四爻之變化。本行度而實測之，天以漸而明；本經文而實測之，

〔註28〕焦循：《易圖略》卷六〈原翼〉第七，同註17，頁516。

《易》亦以漸而明。非可以虛理盡，非可以外心衡也。〔註29〕

實測既是借天文觀測之法以談《易》，而《易》之錯綜變化，亦猶天體之運行，可由易辭之本身以實測其卦爻之變動。如是，則經傳之文辭僅如天文之行度座標，其自身將不含義。里堂又云：

> 余初不知其何爲相錯？實測經文、傳文，而後知比例之義，出於相錯。不知相錯，則比例之義不明；余初不知其何爲旁通？實測其經文、傳文，而後知升降之妙，出於旁通。不知旁通，則升降之妙不著；余初不知其何爲時行？實測經文、傳文，而後知變化之道，出於時行。不知時行，則變化之道不神。未實測於全《易》之先，胸中本無此三者之名，既實測於全《易》，覺經文、傳文有如是者，乃孔子所謂相錯；有如是者，乃孔子所謂旁通；有如是者，乃孔子所謂時行。測之既久，益覺非相錯、非旁通、非時行，則不可以解經文、傳文，則不可以通伏羲、文王、周公、孔子之意。十數年來，以測天之法測《易》，而此三者乃從全《易》中自然契合。〔註30〕

焦氏實測全《易》之無誤，乃發現旁通、相錯、時行三法，而此皆出於孔子《易》傳之言；里堂除實測經文之無誤外，又因其以爲《周易》經傳本皆羲、文、周、孔之言，而聖人之旨乃「一以貫之」者，故其以旁通、相錯、時行諸法實測經文而可以「一以貫之」，蓋焦氏將《周易》經，傳視爲一完整單位，由此以驗取其證據，此實測便爲其治《易》之法矣。

二、天元術

天元術爲宋元時期數學家列方程之方法之一；天元本指周曆，周曆建於以今農曆十一月爲正月，儒家推崇周曆，以爲其得天之正道，故稱「天元」。天元術作爲數學名稱，始於北宋神宗年間之十一世紀中葉，但對此種列方程之普遍方法，首先進行系統論述者爲宋之秦九韶與元之李治〔註31〕，焦循《天元一釋·自序》云：

> 天元一之名，不著於古籍。金元之間，李仁卿學士作《測圓海鏡·益

〔註29〕同註17。
〔註30〕同註17。
〔註31〕詳參李儼《中國算學史》第五章「天元術」。

古演段》兩書，以暢發其旨趣；宋末秦道古《數學九章》，亦有立天元一法，而術與李異，蓋各有所授也。……國朝梅文穆公，悟其爲歐邏巴借根法之所本，於是世始知天元一之説。……吾友元和李尚之銳，精思妙悟，究核李氏全書，復辨別天元之相消，異乎借根之加減，重爲校注，奧祕益彰，信足以紹仁卿之傳，而補文穆所不逮也。循習是術，……因會通其理，舉而明之。而所論相消相減，間與尚之之説差者，蓋尚之主辨天元借根之殊，故指其大概之所近；循主述盈朒和較之理，故析其微芒之所分，閲者勿疑有異義也。〔註32〕

「天元術」與現代通常之代數中列方程之方法極爲相似，其首先「立天元一爲某某」，相當於現代之「設X爲某某」之意。其次再根據問題給出之條件，列出兩個相等之多項式，此所謂「齊同」，令二者相減，即可得出一端爲零之方程式，此種以相等二多項式相減以列出方程式之步驟又稱爲「同數相消」或「如積相消」。「相消」即二者相減，「如積」即「同積」，乃指兩個相等之多項式，因據以求解，左右兩式既爲等值之多項方程式，則彼此互爲「比例」。焦氏以數之比例，求《易》之比例；即出於「天元術」〔註33〕，蓋以其「齊同」而「比例」之也。故里堂推以治《易》，曾運用「旁通」法則將《周易》六十四卦組合成同爻位一陰一陽相對之三十二組旁通卦。如〈乾〉與〈坤〉、〈同人〉與〈師〉等。焦循利用陰陽爻畫相同並相對立之兩卦比附爲相等之兩個多項式；又以通過兩個等式之相減，列出方程式而後求得未知數之此種因果關係比附爲兩卦之間「此多一奇，則彼少一隅」，並依此進行反復之爻位運動而成陰陽爻畫相等之旁通卦。〔註34〕焦循《易圖略·比例圖》云：

> 洞淵九容之數，如積相消，必得兩數相等者；交互求之，而後可得
> 其數，此即兩卦相孚之義也。非有孚則不相應，非同積則不相得。

〔註32〕轉引自賴貴三：《焦循年譜新編》之「嘉慶四年己未先生三十七歲」，同註7，頁170。

〔註33〕按：廖名春《周易研究史》有云：「『天元術』要求所列的兩個多項式數值相等，焦稱此爲比例，説：『以此推之得此數，以彼推之亦得此數。數之比例如是，《易》之比例亦如是。』這就是説，甲乙兩卦由卦爻的交換得戊卦，丙丁兩卦由卦爻的交換也得戊卦，那麼甲、乙、丙、丁四卦即互爲比例，這兩個卦組就有了聯繫，其變化可以互相説明。」（長沙湖南出版社，1991年7月），頁389。

〔註34〕陳居淵：〈論焦循易學〉（《孔子研究季刊》第二期，總第三〇期，1993年6月），頁93。

傳明云：「裒多益寡」，又云：「參伍以變，錯綜其數」，又云：「引而
伸之，觸類而長之」；其脈絡之鈎貫，或用一言，或用一字，轉相牽
繫，似極繁賾，而按之井然，不啻方圓弦股，以甲乙丙丁之字指之，
雖千變萬化，緣其所標以爲之識，無不瞭然可見。〔註35〕

由此可見，「天元術」中之「如積相消」、「同數相消」此一解析方程式之步驟，
遂成爲焦循「凡旁通之卦，一陰一陽，兩兩相孚」此一原則之數學根據。焦
氏本此基礎，又兼綜其旁通、相錯、時行《易》義，推衍之以爲「比例」；復
因比例之各卦，據其變化之跡，以推《易》辭之相通，義理之鈎貫，故「天
元術」實爲焦循治《易》之重要方法。

三、以假借治《易》

　　焦循治《易》之法，除運用實測、數學外，亦運用語言文字學，而彼時
之戴震對文字語言學之見解，曾給與焦循極大之影響〔註36〕，然如何理解焦
氏之以假借說《易》，論者每追溯至其與韓嬰《易》說之淵源，其於《易話・
韓氏易》云：

《韓詩外傳》云：「《易》曰：『困於石，據於蒺藜；入於其宮，不見
其妻，凶。』此言困而不見，據賢人者也。昔者秦穆公困於殽，疾
據五羖大夫、蹇叔、公孫支而小霸；晉文公困於驪氏，疾據咎犯、
趙衰、介之推而遂爲君；越王句踐困於會稽，疾據范蠡、大夫種而
霸南國；齊桓公困於長勺，疾據管仲、甯戚、隰朋而匡天下，此皆
困而知疾據賢人者也。夫困而不知疾據賢人而不亡者，未嘗有也。」
以疾據賢人解『據於蒺藜』，則借『蒺』爲『疾』，由此可悟《易》
辭之比例（詳見《通釋》）。《漢書・儒林傳》稱韓嬰亦以《易》授人，
推《易》意而爲之傳，於此可見其一端。（〈藝文志〉有《韓氏》二
篇）。……惜其所爲二篇者不傳也。余於其以疾解蒺，悟得經文以假

〔註35〕　焦循：《易圖略》卷五〈比例圖〉，同註17，頁505。

〔註36〕　按：陳居淵《焦循儒學思想與易學研究》有云：「以假借、轉注詮釋經典，是
　　　　古代學者的傳統。但以文字爲始基，通過語言的考證來達到『通經明道』，在
　　　　清代則開端於戴震。戴震曾說：『一字之義，當貫群經，本六書然後爲定』（〈與
　　　　是仲明論學書〉），『夫六經字多假借，音聲失，而假借之意何以得？訓詁、聲
　　　　音相爲表裡，故訓明，六經乃可明。後儒語言文字未知，而輕憑臆解，以誣
　　　　聖亂經，吾懼焉。』（〈六書音韻表序〉）」同註24，頁258。〕

借爲引申；如借衹爲底，借豚爲遯，借豹爲約，借鮒爲附，借鶴爲
寉，借羊爲祥，借袂爲夬，皆韓氏有以益我也。〔註37〕

然而從焦循之學術環境而言，其對聲音、訓詁之重視，乃得益於好友王念孫、
王引之父子之訓詁學研究，焦氏嘗言其得益於王念孫《廣雅疏證》，里堂云：

按辭以知卦，泥辭以求義理，非也。惟其顯然者易見，而用轉注，
用同聲之字假借者，非明六書訓詁，鮮克信之。循近年得力於《廣
雅疏證》，用以解《易》，乃得渙然冰釋。因歎聲音訓詁之妙，用以
通他經，固爲切要；而用以解《易》，尤爲必不可離。蓋《易》之辭，
文王、周公，孔子大半用此以自爲比例，舍此則不知所謂，尤亟亟
也。〔註38〕

焦循深明文字、聲之學，論《易》時特用小學之法，而許叔重《說文解字》
一書，爲歷來文字學家所倚重之要典，里堂亦本其說假借義，以爲研治《易》
學之取資，故於《雕菰集》卷八〈周易用假借論〉一文中云：

六書有假借，本無此字，假借同聲之字以充之，則不復更造此字。如
許氏所舉「令」、「長」二字，令本訓爲發號，長之本訓爲久遠，借爲
官吏之稱，但爲令、長，別無本字。推之，而字訓面毛，借爲而乃之
而；爲字訓母猴，借爲作爲之爲，無可疑者也。又有從省文爲假借者，
如省狃爲甲，省旁爲方，省杜爲土，省虞爲吳，或以爲避繁就簡，猶
有說耳。惟本有之字，彼此互借，如「麓」、「錄」二字，本皆有者也，
何必借錄爲麓？「壺」、「瓠」二字，本皆有者也，何必借瓠爲壺？疑
之最久，叩諸通人，說之皆不能了。近者，學《易》十許年，悟得比
例、引申之妙，乃知彼此相借，全爲《易》辭而設。假此以就彼處之
辭，亦假彼以就此處之辭。如豹、礿爲同聲，與虎連類而言，則借礿
爲豹；與祭連類而言，則借豹爲礿。沛、紱爲同聲，以其剛揜於〈困〉
下，則借沛爲紱；以其成〈兌〉於〈豐〉上，則借紱爲沛。各隨其文
以相貫，而聲近則以借而通。蓋本無此字，而假借者，作六書之法也；
本有此字，而假借者，用六書之法也。〔註39〕

〔註37〕 焦循：《易話》，同註17，頁576。
〔註38〕 見《焦里堂先生軼文・寄王伯申書》，《鄦齋叢書》本（收錄於嚴一萍選輯《叢
書集成》二編，臺北：藝文印書館，民國59年6月），頁7。
〔註39〕 焦循：《雕菰集》卷八〈周易用假借論〉，同註2，頁125。

此處焦循以爲古時造字即有假借之例，如令本爲發號、長本爲久遠，二者皆借爲官吏之稱；而之本義爲面毛，借而爲而乃之而，作連辭之用；爲字本爲母猴之義，後又借爲作爲之義，此皆爲本無其字之假借之例。又有從省文而爲假借者，如省狎爲甲，省旁爲方，省杜爲土，省虞爲吳等字者，謂其所以假借者，乃爲避繁就簡，此猶可言。然本有之字，彼此互借，如麓、錄二字本皆有者，而借錄爲麓；壺、瓠二字亦本皆有著，而借瓠爲壺，其因爲何則不可知。焦氏曾問於深通六書之人，然此諸人之解釋，皆未能服里堂。焦氏又言及其研《易》十餘年，而得比例、引申之妙，其見豹、豹互借之例而知本有其字之假借出現之因。焦循謂「與虎連類而言，則借豹爲豹；與祭連類而言，則借豹爲豹」，如此，則知本有其字之假借，乃由於其字所用之處而定，此或借於彼，彼或借於此，皆由其所在之處文意而定。又焦循在實際運作假借之法中，常將假借與轉注連用，甚至與數理並重，其於《雕菰集・與朱椒堂兵部書》中云：

> 惟其中引申發明，其辭之同有顯而明者：（如密雲不雨，自我西郊，〈小過〉〈小畜〉同。先甲三日、先庚三日，〈蠱〉與〈巽〉同。其冥升冥豫，敦復敦艮敦臨，同人于郊，需于郊之類，多不勝指數。）又多用六書之轉注、假借。轉注，如冥即迷，顚即窒，喜即樂；假借，如借繻爲需（《說文》），借蔽爲疾（《韓詩外傳》），借豚爲遯（黃穎說），借祀爲巳（虞翻說）。推之，鶴即「崔然」之崔，祥即「牽羊」之羊，祿即「即鹿」之鹿，豹即「納約」之約，拔即「寡髮」之髮，昧即「歸妹」之妹，肺即「德積」之積，沛即「朱紱」之紱。彼此訓釋，實爲兩漢經師之祖，其聲音相借，亦與三代金石文字相孚。非明九數之齊同、比例，不足以知卦畫之行，非明六書之假借、轉注，不足以知〈彖〉〈爻辭〉、《十翼》之義。〔註40〕

基於此一認識，焦循《易學三書》中使用「假借」之頻率相當之高，故無論經文、傳文原文確切與否，焦氏均以此基礎建立其詳細而有系統之論述。在以「變通」中之音訓與字形中之關係，以探求轉注，或同音假借之必然性；歸爲其意之正字，則經、傳之本意，怡然順暢，並可旁通於他卦，而構成經、傳二體之連貫性，此種以假借治《易》之法，於此可知矣。

〔註40〕焦循：《雕菰集》卷十三〈與朱椒堂兵部書〉，同註2，頁201～202。

第四節　焦循之《易》學基礎建構

　　焦循生平治《易》之所得，盡萃於其《易》學三書，今考貫其《易》學三書之主要發明有四：曰旁通、相錯、時行、比例，此即爲其《易》學基礎建構，今分述如下：

一、旁　通

　　旁通之法乃焦循說《易》諸法之本，「旁通」一詞源出於《易・文言》「六爻發揮，旁通情也。」旁通特指卦爻陽陰爻畫之間之相互聯繫，用旁通方法研究《周易》，始於漢代虞翻〔註41〕，《周易集解》載陸績注曰：「〈乾〉六爻發揮變動旁通于〈坤〉，〈坤〉來入〈乾〉以成六十四卦，故曰旁通情也。」張惠言《周易虞氏易》謂「當爻交錯謂之發揮，全卦對易謂之旁通。」而焦循多參虞氏旁通義暨荀爽升降說，且酌以己見，其於《易圖略》云：

　　凡爻之已定者，不動；其未定者，在本卦，初與四易，二與五易，三與上易。本卦無可易，則旁通於他卦，亦初通於四，二通於五，三通於上。成己所以成務，故此爻動而之正，則彼爻亦動而之正，未有無所之，自正不正人者也。枉己未能正人，故彼此易而各正，未有變己正之爻爲不正，以受彼爻之不正者也。虞仲翔三變受上之說，其悖道甚矣。初必之四，二必之五，三必之上，各有偶也。初不之四，二不之五，三不之上，而別有所之，則交非其偶也。虞仲翔謂「過以相與」，爲初與五應，二與上應，無是義矣。卦始於〈乾〉、〈坤〉，初與初索成〈震〉、〈巽〉，二與二索成〈坎〉、〈離〉，三與三索成〈艮〉、〈兌〉，此〈乾〉、〈坤〉平列也。若〈乾〉與〈坤〉重爲〈否〉、〈泰〉，則〈否〉四之初，即一索也。〈泰〉二之五，即再索也；〈否〉上之三，即三索也。若〈乾〉與〈乾〉重，〈坤〉與〈坤〉重，則〈乾〉四之〈坤〉初，即〈否〉四之初也；〈乾〉二之〈坤〉五，即〈泰〉二之五也；〈乾〉上之〈坤〉三，即〈否〉上之三也。故旁通之義，即由一索，再索，三索之義而推。索即摩也，「剛柔相摩」，即「吾與爾靡」之「靡」，一以貫之者也。凡旁通之卦，一陰一陽，兩兩相孚，共十二爻，有六

〔註41〕按：屈萬里先生《先秦漢魏易例述評》有云：「旁通者，謂兩卦相比，爻體互異：此陽則彼陰，此陰則彼陽，兩兩相通也，說亦創自虞翻。」（臺北：臺灣學生書局，民國74年9月），頁133。

爻靜，必有六爻動。〈既濟〉六爻皆定，則〈未濟〉六爻皆不定。「六
爻發揮」，「六位時成」，謂此十二爻中之六爻也。〔註42〕

此處焦循所謂「凡爻之已定者，不動；其未定者動」與「故此爻動而之正，則
彼爻亦動而之正，未有無所之，自正不正人者也。枉己未能正人，故彼此易而
各正，未有變己正之爻為不正，以受彼爻之不正者也」。其言定與不定，正與不
正，皆指「初、三、五爻之爻位為陽，二、四、上爻之爻位為陰」此一法則；
亦即一卦六爻之中，若某爻之爻位合於此法則，則此爻焦氏謂之「已定、正」；
若一卦六爻之中，有某爻尚未符合此原則，則里堂謂此爻為「未定、不正」。如
〈乾〉卦六爻皆為陽爻，〈坤〉卦六爻皆為陰爻，吾人依「初、三、五爻之爻位
為陽、二、四、上爻之爻位陰」此法則觀之，則〈乾〉卦之二、四、上爻為「未
正、不定」之爻；〈坤〉卦之初、三、五爻亦為「未定、不正」之爻。又在「未
定、未正」之爻之移動，必「初與四易、二與五易、三與上易」，如由前所述；
〈乾〉卦之二、四、上爻未定，〈坤〉卦之初、三、五爻亦未定，則吾人可移動
〈乾〉、〈坤〉二卦未定之爻。故〈乾〉、〈坤〉二卦之旁通情形為：〈乾〉二之〈坤〉
五、〈乾〉四之〈坤〉初、〈乾〉上之〈坤〉三；〈坤〉卦為：〈坤〉五之〈乾〉
二、〈坤〉初之〈乾〉四、〈坤〉三之〈乾〉上。如此則二卦中之未定之爻至此
已定，而焦循所謂之旁通至此乃告完成。〔註43〕旁通之規則在本卦初與四易，
二與五易，三與上易；若本卦無可易，則旁通於他卦，亦初通於四，二通於五，
三通於上。其旁通之秩序，先由二五爻先行，再由初四爻、三上爻以次遞行。
〈乾〉、〈坤〉、〈震〉、〈巽〉、〈坎〉、〈離〉、〈艮〉、〈兌〉八卦兩兩旁通，故《周
易》六十四卦之兩旁通，仍不外乎八卦之兩兩旁通而已；依上述原則類推，則
分別組成三十二組旁通卦，茲列出六十四卦旁通圖如下表：

乾	坤	震	巽	坎	離	艮	兌
同人	師	比	大有	隨	蠱	漸	歸妹

〔註42〕焦循：《易圖略》卷一〈旁通圖〉第一，同註17，頁476。
〔註43〕參見陳進益：《清焦循易圖略‧易通釋研究》（國立中央大學中國文學研究所
　　　　碩文論文，民國83年6月），頁45～46。

屯	鼎	家人	解	革	蒙	蹇	睽
小畜	豫	復	姤	夬	剝	謙	履
節	旅	賁	困	豐	渙	井	噬嗑
臨	遯	升	无妄	大畜	萃	大壯	觀
需	晉	明夷	訟	泰	否	損	咸
恆	益	中孚	小過	大過	頤	既濟	未濟

焦循於《易圖略‧旁通》中，列舉三十條例證，說明其旁通乃《周易》經傳之普遍原則，即《周易》經傳中某卦、某爻之文何以會重複出現？傳文何以會有所謂重出、矛盾之處？借以證實《周易》經傳皆爲聖人所作之事實，茲錄四條，以見其說，如：

（一）〈同人〉九五：「大師克相遇。」若非〈師〉與〈同人〉旁通，則〈師〉之相克、〈師〉之相遇，與〈同人〉何涉？〔註44〕

案：此處言，〈同人〉 ䷌ 與其對立之卦〈師〉 ䷆ 旁通，〈師〉卦二五互易，各當其位，〈同人〉九五之爻辭爲「同人，先號咷而後笑，大師克相遇」。〈象〉曰：「同人之先，以中直也；大師相遇，言相克也。」焦循以〈象〉之「大師相遇，言相克也」一語，而言「師之相克、師之相遇」。〈同人〉既與〈師〉旁通，則〈同人〉之爻辭，言及「〈師〉之相克、〈師〉之相遇」也。〔註45〕此爲以旁邊兩卦內容類同之卦爻辭以證之例。

（二）〈渙〉初之〈豐〉四，〈豐〉成〈明夷〉，故〈豐〉九四言「遇其夷

〔註44〕焦循：《易圖略》卷一〈旁通圖〉第一，同註17，頁476。
〔註45〕此條旁通之釋證，參見《易通釋》卷十八「〈師〉、利行師、利用行師、勿用師、用行師、大師克相遇」條。同註1，頁419～420。

主」，與〈渙〉六四「匪夷所思」，互發明。若非〈豐〉〈渙〉旁通，則「匪夷所思」、「遇其夷主」，何以解說？〔註46〕

案：依〈旁通圖〉所言豐䷶與渙䷺為旁通之卦，〈渙〉初六與〈豐〉九四互易，當〈渙〉初先之〈豐〉四，不待二、五而行，則〈豐〉成〈明夷〉，〈豐〉九四之爻辭為「豐其蔀，日中見斗；遇其夷主，吉。」〈渙〉六四之爻辭為「渙其群，元吉，渙其丘，匪夷所思。」〈豐〉九四與〈渙〉六四之爻辭皆有「夷」字，「明」因〈豐〉，〈渙〉旁通而成〈明夷〉。〔註47〕此為以兩卦旁通所產生之新卦，其新卦與旁通卦相互印證之例。

（三）〈小畜〉「密雲不雨，自我西郊」，其辭又見於〈小過〉六五。〈小畜〉上之〈豫〉三，則〈豫〉成〈小過〉；〈中孚〉三之上，則亦成〈需〉。以〈小過〉為〈豫〉之比例，以〈中孚〉為〈小畜〉之比例。解者不知旁通之義，則一「密雲不雨」之象，何以〈小畜〉與〈小過〉同辭？〔註48〕

案：依〈旁通圖〉所言小畜䷈與豫䷏旁通，小過䷽與中孚䷼旁通，〈小畜〉‧卦辭云：「密雲不雨，自我西郊。」〈小過〉六五亦云：「密雲不雨，自我西郊。」此二卦何以會卦辭與爻辭重複出現，焦循疑之？〈易通釋敘目〉云：「循承祖、父之學，幼年好《易》。憶乾隆丙申夏，自塾中歸，先子問曰：『所課若何？』循舉〈小畜〉‧象辭，且誦所聞於師之解。先子曰：『然所謂：密雲不雨，自我西郊者，何以復見於〈小過〉之六五？童子宜有會心，其思之也。』循於是反復其故，不可得。」〔註49〕今依焦氏旁通釋證，〈小畜〉上九與〈豫〉六三相易，〈豫〉卦則成〈小過〉卦，故〈小畜〉‧卦辭與〈小過〉‧爻辭中皆有「密雲不雨，自我西郊」句〔註50〕此是以旁通說解釋卦辭與爻辭之重複，亦即以非旁通兩卦之卦爻辭，而由各卦各自尋求其旁通卦，以證其性質一致之例證。

（四）〈師〉，「眾也」，又以〈大有〉為「眾」，何也？〈師〉二之五成〈比〉，〈比〉則旁通於〈大有〉；〈大有〉二之五成〈同人〉，〈同人〉則旁通

〔註46〕同註44。

〔註47〕此條旁通之釋證，參見《易通釋》卷十九「〈明夷〉、匪夷所思、遇其夷主」條。同註1，頁435。

〔註48〕同註17，頁477。

〔註49〕同註1。

〔註50〕此條旁通之釋證，參見《易通釋》卷十三「密雲不雨，自我西郊」條。同註1，頁337～338。

於〈師〉。〔註 51〕

案：〈師・象傳〉曰：「師，眾也。」〈雜卦傳〉云：「〈大有〉眾也。」「以〈大有〉爲眾」即指此義，焦循以爲，〈象傳〉與〈雜卦〉，或以師爲眾，或以〈大有〉爲眾，蓋依〈旁通圖〉所言〈師〉與〈同人〉旁通，因師䷆卦二五相易，成爲比䷇卦，而〈比〉又與〈大有〉旁通，且大有䷍二五相易成同人䷌，〈同人〉與〈師〉旁通，故〈大有〉爲眾，師亦爲眾，兩者非重出之言，爲旁通之故也〔註 52〕。此正可以旁通說解釋傳文解經中文句重複之因，亦爲焦氏旁通法中以一卦之爻辭內容，與另一組旁通卦產生之新卦爻辭內容，互爲補充之例證。

　　焦循以旁通法研《易》，爲改造虞翻旁通說，而《易》之繫辭，全主旁通，故兩卦旁通，每以彼意之意，繫於此卦之辭，由此及彼，由彼及此；其原理與圖解雖淺而易明，然落實於經傳之運用中，卻無所不通，此焦氏所以極其所能，鉤貫經傳之文，以爲自然契合，圓通無礙者，可謂皆本於旁通之發明，故爲其《易》學理論之重要建構。

二、相　錯

　　焦循根據〈說卦傳〉第三章：「天地定位，山澤通氣，雷風相薄，水火不相射，八卦相錯。」及第六章：「水火相逮，雷風不相悖，山澤通氣，然後能變化，既成萬物也。」而創其八卦相錯說，焦循《易圖略・八卦相錯圖》云：

　　〈說卦傳〉云：「天地定位，山澤通氣，雷風相薄，水火不相射。」天地，〈乾〉〈坤〉也；山澤，〈艮〉、〈兌〉也；雷風，〈震〉〈巽〉也；水火，〈坎〉〈離〉也。天地相錯，上天下地，成〈否〉，二五已定爲「定位」。山澤相錯，上山下澤，成〈損〉，二交五爲「通氣」。雷風相錯，上雷下風，成〈恆〉，二交五爲「相薄」。水火相錯，上水下火，成〈既濟〉，六爻皆定，不更往來，故「不相射」。此〈否〉則彼〈泰〉，此〈損〉則彼〈咸〉，此〈恆〉則彼〈益〉，此〈既濟〉則彼〈未濟〉，而統括以「八卦相錯」一語，六十四卦皆天地、山澤、雷風、水火之相錯也。〔註 53〕

〔註 51〕同註 48。
〔註 52〕此條旁通之釋證，參見《易通釋》卷八「眾」條，同註 1，頁 260～261。
〔註 53〕焦循：《易圖略》卷四〈八卦相錯〉四，同註 17，頁 495～496。

此處焦氏「相錯」之義，乃特指六十四卦中三十二組旁通卦之下卦，彼此進行置換而組合成新卦，如〈乾〉、〈坤〉兩卦之下卦互相置換成〈否〉、〈泰〉兩卦，故〈乾〉、〈坤〉、〈否〉、〈泰〉四卦之間之關係即相錯關係，而總六十四卦中之三十二組旁通卦，其相錯關係，有四種形式組合而成：

（一）凡旁通二卦之上下卦相互置換而成相錯，其相錯而成之二新卦，彼此亦為旁通之卦，茲列出其相錯圖如下表：

乾　坤	坎　離	震　巽	艮　兌
否　泰	既濟　未濟	恆　益	損　咸
同人　師	比　大有	隨　蠱	漸　歸妹
訟　明夷	需　晉	大過　頤	中孚　小過
小畜　豫	復　姤	夬　剝	謙　履
觀　大壯	升　无妄	萃　大畜	臨　遯
屯　鼎	家人　解	蹇　睽	革　蒙
井　噬嗑	渙　豐	節　旅	困　賁

（二）凡旁通卦二五爻位置換，而組合成新卦之相錯，皆為二五大中而上下應之卦。

如〈乾〉〈坤〉兩卦二五爻位置換得〈同人〉與〈比〉兩卦。〈同人〉與〈比〉相錯為〈否〉與〈既濟〉兩卦，反之〈否〉〈既濟〉相錯亦為〈同人〉與〈比〉兩卦，茲列出其相錯圖如下表：

同人	否	隨	咸	革	萃	遯	无妄
比	既濟	漸	益	觀	家人	屯	蹇

（三）凡旁通卦初四爻位或三上爻位置換，而組合成新卦之相錯，皆爲初四或三上交易之卦。

如〈乾〉〈坤〉兩卦初四或三上爻位置換而成〈小畜〉〈復〉〈夬〉〈謙〉四卦。〈小畜〉與〈復〉相錯爲〈益〉〈泰〉兩卦，〈夬〉與〈謙〉相錯爲〈泰〉〈咸〉兩卦，茲列出其相錯圖如下表：

小畜	益	大畜	頤	夬	咸	大壯	小過
復	泰	屯	需	謙	泰	蹇	需
節	既濟	家人	中孚	井	既濟	革	大過
賁	損	臨	明夷	豐	恆	升	明夷

（四）凡旁通卦先二五，後三上或初四爻位置換，而組合成新卦之相錯，皆爲旁通相繼之變卦。

六十四卦中只有〈家人〉、〈屯〉、〈革〉、〈蹇〉、〈需〉、〈明夷〉等六卦；〈家人〉與〈屯〉相錯爲〈益〉〈既濟〉兩卦，〈革〉與〈蹇〉相錯爲〈咸〉〈既濟〉兩卦，〈需〉與〈明夷〉相錯爲〈泰〉〈既濟〉兩卦，反之亦然，茲列出其相錯圖如下表：

家人	益	革	咸	需	既濟
屯	既濟	蹇	既濟	明夷	泰

以上之各類相錯圖，其六十四卦旁通相錯之結果，皆由於八卦相錯所致，故能相互聯繫，互相轉化；推之《易》爻辭亦可以類推而互釋，此爲焦氏創立「相錯」法則之眞義，故里堂曾云：「夫學《易》者，亦求通其辭而已矣。橫求之而通，縱求之而通，參伍錯綜之而無不通，則聖人繫辭之本意得矣。」又曰：「余求之十餘年，既參伍錯綜以求其通而撰《通釋》，又縱之橫之以求其通而撰《章句》。非敢謂前人之說皆不合而余之說獨合，第以求通聖人之經宜如是。」〔註54〕此爲焦氏創立「相錯」法則之眞義。

三、比　例

焦循之比例者，乃指《周易》六十四卦經旁通、相錯諸法之卦爻變化後，可從某卦一變而爲另外一卦，則此種依循旁通、相錯之法則而行，所產生之變化將出現一卦可由數種，甚至數十種他卦變化而成之情形，則所有依循此一定法則而變通成某卦之卦，皆可視爲有比例之關係，而如何證實其有比例之關係，則可由《周易》經傳之解重複出現於不同之卦爻辭中得知，此謂比例。焦循《易圖略・比例圖》云：

> 說《易》者執於一卦一爻，是知五雀之俱重，六燕之俱輕，而不知一燕一雀交而適平？又不知兩行交易，徧乘而取之，宜乎左支右詘，莫能通其義也。余既悟得旁通之旨，又悟得比例之法，用以求經、用以求傳，而經傳之微言奧義，乃可得而窺其萬一。既撰《通釋》以闡明之，復仿李仁卿《識別》列爲此圖。如〈睽〉二之五爲〈无妄〉，〈井〉二之噬嗑五亦爲〈无妄〉，故〈睽〉之「噬膚」即〈噬嗑〉之「噬膚」。〈坎〉三之〈離〉上成〈豐〉，〈噬嗑〉上之三亦成〈豐〉，故〈豐〉之「日昃」即〈離〉之「日昃」，〈豐〉之「日中」即噬嗑之「日中」。……〈歸妹〉四之〈漸〉初，〈漸〉成〈家人〉，〈歸妹〉成〈臨〉。〈臨〉通〈遯〉，相錯爲〈謙〉、〈履〉，故「眇能視、跛能履」。〈臨〉二之五即〈履〉二之〈謙〉五之比例也。以此類推，可得引申觸類之義矣！〔註55〕

此處言焦氏釋《易》特重《易》中卦爻之變化，而非某卦、某爻之義，而其比例之法亦由卦爻變化中尋得，其比例之法乃藉旁通、相錯之卦爻變化以釋

〔註54〕焦循：《易圖略》卷六〈原辭〉下第六，同註45，頁512～514。
〔註55〕焦循：《易圖略》卷五〈比例圖〉，同註17，頁505。

《周易》經傳中之文字重複問題。如：依旁通之法，睽☲☱卦二五互易爲无妄☳☰，〈井〉與〈噬嗑〉旁通，井☵☴與噬嗑☲☳二五互易，〈噬嗑〉亦成〈无妄〉，因其互易之比值同，故〈睽〉卦六五爻辭「噬膚往」，〈噬嗑〉卦六二爻辭「噬膚滅鼻」，兩卦皆有「噬膚」之辭，其他各例，以此類推，此種由此而知彼之公式，即是將之與《易經》中之卦爻辭及《十翼》之辭，作一完整解釋，茲將里堂〈比例圖〉中之諸卦概分爲兩類，述之如下：

（一）僅能由相錯法得之之卦，共二十八卦。

乾	䷀	否、泰錯	坤	䷁	泰、否錯
蒙	䷃	賁、困錯	訟	䷅	同人、師錯，否、未濟錯
師	䷆	明夷、訟錯	履	䷉	遯、臨錯
大有	䷍	晉、需錯	豫	䷏	大壯、觀錯
蠱	䷑	頤、大過錯	噬嗑	䷔	鼎、屯錯
剝	䷖	大畜、萃錯	坎	䷜	既濟、未濟錯
離	䷝	未濟、既濟錯	遯	䷠	履、謙錯
晉	䷢	大有、比錯	睽	䷥	旅、節錯
解	䷧	豐、渙錯	姤	䷫	无妄、升錯
困	䷮	革、蒙錯	鼎	䷱	噬嗑、井錯
震	䷲	恆、益錯	艮	䷳	損、咸錯
歸妹	䷵	小過、中孚錯	旅	䷷	睽、蹇錯
巽	䷸	益、恆錯	兌	䷹	咸、損錯
渙	䷺	家人、解錯	未濟	䷿	離、坎錯

（二）以相錯之法及旁通之法皆可變化而成之卦，共三十六卦。

屯	䷂	井、噬嗑錯，蹇、无妄錯，需、頤錯，既濟、益錯

臨二之五，萃四之初，旅五之節二、姤二之復五，大有四之比初，蠱初之隨四

乾二之坤五、乾四之坤初，離五之坎二、離初之坎初，巽二之震五、巽初之震四，艮五之兌二、艮初之兌四，師二之五、同人四之師初，歸妹二之五、漸初之歸妹四，解二之五、解四之初，困二之賁五、困四之初

需	䷄	比、大有錯，屯、大畜錯，蹇、大壯錯，既濟、泰錯
		大過四之初，中孚上之三，剝初之夬四，豫三之小畜上，噬嗑四之井初，旅上之節三
		坤初之乾四、坤三之乾上，離四之坎初、離上之坎三，震四之巽初、震三之巽上，艮初之兌四、艮上之兌三，謙初之履四、履上之三，豐四之渙初、渙上之三，復三之姤上、姤四之初，賁上之困三、困四之初，訟四之初、訟上之三
比	䷇	需、晉錯，既濟、否錯
		乾二之坤五、離五之坎二、師二之五
小畜	䷈	觀、大壯錯，益、泰錯
		坤初之乾四，巽初之震四，姤四之初
泰	䷊	坤、乾錯，復、小畜錯、謙、夬錯，明夷、需錯
		恆四之初，損上之三，无妄四之升初，遯上之臨三，觀初之大壯四，萃三之大畜上
		比初之大有四、比三之大有上，同人四之師初、同人上之師三，隨四之蠱初、隨三之蠱上，漸初之歸妹四、漸上之歸妹三，家人上之解三、解四之初，屯三之鼎上、鼎四之初，革四之蒙初、蒙三之上，蹇初之睽四、睽上之三，未濟四之初、未濟上之三
否	䷋	乾、坤錯，同人、比錯
		未濟二之五，需二之晉五，明夷五之許二
同人	䷌	訟、明夷錯，否、既濟錯
		坤五之乾二，坎二之離五，大有二之五
謙	䷎	臨、遯錯，泰、咸錯
		剝上之三，乾上之坤三，兌三之艮上
隨	䷐	大過、頤錯，咸、益錯
		巽二之震五，艮五之兌二，歸妹二之五
臨	䷒	謙、履錯，明夷、中孚錯
		解四之初，同人四之師初，漸初之歸妹四
觀	䷓	小畜、豫錯，家入、萃錯
		蒙二之五，夬二之剝五，豐五之渙二

賁	䷕	蒙、革錯，損、既濟錯
		旅四之初，坎初之離四，兌四之艮初
復	䷗	升、无妄錯，泰、益錯
		豫四之初，乾四之坤初，巽四之震初
无妄	䷘	姤、復錯，遯、屯錯
		睽二之五，謙五之履二，井二之噬嗑五
大畜	䷙	剝、夬錯，頤、需錯
		鼎四之初，比初之大有四，隨四之蠱初
頤	䷚	蠱、隨錯，大畜、屯錯
		晉四之初，夬四之剝初，井初之噬嗑四
大過	䷛	隨、蠱錯，萃、升錯
		訟上之三，賁上之困三，復三之姤上
咸	䷞	兌、艮錯，隨，漸錯，夬，謙錯，革、蹇錯
		恆二之五，否上之三，頤五之大過二，中孚二之小過五，大畜上之萃三，臨三之遯上
		解二之五、家人上之解三，鼎二之五、屯三之鼎上，小畜二之豫五、小畜上之豫三，復五之姤二、復三之姤上，節二之旅五、節三之旅上，賁五之困二、賁上之困三，明夷五之訟二、訟上之三，需二之晉五、晉上之三，未濟二之五、未濟上之三
恆	䷟	震、巽錯
		未濟上之三，家人上之解三，屯三之鼎上
大壯	䷡	豫、小畜錯，小過、需錯
		睽上之三，比三之大有上，漸上之歸妹三
明夷	䷣	師、同人錯，臨、家人錯，升、革錯，泰、既濟錯
		履四之謙初，渙初之豐四，姤上之復三，困三之賁上，小過四之初，頤上之三
		乾四之坤初、乾上之坤三，坎初之離四、坎三之離上，巽初之震四、巽上之震三，兌四之艮初、兌三之艮上，豫四之初、小畜上之豫三，旅四之初、節三之旅上，井初之噬嗑四、噬嗑上之三，夬四之剝初、剝上之三，晉四之初、晉上之三

家人	䷤	渙漢、豐錯，觀、革觀，中孚、明夷錯，益、既濟錯
		大畜二之五，遯四之初，困二之賁五，豫五之小畜二，歸妹四之漸初，師初之同人四
		坤五之乾二、坤初之乾四，坎二之離五、坎初之離四，震五之巽二、震四之巽初，兌二之艮五、兌四之艮初，大有二之五、大有四之比初，蠱二之五、隨四之蠱初，復五之姤二、姤四之初，節二之旅五、旅四之初，鼎二之五、鼎四之初
蹇	䷦	節、旅錯、屯、遯錯，需，小過錯，既濟、咸錯
		升二之五，觀上之三，噬嗑五之井二，履二之謙五，歸妹三之漸上，大有上之比三
		乾二之坤五、乾上之坤三，離五之坎二、離上之坎三，震五之巽二、震三之巽上，兌二之艮五、兌三之艮上，師二之五、同人上之師三，蠱二之五、隨三之蠱上，夬二之剝五、剝上之三，豐五之渙二、渙上之三，蒙二之五、蒙三之上
損	䷨	艮、兌錯，賁、節錯
		未濟四之初，蹇初之睽四，革四之蒙初
益	䷩	巽、震錯，漸、隨錯，小畜、復錯，家人、屯錯
		損二之五、革四之蒙初，睽二之五、蹇初之睽四，夬二之剝五、夬四之剝初，豐五之渙二、豐四之渙初，井二之噬嗑五、井初之噬嗑四，需二之晉五、晉四之初，明夷五之訟二、訟四之初，未濟二之五、未濟四之初
夬	䷪	萃、大畜錯，咸、泰錯
		履上之三，坤三之乾上，艮上之兌三
升	䷭	復、姤錯，明夷、大過錯
		蒙上之三，同人上之師三，隨三之蠱上
萃	䷬	夬、剝錯，革、觀錯
		解二之五，賁五之困二，小畜二之豫五
井	䷯	屯、鼎錯，既濟、恆錯
		渙上之三，離上之坎三，震三之巽上
革	䷰	困，賁錯，萃、家人錯，大過、明夷錯，咸、既濟錯
		大壯二之五，无妄上之三，剝五之夬二，渙二之豐五，師三之同人上，蠱上之隨三
		坤五之乾二、坤三之乾上，坎二之離五、坎三之離上，巽二之震五、巽上之震三，艮五之兌二、艮上之兌三，大有二之五、比三之大有上，歸妹二之五、漸上之歸妹三，謙五之履二、履上之三，井二之噬嗑五、噬嗑上之三，睽二之五、睽上之三

漸	䷴	中孚、小過錯，益、咸錯
	蠱二之五，震五之巽二，兌二之艮五	
豐	䷶	解、家人錯，恆、既濟錯
	噬嗑上之三，坎三之離上，巽上之震二	
節	䷻	蹇、睽錯，既濟、損錯
	困四之初，離四之坎初，艮初之兌四	
中孚	䷼	漸、歸妹錯，家人、臨錯
	訟四之初，謙初之履四，豐四之渙初	
小過	䷽	歸妹、漸錯，大壯、蹇錯
	晉上之三，節三之旅上，小畜上之豫三	
既濟	䷾	坎、離錯，節、賁錯，井、豐錯，屯、家人錯，蹇、革錯，需、明夷錯，比，同人錯
	泰二之五，咸四之初，益上之三，晉五之需二，訟二之明夷五，解三之家人上，鼎上之屯三，蒙初之革四，睽四之蹇初	
	師初之同人四、師三之同人上，大有四之比初、大有上之比三，蠱初之隨四、蠱上之隨三，歸妹四之漸初、歸妹三之漸上，豫五之小畜二、豫三之小畜上，姤二之復五、姤上之復三，剝五之夬二、剝初之夬四，謙五之履二、謙初之履四，噬嗑五之井二、噬嗑四之井初，渙二之豐五、渙初之豐四，旅五之節二、旅上之節三，困二之賁五、困三之賁上，臨二之五、遯上之臨三，遯四之初、臨三之遯上，升二之五、无妄四之升初，升初之无妄四、无妄上之三，萃四之初、大畜上之萃三，大畜二之五、萃三之大畜上，大壯二之五、觀初之大壯四，大壯四之觀初、觀三之上，中孚二之小過五、小過四之初，小過五之中孚二、中孚上之三，大過二之頤五、頤上之三，頤五之大過二、大過四之初，否四之初、否上之三，恆二之五、恆四之初，損二之五、損上之三	

　　焦循之悟得比例以解《易》，蓋由其研治算學而啓發之，其比例法之此卦變爲某卦，某卦變作此卦之變化之道，實取旁通、相錯之法而行，一卦或僅可由其他二卦變化而成，或可由其他數十卦變化而成。其變化之規則，乃在旁通、相錯之法，故比例亦爲焦氏研《易》之一基礎建構。

四、時　行

　　「時行」一辭，本出於〈彖傳〉對〈大有〉卦基本意義之解釋，〈大有・彖傳〉曰：「〈大有〉柔得尊位，大中而上下應之，曰〈大有〉。其德剛健而文

明，應乎天而時行，是以元亨。」焦循之「時行」法則爲在旁通卦之基礎上，根據卦之當位與失道之爻位分析，使卦爻按照元、亨、利、貞周而復始之轉換，以見其變通趨時之義。故「時行」爲二五、初四、三上以時而行也，此當位之行即爲通，通即元亨利貞，元亨利貞則生生不息，行健自強，焦循《易圖略‧時行圖》云：

> 傳云：「變通者，趨時者也。」能變通，即爲時行；時行者，元亨利貞也。更爲此圖（時行圖）以明之，而行健不已，教思之無窮，孔門貴仁之旨，孟子性善之説，悉可會於此。〈大有〉二之五爲〈乾〉二之〈坤〉五之比例，故傳言元亨之義，於此最明。云「大中而上下應之」，「大中」謂二之五爲元，「上下應」則亨也；蓋非上下應，則雖大中不可爲元亨。〈既濟‧傳〉云：「利貞，剛柔正而位當也。」「剛柔正」則六爻皆定，貞也；貞而不利，則剛柔正而位不當；利而後貞，乃能剛柔正而位當。由元亨而利貞，由利貞而復爲元亨，則時行矣。〔註56〕

此處焦循所言時行乃指元、亨、利、貞而言。元指二之五，亨指上下應，利指位當；此依當位失道說而論，二、五先初、四、三、上而行爲位當也，貞指剛柔正，即六爻皆定；六爻皆陰爻得陰位，陽爻得陽位也。焦氏以爲「時行」之目的在六十四卦經爻位上置換避免出現兩重複之〈既濟卦〉，對此里堂稱爲「大中上下應」。何謂「大中」？一般指每卦中之「六二」爻辭及「九五」爻辭。因「六二」與「九五」兩爻辭恰居上卦及下卦之中，故名「大中」，又稱「居中」「得中」等。「上下應」又分上應與下應兩種；「上應」指每組旁通卦二五爻位置換組合新卦，繼之以三上爻位置換。如繼之以初四爻位置換稱「下應」。凡能「大中上下應」之卦稱之「元亨」，是「吉」之象徵。如〈乾〉〈坤〉兩卦，先二五爻位置換爲同人☲與比☵兩卦，即所謂之「大中」，隨後由〈同人〉、〈比〉兩卦繼之以三上爻位之置換成革☲與蹇☵兩卦，或者由〈同人〉、〈比〉繼之以初四爻位之置換成家人☲與屯☵兩卦，前者爲上應，後者爲下應。如此〈家人〉、〈屯〉、〈革〉、〈蹇〉四卦均爲「元亨」。又因此四卦間不具旁通條件，因而有違「一陰一陽爲之道」之原則，故各卦尚須尋求符合「兩兩相孚」之旁通卦而成「利貞」。據此，〈家人〉與〈解〉旁通，〈屯〉與〈鼎〉旁通，〈革〉與〈蒙〉旁通，〈蹇〉與〈睽〉旁通。再以「大中而上下應」之原則進行爻位置

〔註56〕 焦循：《易圖略》卷三〈時行圖〉，同註17，頁491～492。

換，直至形成〈既濟〉、〈咸〉或〈既濟〉、〈益〉兩卦，至此「元亨利貞」周而復始之爻位循環方成。〔註57〕「時行」使焦氏之《易》學研究不再囿於一卦一爻左支右詘之論述，而是以六十四卦爲一整體考察，如其以六十四卦中言「元」者集合爲二十四卦，並以時行法則進行各卦間之爻位置換，全面闡述「元」於諸卦中之意義，以時行揭示卦爻間之聯繫，體現焦循於《周易》變通理論之改造，焦循《焦里堂軼文·寄王伯申書》云：

> 時行即變通以趨時，元亨利貞全視於此。……《易》者，變通之謂，因變通而有大中上下應，有四象，故曰：「《易》有太極」，「《易》有四象」。大中，元也；上下應，亨也；變通不窮，利也；終則有始，利而貞也。聖人教人存有餘而不可終盡，故如是乃宜，如是乃不窮。儀即宜也，象即似也；似者，繼續也，繼善而續終，則長久不已矣，此當位之變通也。若不當位，則先不大中；……是爲失道，失道則凶。然小惡猶可改也，是宜辨之於早，……一經改悔，則不遠復而其旋元吉，此不當位之變通也。未變通則厲，既變通則無咎，而無咎存乎悔。……聖人教人改過如此，皆於爻所之示之，蓋當位則虞其盈，盈不可久；不當位則憂其消，消亦不可久，故盈宜變通，消亦宜變通，所謂「時行」也。〔註58〕

顯然，焦循之時行乃是在旁通、當位與失道之基礎，深化卦爻位周而復始之運動規律，故時行者，無論當位、失道，均需經過變而通之步驟，方能實現元亨利貞之程序，故能變通即爲時行，時行者，元亨利貞也；而聖人作《易》，正是依時行說，教人改過遷善，則其通權達變之意義，隨時而行也。

綜上所述，焦循所言旁通與相錯之法乃專就卦與爻之變化而言，是言卦爻變化之法，而比例與時行，則爲藉卦爻變化之法而釋《周易》卦爻辭之方法，四者皆爲研究焦氏《易》學之鎖鑰，故可謂爲其《易》學基礎之建構。

第五節　焦循之《易》學識見

焦循自小承受儒家思想教育，其思想主導不偏離儒家，故治《易》則標榜能發揮聖人之言，茲將其對於《易》學之識見；《易》爲聖人之作，且爲教

〔註57〕同註34，頁90。
〔註58〕同註38，頁5～6。

人改過之書；反對唯嘆是從，糾正荀、虞、鄭之謬；以爲卜筮之道於《易》中，乃在「立教」，茲分述如下：

一、《易》爲聖人之作，且爲教人改過之書

焦循《易學三書》中以爲《易》爲聖人之作，即伏羲畫八卦，因而重之爲六十四卦；文王繫之以彖辭即〈卦辭〉，以明畫卦之義；周公又作〈爻辭〉，以明卦辭之義；孔子爲《十翼》，以贊文王、周公之辭。四聖相因，皆明卦爻象之錯綜變化，以示吉凶之義，其於《易圖略・原辭上》云：

> 伏羲設卦，辭自文王始繫之。孔子作〈繫辭傳〉云：聖人設卦觀象，繫辭焉以明吉凶。伏羲設卦以觀變通之象，觀象者，即觀其當位、失道之吉凶也。文王之辭，即明所觀之象之吉凶也。故申之云：剛柔相推而生變化。觀象者觀此也，明吉凶者明此也。故云辭也者，各指其所之。所之者何？即剛柔之相推者也。〔註59〕

此處焦氏所言伏羲所畫之卦爻象乃剛柔相推即陰陽相易之象，爻象之推移，有當位與失道之分〔註60〕，當位者爲吉，失道者爲凶，文王與周公所繫之卦爻辭即說明卦爻象之吉凶，而孔子作傳又在於闡發卦爻象及卦爻辭所顯示之吉凶之義。孔子之贊《易》，在於教導百姓避凶就吉，即改過遷善，故里堂《易圖略》卷三〈時行圖〉第三云：

> 《易》之一書，聖人教人改過之書也。窮可以通，死可以生，亂可以

〔註59〕 焦循：《易圖略》卷六〈原辭〉上第五，同註17，頁512。

〔註60〕 按：陳居淵〈焦循對漢易的理解與選擇〉有云：「按照傳統《易》說，每一卦的陰爻居二、四、上爻位，陽爻則居初、三、五爻位，按這樣的秩序排列而成的卦稱『當位』，反之則爲『失道』。一般又都以每卦的二、五爻位區別當位和失道的標準。……那麼焦循的失道和當位又是怎樣呢？焦循說：『先二五而初四，三上爲當位，不俟二五而初四，三上先行爲失道。』（〈易圖略當位失道圖序目〉）如用現代話來解釋：即每一組旁通卦先由二五爻位進行置換，然後再進行初四爻位和三上爻位置換，按這樣的秩序進行爻位變化是當位，反之則失道。現以艮卦☶和兌卦☱爲例，〈兌〉卦的第二爻是陽爻，〈艮〉卦的第五爻是陰爻，顯然這是一組失道的旁通卦。今據焦循確立的『當位』『失道』法則，由〈兌卦〉的第二爻（九二爻辭）與〈艮〉卦的第五爻（六五爻辭）互相置換，所成隨卦☳和漸卦☶皆當位。其次由〈隨〉卦〈漸〉卦的初爻與四爻或三爻與上爻置換，分別得到屯卦☵、家人卦☲、蹇卦☵、革卦☲四個當位卦。如由〈兌〉、〈艮〉兩卦先以初爻四爻或三爻上爻互相置換，而所得〈賁〉、〈節〉、〈謙〉、〈夬〉四卦爲失道。」參見林忠軍：《易學心知》（北京：華夏出版社，1995年5月），頁126。

治，絕可以續，故曰爲衰世而作。達則本以治世，不得諉於時運之無
可爲；窮則本以治身，不得謝以氣質之不能化。孔子曰：「假我數年，
五十以學《易》，可以無大過矣。」此聖人括《易》之全而言之。又
舉〈恆〉九三：「不恆其德，或承之羞。」斷之云：「不占而已矣。」
占者，變也；恆者、久也；羞者、過也。能變通則可久，可久則無大
過，不可久則至大過，所以不可久而至於大過，由於不能變通，變通
者改過之謂也。此韋編三絕之後，默契乎羲文之意，以示天下後世之
學《易》者，舍此而言《易》，詎知《易》哉。〔註61〕

焦氏視《周易》經傳爲提高人道德修養之典籍，《易》道之教人改過，切實可
憑，此時此刻能改，此時此刻即化凶爲吉，此變通以時行之義也，故以《易》
爲聖人之作，並爲教人改過之書，實爲焦循對於《易》學之特別識見。

二、反對唯漢是從，糾正荀、虞、鄭之謬

　　在《易》學史上，焦循之《易》學仍屬象數一派，其治《易》，不依傍前人，
於清代考據學風中，可謂獨樹一幟，堪稱樸學《易》中之象數創新派；然今人
多以焦氏之《易》學爲漢《易》之學，如熊十力於《原儒・原學統》中云：

焦循承漢人之卦之說，而異其運用，本荀、虞旁通與升降之意，而
兼用比例之法，以觀其會通，其於《大易》全經之辭，無有一字不
鉤通縫合，焦氏之自得者在此，而其技亦盡於此矣！夫卦爻所以顯
理，而卦爻猶不即是理，譬如以指示月，而指不即是月。……焦氏
實宗漢《易》，雖不必以術數家說法作根據，而其方法確是漢《易》。
〔註62〕

按熊氏以爲焦循之《易》學乃宗漢《易》〔註63〕，此說實不公允。焦氏之治
《易》，不同於惠棟、張惠言之唯漢《易》是從，而是力主會通百家之說，不
墨守一家之言，企圖於漢人象數學之基礎上，獨闢蹊徑，另立一解《易》新

〔註61〕同註17，頁492～493。
〔註62〕熊十力：《原儒》（臺北：明文書局，民國77年12月），頁153。
〔註63〕按熊十力：《讀經示要》亦云：「焦氏承漢人之卦之說，而異其運用。本荀虞
　　　　旁通與升降之意。而兼用比例之法，以觀其會通。要歸於變通趣時。（焦氏《易
　　　　圖略》敘目云：『升降之妙，出於旁通。變化之道，出於時行。』又曰『《傳》
　　　　云：變通者，趣時者也。能變通即爲時行。』）此其恉要也。」（臺北：明文
　　　　書局，民國73年7月），頁595。

體制。故其反對唯漢是從，焦循云：

> 學者述孔子而持漢人之言，惟漢是從，於是拘於傳注，往往扞格經
> 文。是所述者漢儒也，非孔子也。〔註64〕

焦氏治學重視文字訓詁，但不贊同以考據代經學，反對恪守漢代經師一家之法〔註65〕，因而對於漢《易》卦變、納甲、卦氣六日七分、爻辰等理論進行批判，故里堂《易圖略》卷七〈論卦變上〉第二云：

> 今謂卦之來，由於爻之變，其謬一也。諸卦生於六子，而六子又生於
> 諸卦，其謬二也。一陽之卦，不生於〈剝〉、〈復〉，一陰之卦，不生
> 於〈姤〉、〈夬〉，與〈泰〉、〈否〉、〈臨〉、〈觀〉等例參差不一，其謬
> 三也。彭城蔡景君説〈謙〉、〈剝〉上來之三，蜀才謂〈師〉本〈剝〉
> 卦，〈同人〉本〈夬〉卦，則一陽一陰與二陽二陰之例通矣。然一陽
> 之卦有四，皆可兼自〈復〉、〈剝〉來，一陰之卦有四，皆可兼自〈姤〉、
> 〈夬〉來，與〈革〉、〈鼎〉、〈屯〉、〈蒙〉、〈坎〉、〈離〉、〈頤〉、〈大過〉
> 之於〈遯〉、〈大壯〉、〈臨〉、〈觀〉等，於彼於此，無所歸附，其謬四
> 也。至於〈晉〉、〈訟〉可生〈中孚〉、〈小過〉，〈噬嗑〉可生〈豐〉，〈賁〉
> 可生〈旅〉，蔓衍無宗，不能自持其例，其謬五也。〔註66〕

西漢以來，京房、荀爽、虞翻等皆有發展卦變之理，如荀爽有所謂「〈乾〉〈坤〉變來者」，「六子卦變來者」，「自消息卦變來者」，焦循在此則疑其矛盾處，然其雖批評漢《易》諸家《易》學體例，但觀其對《周易》經傳之解，仍在闡發漢《易》象數學之傳統，其不同之處在於揚棄漢人解經體例之基礎上，獨闢蹊徑，另立一新體例，解說《周易》經傳文字，其評論漢《易》卦變云：

> 余既爲當位失道等圖，以明其所之之吉凶悔吝，此即爲荀虞之卦之
> 説之所本。去其僞，存其眞，惜不能起荀、虞而告之耳。倘歿後有

〔註64〕 焦循：《雕菰》集卷七〈述難四〉，同註40，頁105。

〔註65〕 按：梁啓超《中國近三百年學術史》云：「焦里堂所著書，有《易章句》十二
卷，《易通釋》二十卷，《易圖略》八卷，統名《雕菰樓易學三書》。阮芸臺説
他：『石破天驚，處處從實測而得，聖人復起，不易斯言。』王伯申説他：『鑿
破混沌，掃除雲霧，可謂精銳之兵。』阮、王都是一代大儒，不輕許可，對
於這幾部書佩服到如此，他的價值可推見了。里堂之學，不能叫做漢學，因
爲他並不依附漢人，不惟不依附，而且對於漢人所糾纏不休的什麼『飛伏』、
『卦氣』、『爻辰』、『納甲』……之類一一辨斥，和黃、胡諸人辨斥陳、邵『易
圖』同一摧陷廓清之功。」（臺北：華正書局，民國83年8月），頁200。

〔註66〕 焦循：《易圖略》卷七〈論卦變上〉第二，同註17，頁522。

知，當與之暢談於地下也。〔註67〕

此處言焦氏提出當位、失道等體例，乃發揚荀爽、虞翻之卦說，但去其僞，存其眞，即對荀、虞《易》學有所揚棄，但又有爲漢《易》創新，此不同於惠棟、張惠言之對漢《易》之復歸。〔註68〕又焦循於論證卦爻「當位」、「失道」、「時行」之爻位運動時，亦抨擊漢《易》之「卦氣」、「納甲」說，里堂《易圖略·論卦氣六日七分下》第九云：

> 然此卦氣之序，非《易》之序。《太元》所準者，卦氣也，非《易》也。
> 《易》之序，孔子傳之矣！《太元》所準，用以訓釋卦名可耳；舉《太元》以證卦氣之序，不可也。揚雄者，知卦氣，而不知《易》者也。
> 納甲、卦氣，皆《易》之外道；趙宋儒者，闢卦氣而用先天，近人知先天之非矣，而復理納甲、卦氣之說，不亦唯之與阿哉？〔註69〕

焦氏對於漢象數納甲、卦氣、以及宗儒先後天之說，皆所不信，而對漢儒鄭玄，以爻辰說《易》亦有批評，其於《易圖略》卷八〈論爻辰〉第十中云：

> 要之，緯家之書，淆雜無定，原無與於聖經。鄭氏注〈乾鑿度〉，自依緯爲說，其注《易》不用〈乾鑿度〉，爲爻辰之序，皆用左旋。既以諸卦之爻，統於〈乾〉〈坤〉，……又以諸卦之爻，合於六子，……自爲鄭氏一家之學，非本之〈乾鑿度〉，亦不必本於月律也。然以〈離〉九三爲〈艮〉爻，位值丑，丑上值弁星，弁星似缶，……謬悠非經義，至以焚如爲不孝之刑，女壯爲一女當九男，尤非聖人之義也。
> 余於爻辰，無取焉爾！〔註70〕

以上所言，乃焦循反對唯漢是從，駁論漢儒象數謬說者，其能究極其弊，而自有建樹，能破能立，而成一家之言，此實爲焦氏《易》學之識見也。

三、以爲卜筮之道於《易》中，乃在「立教」

朱熹謂《易》本爲卜筮而作，作《易本義》一書以明之，焦循主經傳合一，因亦反對其說，以爲《易》雖有聖人之道四，而卜筮居其一，然卜筮之所以作，爲達教育人民也。故卜筮之道於《易》中，乃在「立教」，焦循《易

〔註67〕焦循：《易圖略》卷七〈論卦變下〉第三，同註17，頁525。
〔註68〕參見朱伯崑：《易學哲學史》第四卷（臺北：藍燈文化事業股份有限公司，民國80年9月），頁363。
〔註69〕同註17，頁532。
〔註70〕同註17，頁535。

圖略》卷六〈原筮〉第八云：

> 夫以聖人作《易》，而僅以供人之筮，吾疑焉。……聖人作《易》，非
> 爲卜筮而設也。故《易》有聖人之道四，卜筮僅居其一而已。君子居
> 則觀其象而玩其辭，動則觀其變而玩其占，所謂以言者尚其辭，以動
> 者尚其變，不必卜筮而自合乎《易》之道。惟是百姓日用而不知，未
> 可以道喻也。而人謀、鬼謀，百姓與能，其所欲者吉與利，其所忌者
> 凶與災，欲與忌交錮於胸而不能無疑。聖人神道設教，即以所作之
> 《易》，用爲卜筮，因其疑而開之，即其欲而導之，緣其忌以震驚之，
> 以趨吉避凶之心，化而爲遷善改過之心，此聖人卜筮之用，所以爲神
> 而化也。……假卜筮之事，而《易》之教行乎百姓矣；《易》之教行
> 乎百姓，而吉凶乃與同患。……則《易》之用於筮者，假筮以行《易》，
> 非作《易》以爲筮也。《易》爲君子謀，用《易》於卜筮，則爲小人
> 謀，此筮之道，即《易》之道也，而寧有二哉？〔註71〕

《周易》假筮以行，乃聖人之權宜措施，焦循以爲其性質在於教導百姓避凶
就吉，改過遷善；君子可通過觀象玩占達到改過遷善，不必占筮，而百姓則
須以卜筮改正自己過錯，此即「用《易》於卜筮，則爲小人謀」，是其立教之
義；聖人以筮法教化人民，歸之於道德，皆《易》卜筮之道，故《易》非徒
卜筮之書，乃寡過遷善、立教順德之書也。

焦循《易學三書》之出版，震動學界，被譽爲「聖人復出」，其體大思精，
義例分明，能以數理推《易》，以小學通《易》，而架構其求通《易》象、《易》
辭、《易》理之根本原則，匯歸而爲道統一貫之道德哲學，其《易》學有獨到
之象數變通體系，並有一貫之聖人道統思想，實爲一家之專門。然後人於其
學，則多所評價，約可分三派：持肯定說者有阮元、王引之、英和、汪萊、
阮亨、裔榮、皮錫瑞、王永祥、牟宗三、朱伯崑等；持否定說者有朱駿聲、
郭嵩燾、柯劭忞、王瓊珊、黃壽祺、李鏡池、侯外廬、閻韜等；持拆衷說者
有梁啓超、熊十力、程石泉、何澤恆、陳居淵等。〔註72〕賴貴三《焦循雕菰
樓易學研究》云：「平心論之，《雕菰樓易學》其最主要之目的，厥其在求其
一貫，故《周易》之象、數、辭、理四維，乃成爲里堂亟亟統一之對象，故

〔註71〕同註17，頁516～518。
〔註72〕參見郭彧：〈焦循《易圖略》五圖辨析〉（收錄於朱伯崑主編《國際易學研究》
　　　　第五輯，北京：華夏出版社，1999年9月），頁190。

以數理視爲超越於客觀事物之外之先驗法則，以形式化、符號化與邏輯化爲其發展目標，故其基本數理觀——『名起於立法之後』，所以主其『形』也；『理存於立法之先』，所以主其『數』也。以其抽象出來之事物數量與形式之關係，成爲駕馭物質存在之原則，因此其《易》學之主要發明，遂衍生而爲形式主義之『符號論』，以此推演自然世界與人文世界。然則，里堂哲學之出發點，既源於其治《易》之基本精神，力圖找出事物變化之間之數量關係（比例），在思想根源及歷史之自然觀，皆未免於形式性之侷限，而產生其推衍之謬誤與傅會之泛濫也。」〔註73〕余意以爲焦循《易》學之評價，有其時代特點，並持肯定之態度，清人皮錫瑞於《經學通論‧易學通論》中，其「論近人說《易》，張惠言爲顓門，焦循爲通學，學者當先觀二家之書」條，曾云：

> 近儒說《易》，惟焦循、張惠言最善，…實皆學《易》者所宜治。焦氏說《易》，獨闢畦町，以虞氏之旁通，兼荀氏之升降，意在采漢儒之長而去其短。《易通釋》六通四闢，皆有據依；《易圖略》復演之爲圖，而於孟氏之卦氣，京氏之納甲，鄭氏之爻辰，皆駁正之，以示後學；《易章句》簡明切當，亦與虞氏爲近。學者先玩《章句》，再考之《通釋》、《圖略》，則於《易》有從入之徑，無望之歎矣！〔註74〕

皮氏又以爲焦循《易》學深於王弼，故論王弼得失極允，能考其精義；而清儒乾嘉學風，著重考據之風，而小學之訓，由此而盛，其目的在講求證據，以論經書之正解，摒除宋儒自由心證之陋，焦循處此學風，以假借說《易》，皮錫瑞以爲獨闢畦町，並言：「論假借說《易》，並非穿鑿，學者當援例推補。」（《易學通論‧目錄》）皮氏推介焦氏《易》學於學者，除此優點外；就《周易》而言，其「象、數、辭、理」四維乃統一之構作，象者〈乾〉、〈坤〉也，數者奇偶也，辭者經傳也，理者陰陽也。而焦循《雕菰樓易學》之主要發明「旁通、相錯、時行」，及其運用之「數理、假借」方法，皆所以統一此四維之內在聯繫。故焦循治《易》，能突破二千年傳注之重圍，直接從六十四卦內找參伍錯綜之關係，其《易》學之體系與特色，在於建立一套完整之符號系統，雖未擺脫傳注《易》學之影響，但其大膽而有力之嘗試，不僅爲方法上之一大進步，亦是《易》學史上一大突破與創新，值得正視與肯定矣。

〔註73〕賴貴三：《焦循雕菰樓易學研究》（臺北：里仁書局，民國83年7月），頁528～529。
〔註74〕皮錫瑞：《經學通論》（臺北：臺灣商務印書館，民國78年10月），頁33～34。

第十一章　姚配中《易》學研究

第一節　姚配中之生平與學術著作

一、生　平

　　姚配中（西元 1792～1844 年），字仲虞，安徽旌德人。其先世居湖州，宋寶慶間，有述虞者，爲旌德教諭，子孫家焉，故爲旌德人。生於乾隆五十七年（西元 1792 年）十一月初六，卒於道光二十四年十月二十九日（相當於西元 1845 年 1 月 7 日），年五十有三。祖士凱，國子生，《邑志》所載孝義君子者也，父燦，國子生，娶同邑汪氏，姚配中幼穎悟絕人，用思沈摯，處事不怠倦，年二十，已博覽經史，旁通百家之言而尤嗜於《易》，初得張惠言《虞氏義》，因求李鼎祚《周易集解》，李氏爲唐代提倡漢《易》象數學之代表，姚配中折中群說，以爲鄭玄之《易》學最優，然苦其簡略，意推之至形夢寐。嘗夢請業於鄭玄者，再侍鄭氏與虞翻辯論者一，又夢吞〈乾〉爻，自初九至九五，意乃豁然。[註1] 姚氏客居廣陵五年，完成《周易參象》十四卷，又爲論十篇，說其通義，附於編後。彼時姚氏之友，有江蘇儀徵劉文淇，字孟瞻，劉氏研精古籍，貫串群經，於毛鄭賈孔之書，凡宋元以來諸學說，皆能博覽冥搜，實事求是；又有江蘇甘泉薛傳均，字子韻。薛氏博覽群籍，強記精識，於《十三經注疏》及《資治通鑑》，功力尤深；又有江蘇丹徒柳興恩，字賓叔，柳氏貧而好學，敦實行，

〔註 1〕　參見周駿富編：《國朝耆獻類徵初編》卷四百二十二，經學十，第一八一冊（臺北：明文書局，民國 75 年元月），頁 441。

初治《毛詩》，又發憤沈思，成《穀梁春秋大義述》；又有安徽涇縣包世臣，字慎伯，少習鄭氏詩、鄭氏禮；又有安徽涇縣包世榮，字季懷，爲包世臣從弟，少從慎伯學，精《毛詩》，好荀、屈、《呂覽》、《四史》、《通典》、《通鑑》諸書；又有安徽涇縣包慎言，字孟開，爲世臣族子，著有《鄭本大學中庸說》；又有江蘇丹徒汪沇芷生及江都汪穀小城等，皆以治漢學，與姚配中朝夕相處，並嘆爲莫及之。其中包世榮曰：姚配中之《周易參象》盛行於今世，雖不及張惠言之盛，但百年後，則當獨爲學《易》者宗矣，遂爲之序。〔註2〕姚配中又更定原書至什七八，刪說《通義》之十篇爲三，移冠編首，題曰《周易姚氏學》，而序則仍依包世榮之舊，此書更加微妙詳審。姚配中又以〈月令〉一篇，實爲先王體天窮民之大經，其意皆是一本於卦氣，於是作〈月令箋〉二卷，繼而總其要爲〈月令說〉一卷，再將其復合之，而成《周易通論月令》二卷。而後乃知王者之居處舉止，無非順天地陰陽消息之氣，以爲生民錫福消疹者，徵引讖緯發明至理，而不附會，別下己意，疏通儒先而不鑿空，則天地人呼吸關通之故，古先聖王萬物一體之誼，作《易》者，其有憂患之旨，悉於是手在，可謂通天地人謂之儒，而足以當後王取法者。

姚配中嗜好彈琴，彼時東南琴學有金陵、常熟、武林三派，而琴譜則皆出於廣陵，姚氏長於金陵，而遊廣陵，因而雜習各派琴學，等歸里後則潛心默悟琴譜，乃知多家傳譜多舛誤，於是更正世所盛習之琴譜十數曲，又自製七曲，原數說聲上溯本始，作《琴學》二卷。姚配中曾以此琴譜予包世臣觀示，包世臣未習此事，惟驚賞文義瑰奇而已。姚氏謂琴之七弦各有本數、倍數、半數，損益上下，旋相爲宮，以定宮、商、角、徵、羽正變清濁之位，而六十律三百六十四聲，俱以和相應，凡是吟猱必在角、羽之位，蓋宮爲君，商爲臣，徵爲事，角爲民，羽爲物，君臣所有事皆爲民物，故吟而上，猱而下，往復遲回，必當民物之位，包氏不能解其意，請配中鼓琴，於是姚氏乃於對几設副琴鼓，至窈眇之時，則副琴弦不動而自鳴，又几案所置杯盌及櫺桶時或響應。包氏怪而問之，配中解釋曰：凡是各物皆有數，數同則聲應，《唐書》所載，寺磬每無故自鳴，僧慮其不祥，萬寶常爲剋磬成痕而鳴止，蓋其磬與宮中鐘同數，鐘鼓於宮則磬應於寺，剋痕雖幺細，而磬之得數已與鐘異，故鳴止。秉筆者不解此義，是以載其事，而不能言其故，雖寶常精察，然其數不可誣也。包世臣曾考〈同類相動篇〉云：調琴而錯之，鼓宮則他宮應，

〔註2〕參見桂文燦：《經學博采錄》（臺北：明文書局，民國81年8月），頁355～356。

鼓商則他商應，比而自鳴，非有神，其數然也。又云：其動以聲而無形，人不見其動之形，則謂之自鳴，又相動無形，則謂之自然，其實有使之然者。蓋和聲之道，自古如斯，末俗失傳，故詫以爲奇然則姚配中眞是冥契古初者，〔註3〕此爲姚氏習琴之傳奇事蹟。

　　姚配中又嗜書道，曾作〈書學拾遺〉四千餘言，又注〈智果心成頌〉，以傳立書大幅執筆之法，又與包世臣論書次東坡韻五言十四韻，實如親授法於晉唐諸公，埽宋氏以來謬說，而自書亦足踐其言，時流無與比者。姚配中家貧而能守堅，學優而過蹇，皖地士氣怯怯，廁名庠序，輒欲結納，有司以爲榮而攘利，彼時前後有荏旌之長官十數人，欽慕姚配中學行，求能識面而卒不得，而督皖學者前後亦有十數人皆奇姚配中之文，而杭州學士胡敬、湖州侍郎張鱗尤其器重配中，張鱗奉使當乙酉選拔期於旌德，學拔呂賢基及謁謝，張鱗告之呂賢基曰：「姚配中學行寧廣，九學無其匹敵，非上冠德已也。我所爲拔汝者，因姚配中文淡而詞旨，胎息班馬，風襜中斷，無能識之者，若頗能墨裁，是可成進士，登詞垣，若歸當益親近，請業請益庶不至終於孤陋寡聞也。」同謁者以其語告之姚配中，姚氏一笑而已。道光二十四年，姚氏卒，年五十三。

　　姚配中爲道光時諸生，工書嗜琴，治經長於《易》，並善張惠言《虞氏易》，以爲漢《易》諸家中，鄭氏最優，所以發明鄭學，然道光以後，樸學《易》陵遲衰微，學界已投向正崛起之新學，論者謂其「自命巧慧，左右采獲，穿穴无所不通」，梁啓超於《清代學術概論》云：「清學自當以經學爲中堅，其最有功於經學者，則諸經殆皆有新疏也。其在《易》：則有惠棟之《周易述》，張惠言之《周易虞氏義》，姚配中之《周易姚氏學》。」〔註4〕足見姚配中於《易》學之成就。

二、學術著作

　　姚配中一生著作有《周易姚氏學》十六卷、《周易通論月令》二卷、《易學闡元》一卷、《一經廬琴學》二卷、《琴操題解》一卷、《書學拾遺》一卷、

〔註3〕參見《國朝耆獻類徵初編》卷四百二十二，經學十，同註1，頁443～444。此事又見《清史列傳》卷六十九〈儒林傳下二〉（臺北：中華書局，民國53年8月），頁48～49。

〔註4〕梁啓超：《清代學術概論》（臺北：臺灣商務印書館，民國74年2月），頁81。

《一經廬文鈔》，張氏有弟子曰汪守成季鄭，苦寒力學傳姚氏之業，醵金五百，刻所著書，並贍其家。〔註5〕汪守成〈醵刊一經廬叢書記〉云：「《一經廬叢書》，先業師姚仲虞先生所著，守成受遺命約同門諸友醵金所梓也。先生文學精深，躬行修潔，諸名公傳序，備紀其詳，守成淺陋，深漸紹述，豈敢更有論說，至大節在三，師恩同於君親，服勤無方，迺循分盡職耳。況區區醵金，此何足道？然古人有言，師道立則善人多。諸友之能輕財從義，亦足見先生之教道孔長也。先生遨遊江淮，而歸教授鄉里，其道義交，脫驂賻贈，隨在有人。誼屬尊長，不敢屈名簡末，惟在弟子列者，附識姓氏。是書之梓也，呂景文醵金百五十爲倡，朱柳塘、汪雨亭率諸甥弟助資贊成之，若夫讎校有舛牾，則守成荒謬之咎也。先生所著，仍有《月令箋》七卷，其大義微言已見《周易通論‧月令》中，俟當續刻，以成完璧。醵金弟子呂振宗景文、朱百朋柳塘、汪家禧雨亭、朱銘仲西、汪一生孟泉、朱鈺相甫、汪應鎔奕三、汪家福叔垣、郭元章用廷。」〔註6〕茲將姚氏之《易》學著作《周易姚氏學》、《周易通論月令》、《易學闡元》之大旨，分別列述如下：

《周易姚氏學》十六卷，此書乃在闡解《周易》經傳，大體宗主鄭玄《易》學。姚配中以爲漢《易》諸家之中，鄭玄爲最優。初著《周易參象》十四卷，又作十篇論文，說其通義。後修改原書，又刪削十篇論文爲三篇，改題《周易姚氏學》。卷首冠以〈贊元〉、〈釋數〉、〈定名〉三篇論文。正文部份詮解經文、〈象傳〉、〈文言〉、〈繫辭〉等，其書大旨發明鄭學，凡鄭玄所未備者，取東漢荀爽、虞翻諸家之說補之；凡荀爽、虞翻所未及者，則附加案語，申明己意。其所附案語，變本鄭玄之家法，由卦象以求義理。雖推崇鄭玄，但並不墨守其說。鄭玄間取爻辰徵之星宿，已爲後人所駁斥，此書則盡皆刪去。柯劭忞於《續修四庫全書提要‧周易姚氏學》云：「自張惠言以後，治虞氏《易》者一時風靡；配中研究漢《易》，獨謂鄭君最優，殫精竭思，至形夢寐。初爲《周易參象》十四卷，又爲論十篇說其通義，後乃點竄原書至什七八，刪《通義》十篇爲三，冠於卷首，改名《周易姚氏學》。大旨主發明鄭學，鄭君所未備者，取荀、虞諸家補之，然必與鄭義相比附，荀、虞諸家所未及者，附加案語，亦本鄭君家法，由卦象以求義理，一洗附會穿鑿之陋。至鄭君間取爻

〔註5〕同註2，頁357。

〔註6〕姚配中：《周易姚氏學》，收入《續修四庫全書》編輯委員會編《續修四庫全書三十‧經部‧易類》（上海：上海古籍出版社，1995年3月），頁452～453。

辰徵之星宿為後人所駁斥者，配中悉皆刪去，一字不登，尤見擇善而從，不為門戶之標榜，可謂善學鄭君者矣。其〈通義〉三篇，一為贊元，按《乾鑿度》曰：《易》一元以為紀。鄭君注天地之元，萬物所紀，天地之元即乾元，坤元謂之一元者，坤凝乾之元以為元也。配中〈自序〉：一者元，元者《易》之原，即檃括鄭君注《乾鑿度》之義矣；二為釋數。按鄭君注《乾鑿度》曰：一與二並生，八與七並變，六與九並成，一與二並生者，凝乾之元為坤元，七與八並變者，七變而為九，八變而為六也；九與六並成者，六九成十五也，此生成之數之大義也；三為定名，鄭君〈君贊〉及〈易論〉曰：夏曰《連山》，殷曰《歸藏》，周曰《周易》。《周易》者，言《易》道周普，无所不備也。姚氏已具引之，其〈自序〉曰：元藏於中，周於外，不知周者，不可以言《易》；鄭君所謂《易》一名而含三義者，易簡、變易、不易，實周普之一義而已。按《通論》三篇，為全書之綱領，繁稱博引，奧衍宏深，實不出鄭學範圍之外，故補引《易緯》之鄭注以證明之，俾讀是書者有考焉。」〔註7〕又清包世榮〈周易姚氏學・包序〉云：「《易》者三才之祕蘊，六藝之根原也。漢儒言《易》見于志傳者十餘家，今唯鄭、荀、虞三家注尚存梗概。三家皆言《易》象，司農並詳典禮，淵原本一，所造有淺深也。自王輔嗣以清言說《易》，漢儒師法斬焉泯滅者千載。我朝文運昌明，漢學復盛，元和惠氏棟宗禰虞氏，旁徵他說，作《周易述》；武遊張氏惠言據虞氏注，作《周易虞氏義》；吾友姚君仲虞始于市得張氏書，因為虞氏之學；余為改今字，美其志也。後得李氏《集解》，見三家注，精心研求，以為司農之注優于荀、虞，乃據鄭為主，參以漢魏經師舊說，作《周易參象》。時尚未覯惠氏書，余因取惠氏書校其所得，同者取其三、四，而精到之處，足以正惠氏之非者，已復不少，更約煩就簡，改其體例，名曰《周易疏證》。疏者，疏以己意；證者，證其所自也。稿凡四易，時經七載，風雨寒暑無間而書成，其書中發揮三聖之奧旨，自序詳言之。余于嘉慶甲戌戲居金陵，識仲虞，仲虞始學《易》，寄居甚困，以課蒙給俛仰。家有舊欠，索負者日擾其門，漏屋數椽，盎無米儲，而庭多噪擾，勢已無可奈何；然開卷研思，勇氣憤發，凡篇中消息義例，閒有不明，輒至不寐，久之雖寢食不廢也，其精如此。稿甫脫，陽湖孫伯淵觀察見之，嘆為絕學復明。丁丑遊揚，館于揚者數歲，同輩見者，俱服其精博。荀子曰：無

〔註7〕中國科學院圖書館整理：《續修四庫全書提要・經部・易類》（北京：中華書局，1993年7月），頁106。

冥冥之志者，無昭昭之明。仲虞之明于《易》，其志定也。夫余于《易》，未能卒業，何能知仲虞之所造，然仲虞于《詩》《禮》之學，及天文算法、韵學，凡過目者，皆能言其意，況其專門名家，歷艱難辛苦，不問寒暑而成者哉！其為人誠于身，信于友，庶幾寡過之君子，信乎于此道深也。」〔註8〕又姚配中〈周易姚氏學自序〉云：「天一地二、天三地四、天五地六、天七地八、天九地十，何也？一也。一者，元也，元者，《易》之原也。是故不知一者，不足與言《易》。元藏于中，爻周其外，往來上下，而《易》道周；是故不知周者，不足與言《易》。日月為《易》，〈坎〉〈離〉相推，一陰一陽，窮理盡性；是故不知太極之始終者，不足與言《易》。爻畫進退，變化殊趣，差之毫釐，謬以千里；是故不知四象之動靜者，不足與言《易》。聖人設卦觀象，繫辭擬議動賾，言盡意見；是故不知繫辭之旨者，不足與言《易》。《樂》、《詩》、《禮》、《書》、《春秋》五者，五常別派專門，見知見仁，百慮一致；是故不深究眾說之會歸者，不足與言《易》，師儒授受，別派專門，見知見仁，百慮一致；是故不深究眾說之會歸者，不足與言《易》。以十翼為正鵠，以辟儒為弓矢，博學以厚其力，思索以通其神，審辯以明其旨，則庶幾其不遠也。夫覽總大要，論附篇首。贊元第一……釋數第二……定名第三……。」〔註9〕此書大旨發明鄭康成之學，贊元在謂「一者元，元者《易》之原，釋數即言生成數之大義，定名謂《易》一名而含三義者，易簡、變易、不易也。

　　《周易通論月令》二卷，姚配中曾于注《易》之暇，會通《易》與〈月令〉之相關聯者，撰《月令箋》五卷；又探研其間微言大義，統而論之，自成條貫，為《周易通論月令》二卷。上卷用「七八九六」之義，與〈月令〉之五神、五蟲、五音、五味、五祀、五臟及干支十二律相比附，離引群書以證之；下卷專以卦象說七十二候，一依李溉所傳孟喜〈卦氣圖〉為準。吳丞仕於《續修四庫全書提要·周易通論月令》云：「是書大指略與《姚氏學》同，以元為《易》之原；帝者，〈乾〉元也，出乎〈震〉，成言乎〈艮〉，而元周八卦。古之王者，發號施令，每月異禮，所以順陰陽奉四時效氣物行王政，其著於錄略，謂之明堂陰陽；是故月令者，《大易》陰陽之道，施於政事者也。故於著《易》之暇，會通其說，為《月令箋》五卷，復探其微言大義，統而論之，自成條貫，名曰《周易通論月令》。凡二卷，上卷用七八九六之義，以

〔註8〕同註6，頁450。
〔註9〕同註6，頁453～463。

與〈月令〉之五神、五蟲、五音、五味、五祀、五臟及幹支十二律相比附，雜引《大、小戴記》、〈洪範五行傳〉、《淮南王書》、《春秋繁露》、《律書緯候說》、《白虎通義》以證之；下卷專以卦象說七十二候，一依李溉所傳孟氏〈卦氣圖〉為準，既以四正卦主四時，以六十卦主六日七分矣。後取八卦用事各四十五日之說，錯綜而參用焉；如云立春〈艮〉用事，〈艮〉互〈震〉，〈震〉東方卦，〈坎〉陰凝，陽風以散之，故東風解凍，卦氣成〈小過〉；〈艮〉互〈震〉〈坎〉，〈坎〉為隱伏；〈震〉，動也，故蟄蟲始振，卦氣成〈蒙〉；〈艮〉互〈坎〉，陽由〈坎〉中之上成〈艮〉，故魚上水，卦氣成〈益〉；〈艮〉為狗為黔喙之屬，獺象之，土獸也，而居於水，土制水，故獺祭魚，卦氣成〈漸〉；〈艮〉時止則止，時行則行，候雁象之，〈艮〉為背，故曰北，故候雁北，卦氣由〈漸〉而成〈泰〉；自此訖卦氣成〈臨〉，水澤復堅，由臨而之〈小過〉，于是而歲更始矣。案《易》家以十二群卦之七十二爻主七十二候，不聞以六十卦主七十二候也；以八卦主八風十二辰，不聞以八卦與六十卦重複雜錯而用之也；《易》家好以卦象解釋經傳，不聞假借互體取象之法以說七十二候也。姚氏自命巧慧，左右采獲，穿穴無所不通，加之博徵古義，旁引馬、鄭、荀、虞，訓辭深厚，似若悉有典據；宋翔鳳至以豪傑之士稱之，其實乃漢學之末流、惠棟、張惠言之遺法；其違于皖南樸學之風遠矣。又謂七八九六陰陽老少為四象，則竊自宋儒之先天橫圖，非治漢《易》者所宜言，蓋猶刪剟未盡者邪？」〔註10〕又清陳雲〈周易通論月令・陳序〉云：「古之聖王，欽崇天道，愛養民生；考歷以授時，布月以定氣；三微成著，三統得中，始于農畝之稼穡，終于明堂之政令，用能保世延祚，錫羨蕃祉，堯舜三代，鮮不臻此。秦呂氏頗采古書，傳十二月紀，合諸《大戴記》之〈夏小正〉、《逸周書》、《管子》、《淮南》書及《易緯是類謀》，《書緯璇璣鈐》、董子《繁露》所載，皆三代緒餘。呂氏間糅以秦制，鄭氏注此，取王居明堂禮為證，頗訾其牴牾。若夫淹通該洽，制作用荷，體裁精簡，輔經而行，故詞無支羨。獨恨孔仲達為《正義》，搬演離說，鶩廣游詞，至如鄒子書，崔寔《四民月令》、〈氾勝〉、〈蔡癸〉諸作，雖篇帙可徵，亦多從刊落，後人病之。旌德諸生姚子仲虞，慨九流七略，十不一存，勤心稽考，零章碎句，筆采字摘，以發明鄭學，芟略孔義；搴蘭蕙于蕭稂，拾金璧于渦淖，繁稱博衍之中，使人逡循而得聖王齊七政、調玉燭之大要，可謂好學深思如揚雄其心者也。余自湖孰來權寧篆，適生以季考入

〔註10〕同註7，頁105。

郡，持此書問序于余。名曰箋者，以繼鄭公之後，猶鄭之箋毛，何休之學公羊，不敢自名一家耳。姚生年富力強，前代之書，需實事求是者尚多，吾一麾出守，衰衰二十餘年，宦情已淡，名心未忘，尚欲整齊舊句，俟得如姚生者共商榷之。」〔註11〕又姚配中〈周易通論月令序〉云：「《漢書・藝文志》云：《樂》、《詩》、《禮》、《書》，《春秋》，五者蓋五常之道，相須而備，而《易》爲之原。《易》爲五常之原，義無不通；故伏生以之傳《書》，轅固生以之說《詩》，董仲舒以之解《公羊》，劉子政以之詁《春秋》，劉子駿、京君明以之詮律呂；至鄭氏注《禮》，往往以《易》爲證。是以周秦百氏，网不淵原于《易》。《易》周無不通也，而其陰陽消息，卦氣從違之驗，則莫近于〈月令〉；以故明堂陰陽之說，舊有專家，惜其書久佚，無從考證耳。《周易》首〈乾〉，正月建子；《歸藏》首〈坤〉，正月建丑；《連山》首〈艮〉，正月建寅，而要皆以〈乾〉元爲消息之宗。〈月令〉季秋爲來歲受朔日，法〈乾〉元也。〈月令〉之傳，其原自遠，配中于注《易》之暇，會通其義，爲《月令箋》五卷，以鄭爲宗，其有不同，取諸群說，猶鄭之箋毛，不嫌存異義也。因復探其微言大義，統而論之，附于《周易姚氏學》之後；述已所聞，證以經傳，於所不知，蓋闕如也。凡二卷，名曰《周易通論月令》。」〔註12〕又清李宗沆〈周易通論月令跋〉云：「道光辛卯歲，家君秉鐸旌德，以先生品學之優也，命沆受業焉。先生博通經史，於《易》尤精，著有《周易姚氏學》。究鄭公之六藝，吞虞氏之三爻，緝柳編蒲，多歷年所，是書乃即《周易》而推驗之者。夫日月往來，二用〈乾〉〈坤〉之祕，陰陽貸謝，六爻成消息之圖；六十四卦之周流，寒溫悉應，七十二候之順逆，休咎胥徵，此《周易》所以爲群籍之原，而〈月令〉所以爲《大易》之驗也。」〔註13〕此皆爲其大義。

《易學闡元》一卷，此書爲姚配中晚年所著，有要論附篇首，再分爲贊元釋數定名三篇；鎚鑿幽深，頗多奧語，以闡發《易》中微言精義而一歸於元。尚秉和《續修四庫全書總目・易學闡元三篇》云：「配中字仲虞，安徽旌德人，諸生。治經長於《易》，嘗本鄭氏義著《周易姚氏學》，爲阮元所稱許，晚年乃著《易學闡元》，無卷數，分爲贊元釋數定名三篇；鎚鑿幽深，頗多奧語。其贊元云：元者一也，元不可見，終亥出子，故虞氏謂〈復〉初爲〈乾〉

〔註11〕姚配中：《周易通論月令》，同註6，頁 688～689。
〔註12〕同註6，頁 690。
〔註13〕同註6，頁 716。

元，〈復〉初陽始來復，天地之心也。又《漢書·律呂志》云：十一月〈乾〉
之初九，陽氣伏於地下，始著爲一，萬物萌動，故黃鐘爲天統，律長九寸，
九者所究極中和爲萬物元也，云始著爲一，云究極中和爲萬物元，則其所謂
元非初九明矣，此則大誤。姚氏蓋泥於〈乾〉初九潛龍勿用之言，而元則萬
物資始，非不用也。故謂元自元，初九自初九，豈知〈復〉初即〈乾〉之初
九，〈乾〉元在初子勿用，息至二則用矣；即推而至於四躍五飛，仍此元也，
與初九不異也；〈繫辭〉所謂周流六虛也。奈何欲析而二之乎？又云：《乾鑿
度》云：陽動而進，變七之九，象其氣之息也；陰動而退，變八之六，象其
氣之消也。鄭注云：象者爻之不變動者，九六爻之變動者，而疑七變九，八
變六，非陰變陽，陽變陰，是尤謬誤。夫《乾鑿度》所云變七之九，變八之
六，皆就揲著言；揲著三變成一爻，兩耦一奇則爲七，乃三變皆奇，則七變
而之九矣，兩奇一耦則爲八，乃三變皆耦，則八變而之六矣。故鄭注云：象
者爻之不變動者，不變動謂兩奇一耦，兩耦一奇之七八也，九六爻之變動者，
變動謂三變皆奇皆耦，而爲九六也，至爻已成九，則變陰；故《左傳》蔡墨
曰：乾之姤，曰潛龍勿用。是乾初爻變陰成巽也。爻已成六則變陽。成季之
生，筮得大有之乾，曰：同復于父。是大有五爻陰變陽，故成乾也。胡言非
乎？姚氏又云：宋衷注〈革〉九五虎變云：九者變爻，若如常解，變而之陰，
則五失位，夫〈革〉之對爲〈蒙〉，〈蒙〉皆〈革〉之九六所變而成，及其既
變，於本卦革何涉乎？是皆因不知用九用六。文王以筮例示人，而求之過深，
故有此疑誤也。至第二釋數，云《易》本於一，一者數之始，十者數之終，
十仍一也，故《易》始於一，終於一，又以龍戰於野爲〈乾〉〈坤〉接，不釋
爲戰爭，其識與惠士奇相同；至第三定名，謂《易》道周普，周流於萬物，
周匝於四時，故曰《周易》，以《周禮》賈疏說爲是，以孔穎達釋代號爲非；
其神農黃帝，所以有《連山》《歸藏》之名者，乃因其《易》而名，猶之明農，
即稱爲神農也；一掃宋以來俗解，非深於《易》理者，莫能道也，其見重於
後學宜矣。」〔註14〕又清張壽榮〈易學闡元·識語〉云：「《易》中之元，自
宣聖發之，漢儒明之，我朝東吳惠氏、武進張氏述之，已可得其端倪矣。嘉
道以來，旌德姚君仲虞著《易》學，復爲大暢其說，於卷首即列贊元、釋數、
定名三篇，以闡發《易》中微言精義而一歸於元。書中如云全卦之氣畢具於
元，云《易》氣從下生，實從中生，五上之中，〈乾〉元託位，二下之中，〈坤〉

〔註14〕尚秉和：《續修四庫全書總目》，《易學闡元》三篇，《花雨樓叢書》本。

元託位，合〈乾〉〈坤〉之元，謂之太極。元卦畫者元之象也，九六者元之變也，用九用六，用之者，元變者。陽進由七而九，陰退由八而六，非陰變陽，陽變陰之謂。及以二至二之中和往來，升降之周替，明元之義說，甚塙鑿精深，有裨學者不淺，因亟以此卷授剞劂，爲揭其旨曰《易學闡元》，全書俟更續刊，同時包季懷謂其書初出行世，自不及皋文述虞義之盛，百年後當獨爲學《易》者宗。」〔註15〕故此書爲仲虞《易》學之總綱領。

第二節　姚配中《易》學之淵源

姚配中爲清代象數學派《易》學家，其說《易》之書，專以漢《易》研究爲主，姚配中之《易》學淵源，大致可分爲友朋啓迪及踵事前賢二者，茲分述如下：

一、友朋啓迪

姚配中研《易》以鄭玄爲宗，而其友朋劉文祺、薛傳均、柳興恩、包世臣、包世榮、包愼言等皆以經學聞名，並治漢學，故姚氏於《易》學之成就，甚得友朋切磋之益。姚配中著《周易參象》時，曾曰：

> 憶甲戌歲，識季懷于金陵之尊經書院，即殷殷然以經學勸。先是家大人命受業於婺源戴斗垣先生，稍聞經師家說，竊向往之；得季懷爲先路之導，而志益定。季懷以余涉獵之多涂也，謂余曰：《易》者五常之原而寡過之要；學之，達足以善天下，窮亦足以善其身。學以專成，以廣廢，愼毋泛騖爲也。余深然之，遂壹志於《易》，採輯舊聞，成《參象》十四卷，而季懷之揚，因就正於孫伯淵先生，先生可之。時家日以落，謀食維殷，丁丑遊揚，由季懷館於洪桐生先生家，爲校書籍，得盡閱其所藏，又得識季懷兄愼伯世臣、其族子孟開愼言、其姻兄弟翟徽五愼典，徽五弟楚珍維善。若揚之薛子韻傳均、劉孟瞻文淇、楊季子亮、汪小城穀、劉楚楨寶楠、梅蘊生植之、吳熙載廷颺，皆季懷之友也。鎮江之汪茞生沅、柳賓叔興宗，則余館洪桐生先生家及館於鎮江汪氏之所友，而季懷亦友之者。切

　　磋之益，惠我靡窮，乃更參象而疏證十六卷。每卷脫稿，必與孟瞻
　　校之，諸友討論之，書成而季懷序之，可謂極友朋之樂矣。〔註16〕
此處姚配中言其志於《易》，採輯舊聞，成《參象》十四卷，後又得諸友朋切
磋之益，乃更《參象》為《疏證》十六卷，每卷脫稿，必與劉文淇校之，再
與諸友討論之，等書成，再由包世榮作序，此為其《易》學淵源，有得友朋
切磋之例證。又姚氏於《周易通論月令序》云：

　　〈月令〉之傳，其原自遠，配中于注《易》之暇，會通其義，為《月
　　令箋》五卷，以鄭為宗，其有不同，取諸群說，猶鄭之箋毛，不嫌
　　存異義也。因復探其微言大義，統而論之，附于《周易姚氏學》之
　　後；述己所聞，證以經傳，於所不知，蓋闕如也。凡二卷名曰《周
　　易通論月令》。憶囊注《周易》，與友涇包季懷反復辯論，解疑釋惑，
　　益我良多。季懷捐館舍，今已九年矣，是書之成，莫由正其訛謬，
　　恨何如之。〔註17〕

姚氏精於《易》，端賴其苦思力索，乃有《易》學佳作，而成一家之言，而與
之從遊者，皆為一時俊秀，姚氏能與諸友朋切磋《易》學，此乃其《易》學
淵源之一也。

二、沿襲前人論說

　　姚配中之治《易》淵源，除由友朋之切磋外，尚有對前賢學術之踵事增
華；姚氏除能將前人之學融入其《易》學中，從而提出自己見解，其善張惠
言《虞氏易》，以為漢《易》諸家中，鄭玄最優，故發明鄭學，凡鄭玄所未備
者，取東漢荀爽、虞翻諸家之說補之，而凡荀爽、虞翻所未及者，則附加案
語，申明己意，張壽榮〈易學闡元・識語〉云：

　　《易》中之元，自宣聖發之，漢儒明之，我朝東吳惠氏、武進張氏
　　述之，已可得其端倪矣。嘉道以來，旌德姚君仲虞著《易》學，復
　　為大暢其說，於卷首即列〈贊元〉、〈釋數〉、〈定名〉三篇，以闡發
　　《易》中微言精義，而一歸於元。〔註18〕

姚氏為象數《易》學家，既大暢惠棟、張惠言之說，其於漢魏、隋唐以來之

〔註16〕同註6，頁 450～451。
〔註17〕同註6。
〔註18〕同註6。

象數學者立論，則多所闡述，如京房、鄭玄、虞翻、荀爽、李鼎祚之《易》學思想，則皆引用，姚氏於〈易學闡元・贊元第一〉云：

> 元發爲畫，畫變成爻，爻極乃化。（▬▬謂之畫卦，首六畫是也，九六謂之爻畫之變也，伏羲之《易》有畫，无九六之爻，文王發揮剛柔，乃增以九六之爻，諸所稱初九，初六皆是也。《乾鑿度》云：夫八卦之變，象感在人，文王因性情之宜，爲之節文。鄭康成注云：人情有變動，因設變動之爻以效之。揚雄〈解難〉云：宓羲氏之作《易》也，緜絡天地，經以八卦，文王附六爻。司馬季主云：伏羲作八卦，文王演三百八十四爻。《漢書・藝文志》云：文王重《易》六爻，作上下篇。《淮南子・要略》云：伏羲爲之六十四變，周室增以六爻，高誘注云：八八變爲六十四卦，伏羲示其象，周室謂文王也。據此是文王增爻，故鄭以爻辭爲文王作，爻者畫之變也，六十四卦皆八卦之經緯，故楊雄等但言八卦，義與《淮南子》同。）鄭氏用九注云：六爻皆禮。〈乾〉，群龍之象也，舜既受禪，禹與稷、契、咎、繇之屬並在於朝，是鄭氏以六爻爲禹、稷諸人，而舜則用九者，不在六爻之數。所謂乾元也，虞氏〈坤〉象注云：坤含光大，凝乾之元，終於坤。亥出乾初，子謂乾元藏於中，坤含光大凝乾元，則〈坤〉、元也，坤元亦不在六爻之數。而復德之本也，虞注云：復初，乾之元者，以元不可見終亥，出子藏於中宮，因其始動，以目其未動，故獨繫之後。初復初陽始來，復天地之心也。（虞所謂隱初入微，陽始來復，未著成爻也。）是虞義與鄭同。荀氏「大衍之數五十」注云：卦各有六爻，六八四十八，加〈乾〉〈坤〉二用，凡有五十。〈乾〉初九，潛龍勿用，故用四十九，其說五十，雖似與異（鄭義以天地之數五十五，五行減五，故五十。似與荀異，但既減五，即以象八卦爻數，及二用義互相濟也。），而云加〈乾〉〈坤〉二用，則亦以乾元坤元不在爻數，用九用六，實有用之者矣。云初九潛龍勿用，故用四十九者，蓋亦以乾元隱初入微，義與虞同。〔註19〕

此處姚氏多引前賢之說，以釋《易》理，而其又以鄭學最優，鄭玄習《易》，先受京氏《易》，後學費氏《易》，從其遺留之《易》注及《易緯》注觀之，鄭氏繼承西漢孟、焦、京及《易緯》中之卦氣說，並創爻體說及爻辰說，於《易》

〔註19〕 同註6，頁2。

學訓詁、音韻之研究，成績卓著。姚配中之《易》說，多淵源於此，如：

䷃ 蒙，亨。匪我求童蒙，童蒙求我。初筮告，再三瀆，瀆則不告。利貞。
《周易姚氏學‧註》：

> 鄭康成曰：蒙者，蒙蒙，物初生形，是其未開著之名也。人幼稚曰
> 蒙，未冠之稱。亨者，陽也；筮，問也；瀆，褻也。互體震而得中，
> 嘉會禮通，陽自動其中德，施地道之上，萬物應之而萌芽生。教授
> 之師取象焉，修道藝於其室，而童蒙者求爲之弟子，非己手求之也。
> 弟子初問則告之以事義，不思其三隅相況以反解，而筮者，此動師
> 而功寡，學者之災也。瀆筮則不復告，欲令思而得之，亦所以義利
> 而幹事也。〔註20〕

姚配中曰：見《公羊疏》及《釋文》，虞翻云：童蒙謂五，艮爲童蒙，我謂二。
陸績云：六五陰爻，在蒙暗，蒙九二，二則告之，三應於上，四隔於三，與二
爲瀆，二則不告。案：蒙闇昧也，童與僮通，瀆通黷，二五易位，以陽通陰，
蒙氣得除，嘉會禮通，君子所以發蒙也，故蒙亨二坎習教事，故童蒙求之，五
陰求二陽，故求我明二不求五也。〈曲禮〉曰：禮聞來學，不聞往教。二雖臣位，
〈學記〉所謂：當其爲師，則弗臣。大學之禮，雖詔於天子，無北面者也。卜
筮不過三，故瀆則不告，語之而不知，雖舍之可也。〈蒙〉唯六四得位，四化則
成〈未濟〉，此蒙之不可不教也。二五易位，初三上化之正成〈既濟〉，故利貞，
語之而知則以語之者利之，不屑教誨是亦教誨以不利利之，君子引而不發躍如
也。中道而立能者從之故利貞，所謂蒙以養正也，著爲筮陽之老也。

〈象〉曰：蒙，山下有險，險而止，蒙。……匪我求童蒙，童蒙求我，
志應也。《周易姚氏學‧注》：

> 荀爽曰：二與五志相應也。〔註21〕

姚配中曰：案虞注皆以〈坎〉爲志，蓋在心爲志；志者，心之所之也，〈坎〉
陽在中心之象，但易通以欲之而未動者爲志，欲之而動者爲志行，或曰行，
志尚未動，行則已動耳，故不盡用虞例。

䷌ 同人，同人于野，亨，利涉大川，利君子貞。《周易姚氏學‧注》：

> 鄭康成曰：〈乾〉爲天，〈離〉爲火，卦體有〈巽〉，〈巽〉爲風，天
> 在上，火炎上而從之，是其性同於天也；火得風，然後炎上益熾，

是猶人君在上，施政教，使天下之人和同而事之，故謂之同人。風
行无所不遍，遍則會通之德大行，故曰：同人于野亨。〔註22〕

姚配中曰：案：《淮南子・繆稱》云：芒芒昧昧與元同氣，故至德者，言同略
事，同指上下一心，無歧道旁見者邊障之於邪！開道之於善而民向方矣。《易》
曰：同人于野，利涉大川。

〈彖〉曰：同人，柔得位得中而應乎乾，曰同人。《周易姚氏學・注》：
　　虞翻曰：二得中應乾。〔註23〕

姚配中曰：案：服虔《左傳注》云：天在上，火炎上，同於天，天不可同，
故曰同人。荀九家云：謂乾舍於離，同而爲日，天日同明，以照於下，君子
則之，上下同心，故曰同人。案：柔得中應乾，是火同於天，天與火同人是
乾舍於離上下和同也。

〈明夷〉九三，明夷于南狩，得其大首，不可疾貞。《周易姚氏學・注》：
　　李鼎祚曰：冬獵曰狩，三互體離坎，離南坎北，北主於冬，故曰南
　　狩。〔註24〕

姚配中曰：案：離田漁故南狩。

　　大抵姚配中生當清代乾嘉時期，既得惠棟、張惠言之學，繼而上溯李鼎
祚《周易集解》，進而博閱漢代諸家象數之《易》學，其書中往往有存諸家之
《易》注，踵事前賢，舉凡京房、孟喜、荀爽、虞翻、鄭玄、李鼎祚皆是姚
氏《易》學思想之淵源者，故而能成一家之言。

第三節　姚配中之《易》學思想概觀

　　姚配中之《易》學，其最突出表現者，爲對《周易》象數之研究，姚氏
之《易》學思想，概而觀之，大致以闡明鄭學，康成所未備則以荀虞諸家補
之而折以鄭義，因姚配中研《易》以爲鄭玄之《易》爲最優，故極力闡明鄭
學，而鄭玄《易》學思想特點有爻辰、爻體二種，所謂爻辰即鄭玄《易》是
以其爻辰說解說《周易》之經傳，漢京房納十二支時，將〈乾〉卦六爻由下
而上配子、寅、辰、午、申、戌，鄭玄因之。而〈坤〉卦六爻，由下而上配

〔註22〕同註6，頁522。
〔註23〕同註22。
〔註24〕同註6，頁569。

爲未、巳、卯、丑、亥、酉，鄭玄則改爲未、酉、亥、丑、卯、巳之次序。
鄭玄作如此修改之理由在本於月律，即〈月令〉十二月所中之律，其法則依
隔八相生之法，此見於《周禮・春官・太師》鄭注：

> 黃鐘，初九也，下生林鐘之初六，林鐘又上生太簇之九二，太簇又
> 下生南呂之六二，南呂又上生姑洗之九三，姑洗又下生應鐘之六三，
> 應鐘又上生蕤賓之九四，蕤賓又上生大呂之六四，大呂又下生夷則
> 之九五，夷則又上生夾鐘之六五，夾鐘又下生无射之上九，无射又
> 上生中呂之上六。〔註25〕

韋昭注《國語・周語》「王將鑄無射」章，即是根據鄭玄之注，其注曰：

> 「十一月黃鐘，〈乾〉初九也。」「十二月大呂，〈坤〉六四也。」「五
> 月太簇，〈乾〉九二也。」「二月夾鐘，〈坤〉六五也。」「三月姑洗，
> 〈乾〉九三也。」「四月中宮，〈坤〉上六也。」「五月蕤賓，〈乾〉
> 九四也。」「六月林鐘，〈坤〉初六也」「七月夷則，〈乾〉九五也。」
> 「八月南呂，〈坤〉六二也。」「九月无射，〈乾〉上九也。」「十月
> 應鐘，〈坤〉六三也。」〔註26〕

由此可見鄭玄爻辰之〈乾〉卦諸爻納辰同於京氏，而〈坤〉卦諸爻之納爻次序
與京氏異。清惠棟依據鄭說製「乾坤十二爻辰圖」如下：（圖載《易漢學》卷六）

十二月爻辰圖

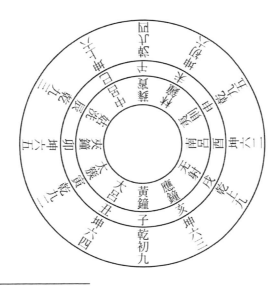

〔註25〕 高懷民：《兩漢易學史》（高懷民，民國72年2月），頁178。
〔註26〕 同註25。

所謂爻體說爲鄭玄所創立之一種新解《易》體例，而爻即爲卦中之某一爻，體是指八經卦卦體或六畫卦中之上下卦體。爻體乃指某一爻可代表某一卦體，同時亦代表某一卦義。具體說來，就六畫卦而言，〈震〉卦初爻爲陽，凡初、四爻爲陽爻者，可分別稱之爲「震爻」（初爲下卦之初，四爲上卦之初），該爻自然亦具有〈震〉卦之義；〈坎〉卦中爻爲陽，凡二、五爲陽爻者，可分別稱之爲「坎爻」，該爻具有〈坎〉卦之義；〈艮〉卦上爻爲陽，凡三、上爲陽爻者，可分別稱之爲「艮爻」，該爻具有〈艮〉卦之義；〈巽〉卦下爻爲陰，凡初、四爲陰爻者，可分別稱之爲「巽爻」，該爻具有〈巽〉卦之義；〈離〉卦中爻爲陰，凡二、五爲陰爻者，可分別稱之爲「離爻」，該爻具有〈離〉卦之義；〈兌〉卦上爻爲陰，凡三、上爲陰爻者，可分別稱之爲「兌爻」，該爻具有〈兌〉卦之義。鄭玄之《易》學思想深深影響姚配中，姚氏之《周易姚氏學》，闡明鄭學，而凡鄭玄所未備者，則取東漢荀爽、虞翻諸家之說補之，凡荀爽、虞翻所未及者，則附加案語，申明己意，其所附案語，亦本鄭玄家法，由卦象以求義理，繁稱博引，奧衍宏深，一洗附會穿鑿之語，如：

䷞ 咸，亨，利貞，取女吉。《周易姚氏學‧注》

鄭康成曰：咸，感也，艮爲〈山〉，兌爲〈澤〉，山氣下。澤氣上，二氣通而相應，以生萬物，故曰咸也。其於人也，嘉會禮通，和順於義，幹事能正，三十之男，有此三德，以下二十之女，正而相親說，娶之則吉也。〔註27〕

姚配中案曰：「山澤通氣，氣通則初四易位成〈既濟〉，故亨，利貞。交爻正，故取女吉，上經首〈乾〉〈坤〉，天地也。天地之氣以山澤通，以雷風薄，故下經首〈咸〉〈恆〉，〈郊特牲〉曰：『天地合而後萬物興焉。夫昏禮，萬世之始也。』」此姚氏以鄭玄之義爲主，附加己見，並引《禮記‧郊特牲》之義以說明之也。

䷲ 震，亨。震來虩虩，笑言啞啞。《周易姚氏學‧注》：

鄭康成曰：震爲雷，雷，動物之氣也。雷之發聲，猶人君出政教，以動國中之人也，故謂之震。人君有善聲教，則嘉會之禮通矣。〔註28〕

姚配中案曰：「震雷出地，陰陽氣爻，萬物達，故亨。萬物震驚，故虩虩，句萌達，鬱氣舒，故啞啞，春生之氣也。」此姚氏以鄭玄之釋義爲主，並附加

〔註27〕 同註6，頁558。
〔註28〕 同註6，頁601。

己見成案語，以補充說明之。

　　又 ䷭ 升，元亨，用見大人，勿恤，南征吉。《周易姚氏學・注》：

　　　　鄭康成曰：昇，上也，坤地巽木，木生地中，日長而上，故謂之升，

　　　　升進益之象也。虞翻曰：謂二當之五，爲大人離爲見，坎爲恤，二

　　　　之五得正，故用見大人，勿恤，有慶也。離，南方之卦，二之五成

　　　　離，故南征吉。〔註29〕

此處姚氏以鄭玄之解，闡釋〈升〉卦，再以虞翻之意，補充鄭氏之不足者也。

　　又 ䷟ 恆九三，不恆其德，或承之羞，貞吝。《周易姚氏學・注》：

　　　　鄭康成曰：巽爲進退，不恆其德之象。荀爽曰：與初同象，欲據初，

　　　　隔二，與五爲兌，欲說之，隔四，故不恆其德。〔註30〕

此處姚氏以鄭玄之義，闡釋〈恆〉九三，並取荀爽之說，補充鄭玄之不足者

也。

　　又 ䷯ 井〈象〉曰：巽乎水而上水，井，井養而不窮也。《周易姚氏學・

注》：

　　　　鄭康成曰：井以汲人，水无空竭，猶君子以政教養天下，惠澤无窮

　　　　也。改邑不改井，乃以剛中也。汔至亦未繘井，未有功也。羸其瓶，

　　　　是以凶也。虞翻曰：兌口飲水，坎爲通。荀爽曰：巽乎水，謂陰下

　　　　爲巽也，而上水，謂陽上爲坎也，木入水出，井之象也。〔註31〕

姚配中以鄭康成、虞翻、荀爽綜合解釋〈井・象〉：「巽乎水而上水，井；井

養而不窮也。」之義也。

　　又 ䷐ 隨上六，拘係之，乃從維之，王用亨于西山。《周易姚氏學・注》：

　　　　虞翻曰：應在艮，艮手爲拘，巽爲繩，兩係稱維，否乾爲王謂五也。

　　　　有觀象，故亨，兌爲西，艮爲山。〔註32〕

姚配中案曰：「此謂否上也，无位无民，眾陰不順，故拘維之，九兩繫民，繫

之有道，拘而係之，乃從而維之，非所以係之，正以迫之，使去耳，故王者

得用之，以享于西山，言人歸則神享也，此言否上，窮而反下成隨天下歸興

王之象也。」此爲姚氏以虞翻之見補充說明，並附加案語，以申明己意者也。

〔註29〕同註6，頁589。
〔註30〕同註6，頁561。
〔註31〕同註6，頁594。
〔註32〕同註6，頁531。

－343－

又 ䷬ 萃〈象〉曰：澤上於地，萃；君子以除戎器，戒不虞。《周易姚氏學·注》：

> 荀爽曰：澤者卑下，流潦歸之，萬物生焉，故謂之萃也。〔註33〕

姚配中案曰：「《周語》曰：先王耀德不觀兵。夫兵戢而時動，動則威，觀則玩，玩則不震，是故周文王之頌曰：載戢干戈，載櫜弓矢。我求懿德，肆于時夏，允王保之。」此爲姚氏以荀爽之意補充說明，並附加案語，以申明己意者也。

又 ䷬ 萃上六，齎咨涕洟，无咎。《周易姚氏學·注》：

> 鄭康成曰：齎咨嗟歎之辭也，自目曰涕，自鼻曰洟。虞翻曰：三之
> 四體離坎，艮爲鼻，涕流鼻目，故曰涕洟。〔註34〕

姚配中案曰：「上無應位兌口，故齎咨，此亦『既憂之咎不長』者文，蓋望紂自悔，散可復萃也。」此姚氏以鄭玄之釋意爲主，並以虞翻之說補之，並附加己見成案語，以申明己意。

䷵ 歸妹上六，女承筐，无實；士刲羊，无血，无攸利。

> 鄭康成曰：宗廟之禮，主婦奉筐米，〈士昏禮〉：「婦入三月而後祭行。」
> 虞翻曰：女謂應三兌也，自下受上稱承，震爲筐；刲，刺也，震爲
> 士，兌爲羊，離爲刀，故士刲羊。〔註35〕

姚配中案曰：「此以兩象言也，兌承震，故女承筐，初化與四易位，上體无陽，二陰不應，故无實，初化與四易位，坎象不見，故无血，无實无血，故無所利也。」此亦姚氏以鄭玄之釋意爲主，並以虞翻之說補之，並附加己見成案語，以申明己意也。

又 ䷯ 井九三，井渫不食，爲我心惻。《周易姚氏學·注》：

> 鄭康成曰：謂己浚渫也，猶臣修正其身，以事君。荀爽曰：渫去穢
> 濁，清潔之意也，三者得正，故曰井渫；不得據陰，喻不得用，故
> 曰不食；道既不行，故我心惻。〔註36〕

姚配中案曰：「比喻紂不用文王也，不用養人之道，將至危亡，故心惻也。」此姚氏以鄭玄之釋意爲主，並以荀爽之說補之，並附加己見成案語，以申明己意也。

〔註33〕同註6，頁587～588。
〔註34〕同註6，頁589。
〔註35〕同註6，頁609。
〔註36〕同註6，頁595。

又 ䷢ 晉，康侯用錫馬蕃庶，畫日三接。《周易姚氏學・注》：

> 鄭康成曰：康，尊也，廣也。荀爽曰：陰性安靜，故曰康侯，坤爲
> 眾，故曰蕃庶矣。虞翻曰：離日在上，故畫日，三陰在下，故三接
> 矣。〔註37〕

姚配中案曰：「陰進尊位，諸侯朝王之象也。諸侯朝王，王康之，故晉康侯。錫，賜也。錫馬，賜之車馬；蕃庶，重賜无數，覲禮侯氏，一日凡三接見天子，故畫日三接。」此姚配中取鄭玄之說釋〈晉〉卦，又覺鄭玄有所未備，乃取荀爽、虞翻諸家之說補之，又以荀爽、虞翻二家之說尚有未及者，故附加案語，以申明己意也。

〈繫辭上傳〉第十章：「夫《易》，聖人之所以極深而研幾也。」《周易姚氏學・注》：

> 鄭康成曰：研喻思慮，幾，微也。唯深也，故能通天下之志；唯幾
> 也，故能成天下之務。虞翻曰：務，事也。荀爽曰：謂伏羲畫卦，
> 窮極易幽深，文王繫辭，研盡《易》幾微者也。〔註38〕

姚配中案曰：「卦象極深天下之志通焉，所謂擬賾也。爻辭研幾天下之務成焉；議動也，唯深可通志，極則能通，唯幾可成務，研則能成，唯《易》可以通志成務，卦爻者而易形矣。」此姚配中以鄭玄之義釋〈繫辭〉，並取虞翻、荀爽二家之說以補鄭玄之不足，最後又以案語補諸家之說，以申明己意。

由上可知，姚配中之《易》學思想，在於發明鄭玄《易》學，而鄭玄所未及者，則取虞翻、荀爽諸說補充之，但必與鄭玄相比附。虞、荀諸家也未及者，則自己附加案語，亦本於鄭玄家法，由卦象以求義理，一洗附會穿鑿之陋習，對於鄭玄爲後人所駁斥之爻辰說，則刪去不用，此正可代表象數《易》學家治《易》之特色。

第四節　姚配中之《易》學特色

姚配中之《易》學研究，思想精深，多所論說，嘗自命巧慧，左右采獲，穿穴无所不通，故其《易》學富有創造性，其特色有无爲《易》之原；用七八九六之義，以與〈月令〉之五神、五蟲、五音、五味、五祀、五臟及干支

〔註37〕同註6，頁565。
〔註38〕同註6，頁644。

十二律相比附，茲分述如下：

一、元爲《易》之原

姚配中著《易學闡元》，卷首有〈贊元〉、〈釋數〉、〈定名〉三篇，以《易》中微言精義而一歸於元，即元者《易》之原；其自序謂「一者元，元者《易》之原」即鄭注《周易乾鑿度》一元以爲元六紀，所謂：「天地之元，萬物所紀」之義，其數亦本康成之說，定名則取康成〈易贊〉、〈易論〉之義。其《周易通論月令》亦與前者略同，唯依〈月令〉解之，謂：

> 元爲《易》之原，帝者乾元也，出乎〈震〉，成言乎〈艮〉，而元周八卦。古之王者，發號施令，每月異禮，所以順陰陽、奉四時、效氣物、行王政，其著於錄略，謂之明堂陰陽，是故〈月令〉者，《大易》陰陽之道施於政事者也。〔註39〕

姚配中於《易學闡元·贊元》中，引許慎、班固之言，闡明元爲《易》之原，其曰：

> 許氏《說文》云：惟初太始，道立於一，造分天地，化成萬物。此則元之所以爲元也。（董子《春秋繁露·重政》云：元猶原也。何休《公羊注》云：元者，氣也，無形以起，有形以分，造起天地，天地之始也。《乾鑿度》云：夫有形生於無形，〈乾〉〈坤〉安從生，故曰有太易，有太初，有太始，有太素。太易者，未見氣也；太初者，氣之始也；太始者，形之始也；太素者，質之始也。氣形質具而未離，故曰渾淪渾淪者，言萬物相渾成而未相離，視之不見，聽之不聞，循之不得，故曰《易》也，《易》無形畔，觀此諸義，可以知元矣。）《漢書·律曆志》云：十一月〈乾〉之初九，陽氣伏於地下，始著爲一，萬物萌動，鍾於太陰。故黃鍾爲天統，律長九寸，九者，所究極中和，爲萬物元也。云始著爲一，云究極中和，爲萬物元，則其所謂元非初九明矣。其所謂太陰，即〈坤〉元藏〈乾〉元者也。（合〈乾〉〈坤〉之元，謂之太極，故〈志〉又云，太極，中央元氣）蓋元者，視之不見，聽之不聞，範圍不過，曲成不遺，在天成象，在地成形，見乃謂之象，形乃謂之器，皆元也。（《參同契》云：用九翩翩，爲道規矩。陽數已訖，訖則復起。推情合性，轉而相與。

〔註39〕徐芹庭：《易學源流》（臺北：國立編譯館，民國76年8月），頁1053。

循環琁璣，升降上下。周流六爻，難可察覩。故無常位，爲《易》
宗祖。）故曰：八卦成列，象在其中矣，〈乾〉〈坤〉成列，而〈易〉
立乎其中矣。象者，言乎象，卦畫者，元之象也。〔註40〕

姚氏以爲天地萬物之生成，元之所以爲元，始著爲一，爲萬物元，而《易》
之卦成列，象在其中，〈乾〉〈坤〉成列，《易》立其中，〈象〉者，言乎象，
卦畫者，元之象也，元者爲何？姚配中於《易學闡元·贊元》又曰：

是故全卦之氣，隱伏於初，探賾索隱，鉤深致遠；探索此，鉤致此
也。《易》氣從下生，實從中生，據畫云，下耳。全卦之氣，固不畢
具，是之謂元，故聖人得而擬議之。（聖人有以見天下之賾，虞注云：
賾謂初，象謂三才，八卦在天也，庖犧重爲六畫也。據此是虞以爲
賾爲全卦之氣所伏，聖人因從而擬議之，以成六畫也。又探賾索隱，
注云：賾初也，初隱未見，故探賾。案未見亦謂伏。又言天下之至
賾而不可亞也，注云：至賾无情，陰陽會通，品物流形，以〈乾〉
簡〈坤〉易之至也，元善之長，故不可亞。蓋虞實以爲全卦之氣伏
於初，无有遠近幽深，遂知來物者以此，定吉凶、成亹亹者以此，
以其雖賾，而全卦之氣畢具，故可得而擬議也。）元者，一也，故
曰，天下之動，貞夫一；（虞注云：一謂乾元，萬物之動，各資天一
陽氣以生。案全卦之氣，伏於初，六畫六爻悉由以生。）發爲六畫，
變爲六爻，一以貫之耳。時乘六龍，荀九家云：時之元氣，以王而
行，履涉衆爻，是乘九龍也。〈乾〉初九干寶注云：初九，乾元所始
也。謂初爲乾元著見之始，則六畫六爻固非元之所爲矣。）知幾其
神，見其賾也，聖人蓋有所以知之者矣。〔註41〕

元既爲《易》之原，姚配中又以爲〈坎〉〈離〉合成既濟，乾元託位於五，坤
元託位於二，二五之氣通合，一爲太極，日月爲《易》，而〈坎〉〈離〉中畫
有陰陽之象，元氣起於子，子人所生，人之元即卦之元，人而生焉，姚配中
《易學闡元·釋數》云：

所謂〈乾〉爲天爲圜者也。（《說文》云：屯，難也，象艸木之初生，
屯然而難，從屮貫一，一地也，尾曲。《易》曰：剛柔始交而難生，
乙象春艸木冤曲而出，陰氣尚彊，其出乙乙，與——同意。冂，覆也，

象一下垂也；囗，回也，象回謅之形，回，轉也。回古文。《淮南子‧天文》云：道曰規始於一，規即為圜之義。〈大玄〉礩象屯次二黃不純屈於根，《說文》尾曲之義，蓋本〈太玄〉。〈屯〉居〈乾〉〈坤〉後，象氣之初生不得伸，而尾曲者也。）陽一以圍口是也。夏至，陽極，陰欲萌，陽包乎陰，卦為離。離為日；日者，實也。陽在外，故實而火，外明也。冬至，陰極，陽欲萌，陰包乎陽，卦為坎。坎為月；月者，闕也。陰在外，故闕而水，內明也。離坎之中，陰陽所縕，視之不見，聽之不聞，无聲而无臭者也。坎離合成既濟，乾元託位於五，坤元託位於二，二五氣通合之。一，太極也，日月為易，而不可見者見矣。（《說文》云：日，實也，太陽之精。不虧。月，闕也，太陰之精。案二至陰陽伏而不可見，天地之體渾圓也，卦畫不能渾圓，故坎離中畫有陰陽之象。）陽氣荄於亥，妊於壬，十月陽伏而陰妊，陰包於外，陽伏於中，於文為⟨圖⟩，包從⟨圖⟩，勹，陰也，巳，陽也。陽盛於巳，包從巳，象陽之屈曲於中也，故曰「龍蛇之蟄以存身」；於時陰氣在外，閉而成一，陽一於中，陰一於外，陽起子遇陰，剛柔始交，屯然而難不得伸而曲，所謂「尺蠖之屈以求信」者也。（《易》於〈否〉、〈泰〉、〈垢〉、〈蒙〉爻辭，言包取相交之義。所謂天地交，天地相遇也。《說文》云：亥荄也。十月微陽起，接盛陰，從二，二古文上字。一人男，一人女也。從乙，象裹子咳咳之形。壬位北方，陰極陽生，故《易》曰龍戰于野。戰者，接也，象人裹妊之形，包，象人裹妊，巳在中，象子未成形也。元氣起於子，子人所生也，男左，行三十，女右，行二十，俱立於巳，為夫婦裹妊於巳；巳子也，十月而生，男起巳至寅，女起巳至申，故男年始寅，女年始申也。案元氣起於子，子人所生，人之元即卦之元也。男左行，女右行，謂從子左行，從子右行，故男三十立於巳，女二十立於巳，男起巳至寅，亦左行，女起巳至申，亦右行，皆十月。高誘《淮南子‧氾論篇注》義與《說文》同，疑其即本許氏也。元起於子，元是也，十月而生卦是也，生之始也。三十、二十為夫婦，象天三覆，地二載，昏期也，爻是也。裹妊於巳，則又陰陽接變則化矣。）〔註42〕

元氣既起於子，子人所生，人之元為卦之元，姚配中又正名即《易》之理，

所謂元者爲一，《周易》乾元用九，坤元用六；一經皆九六，九六皆元之用，故元即《易》，元爲《易》之原也。其於《易學闡元・定名》云：

天之周，不可知，以列宿及七政之躔次知之；《易》之周，不可知，以爻畫之往來升降知之。是故見乃謂之象，形乃謂之器，陰陽不測，妙萬物謂之神；神妙萬物，无所不周，不過不遺，不可一方名也。故曰：神无方而《易》無體。往而還反，終而復始，无一息之停，一毫之間；不得其端，莫窮其極也，是曰《周易》。周天之度，人強名耳，何所起止乎？故曰天下之動，貞夫一。（楊雄以太玄象《易》，以《易》爲玄也。《易》不可見，以六十四卦見之，故統六十四卦名爲《易》；玄不可見，以八十一首見之，故合八十一首號爲玄。卦義明而《易》著，虛者實矣。〈玄攡〉云：夫玄晦其位而冥其吟，深其阜而眇其根，穰其功而幽其所以然者也。〈玄都序〉云：馴乎玄，渾行無窮，正象天。此即《周易》之謂也。太玄周次二植中樞，周無隅樞者《易》也，元也。周無隅則卦爻也，卦爻周而復始，故無隅，命之曰周元，用卦爻簡易變易不易之所以，然元實主之，謂之爲《易》，卦爻周而易行是曰《周易》。桓譚《新論》云：伏羲氏謂之《易》，老子謂之道，孔子謂之元，而揚雄謂之玄。）物得一而生，一即物而存。（《中庸》云：鬼神之爲德，其盛矣乎！視之而不見，聽之而不聞，體物而不可遺。《呂覽・圜道》云：一也者，齊至貴，莫知其原，莫知其端，莫知其終，而萬物以爲宗。論人云，凡彼萬形得一後成。）故乾元萬物資以始，坤元萬物資以生，《易》之爻策，萬物也，而始生之者，元也。元者，一也；一者，《易》也。（董子〈重政〉云：唯聖人能屬萬物於一而繫之元也。又云：春秋變一謂之元，元猶原也。何休〈公羊注〉云：變一言元。元者，氣也；無形以起，有形以分，造起天地，天地之始也。《乾鑿度》云：昔者聖人因陰陽定消息，立〈乾〉〈坤〉以統大地。夫有形生於无形，〈乾〉〈坤〉安從生？故曰有太易，有太初，有太始，有太素也。太易者，未見氣也；太初者，氣之始也；太始者，形之始也；太素者，質之始也。氣形質具而未離，故曰渾淪。渾淪者，言萬物相渾成而未離；視之不見，聽之不聞，循之不得，故曰《易》也。《呂覽・大樂》云：太極出兩儀，萬物所出，造於太一，化於陰陽。道也者，視之不見，

聽之不聞，不可爲狀；有知不見之見，不聞之聞，無狀之狀者，則幾於知之矣。道也者，至精也，不可爲形，不可爲名，強爲之，謂之太一。案太一即一也。）故合六十四卦、三百八十四爻、萬千五百二十策而目之爲《周易》，言其周流而无不遍者，皆《易》也。是故乾元用九，坤元用六；一經皆九六，九六皆元之用，元即《易》也。元之用九六，終始一經，即周也。〔註43〕

綜上所述，姚配中以爲一者元也，元者《易》之原，《易》元藏於中爻，不知周者不足與言《易》，不知太極之始終者，不足與言《易》，不知四象之動靜者，不足與言《易》，不知繫辭之旨者，不足與言《易》，不深究眾說之會歸者，不足與言《易》，而《易》中全卦之氣畢具於元，《易》氣下生，實從中生，五上之中，乾元託位，二下之中，坤元託位，合〈乾〉〈坤〉之元，謂之太極，故卦畫者元之象，九六者元之變，用九用六，用之者，元變者。陽進由七而九，陰退由八而六，非陰變陽，陽變陰之謂，及以二至二分之中和往來，升降之周替，此明元之義說，而元者一也，元不可見，終亥出子。姚氏又云《易》本於一，一者數之始，十者數之終，十仍一，故《易》始於一，終於一。姚氏又以《易》道周普，周流於萬物，周匝於四時，故曰《周易》，此乃以《周禮‧賈疏》說爲是，姚配中以元爲《易》之原之說，論說精妙，實爲其《易》學之特色。

二、用七八九六之義，以與〈月令〉所述之五神、五蟲、五音、五味、五祀、五臟相比附

月令者，月指每年十二個月。令，政令。後漢馬融、蔡邕、賈逵及魏王肅等以爲係周公所作。鄭玄、高誘則以爲係呂不韋作。鄭玄《禮記目錄》云：「名曰『月令』者，以其紀十二月政之所行也。本《呂氏春秋‧十二月紀》之首章也。以禮家好事抄合之，後人因題之，名曰《禮記》，言周公所作，其中官名、時事多不合周法。」〔註44〕唐陸德明《月令‧釋文》云：「此是《呂氏春秋‧十二紀》之首，後人刪合爲此。」〔註45〕清代《四庫全書總目提要‧

〔註43〕同註15，頁10。
〔註44〕《十三經注疏》5──《禮記正義》（臺北：藝文印書館，民國65年5月），頁278。
〔註45〕同註44。

子部雜家類》云：「〈十二紀〉即《禮記》之〈月令〉，顧以十二月割爲十二篇，每篇之後，各間他文四篇。」其以《呂氏春秋・十二紀》首篇係分割《禮記・月令》而成。〈月令〉之作，實非始於《呂氏春秋》。今傳《逸周書》第五十三篇即是〈月令〉篇，原文已逸。《大戴禮記》中有〈夏小正〉篇，歷述每月時令變化及應作各事。而《禮記・月令》、《呂氏春秋・十二紀》首篇及《大戴禮記・夏小正》，有一共同特點，即俱用夏正。陳奇猷《呂氏春秋校釋》據此論定：「若此〈十二紀〉之首篇爲呂氏所作，……今既用夏正爲經，必有一古農書之用夏正者爲藍本無疑。」「〈十二紀〉係呂不韋本之流行於民間用夏正之農書增刪而成。」〔註46〕故《禮記・月令》與《呂氏春秋・十二紀》之首篇或俱出於同一用夏正之古農書也。〈月令〉之傳，其原自遠，姚配中於注《易》之暇，會通其義，爲《月令箋》五卷，以鄭爲宗，其有不同，取諸群說，猶鄭之箋毛，不嫌存異義。姚氏以爲〈月令〉者，大《易》陰陽之道，施於政事者也。以六十卦當七十二候，錯綜於四時爲政，由是驗消息之故，至於日度、周星、音律、數法皆通乎《易》，非周公不能作。周公立明堂以布月令，自秦以後，皆所依用，故《周書》及《呂覽》、《淮南》遞相沿襲，不得以《呂覽》所錄遂以爲秦時書。因〈月令〉一篇，備觀象於天，觀法於地，鳥獸之文與地之宜，合乎君子先愼乎德，以義爲利之旨。則可以疑《周官》而不可不信〈月令〉，〔註47〕故姚氏用七八九六之義，以與〈月令〉之五神、五蟲、五音、五味、五祀、五臟及干支十二律相比附，姚配中《周易通論月令》云：

> 七八九六者，陰陽之老少，《周易》謂之四象，播于四方，謂之四時，此大衍所營而得之者，故又謂之四營，天地之數五十五，五行減五，故大衍之數五十減五者，五行之數，土之生數，所以成五行者也，土位中央，爲五行之主，其七八九六之布于四時者，則大衍之所以成變化而行鬼神者也。冬至，陽生，數始于一，正北，坎位水也，故水生數，一陽來爲坎，則陰去爲離，離者，火也。故火生數二，二者陰之一也；陽動也，直陰動也，闢闔則分，故二，二即《易》之陰畫也。《元命苞》云：陰陽之性以一起，陽始于一，陰始于一，以陽闢陰交，而爲三，正東，〈震〉木位也。故木生數三，正秋，陽

〔註46〕陳奇猷：《呂氏春秋校釋》（臺北：華正書局，民國74年8月），頁11。
〔註47〕姚配中：《周易通論月令・宋翔鳳序》，同註11，頁689。

退而入陰，成于上，數爲四，西方，〈兌〉位金也。故金生數四，陽動出地，則陰分別而降，二變爲八，八別也。二之變也。於時爲春，故木成數，八者，少陰，陰養陽也，陽動出地，屈以求信，變而爲七，始于〈震〉，盛于〈巽〉，少陽，木氣也，火得木而麗，故火成數七，陽盛于巳，滅于戌，巳者，九之始，戌則九之終也。陽究而入乾神伏焉，而金體成，故金成數九，陰老于六，氣盛凝陽，坎爲血卦在地爲水，故水成數六，一陰一陽交而成立，五者，中宮，故土生數五，五變而爲十，故成數十。十者，一陰一陽，一縱一橫，天地合和之氣也，數始于一，終于十數也者，一氣之轉，所以狀氣之始，壯究而別其情性者也。于是陰陽交而味臭變，〈洪範・五行〉：「潤下作鹹，炎上作苦，曲直作酸，從革作辛，稼穡作甘。」味臭者，陰陽之變徵也。《淮南子》曰：味有五變，甘其主也。是故鍊甘生酸，鍊酸生辛，鍊辛生苦，鍊苦生鹹，鍊鹹反甘。」甘香者，陰陽之和，味臭之調也。陰陽交而味臭變，陽氣屈以求信，陰鬱之而後達，故酸亶。陽盛而揚，陰萌而陽極，故苦焦。陽極而燥，陰柔之；陰長而消，陽拂之，故辛腥。陽入而伏，陰盛于外，故鹹朽。

是故鬱之則酸，極之則苦，脅之則辛，沈之則鹹，和之則甘。〔註48〕

案：《禮記・月令》以酸、苦、甘、辛、鹹爲五味。姚配中以爲七八六九，乃陰陽之老少，《周易》謂之四象，播于四方，謂之四時，而陰陽五行之變化與五味有相互之關係，如水之特性爲潤濕而向下流浸，潤濕向下流浸之物，其味則鹹；火之特性爲焚燒而向上燃發，焚燒而向上燃發之物，其味則苦；木之特性爲易於彎折伸直，容易彎折或伸直之物，其味則酸；金之特性爲隨人之旨意而變更其形，形狀隨人旨意變更之物，其味則辣；土之特性適於生長莊稼，適宜種植莊稼之物，其味則甜。五味之變化隨大《易》陰陽五行之轉換，有所關聯矣。姚氏又以此理釋《禮記・月令》之五神，其於《周易通論月令》云：

大皞、句芒，狀中央四時之氣也。帝者，言其氣之王于一時。神者，信也；言其氣之引信物也。五帝五神因時易名，猶五天之比矣。春氣皞大，屈以求信，故帝大皞，神句芒。夏氣極盛，長養物，故帝炎帝，神祝融，秋氣成物，其氣斂，故帝少皞，神蓐收。冬氣閉藏，

〔註48〕 同註47，頁 701～702。

萬物伏，故帝顓頊，神元冥。中央土色，尚黃，五行之主也，故帝
黃帝，神后土。五帝、五神乃以狀中央四時之氣。〔註49〕

案：《禮記・月令》以句芒、祝融、后土、蓐收、玄冥為五神〔註50〕。姚配中
以為帝者，王天下之號；神者天神，乃引出萬物者也。而五帝五神為狀中央
春、夏、秋、冬之氣，故其中央土及四時之神，則有不同。姚氏又以此象數
《易》之說，闡釋《禮記・月令》中之中央四時之蟲各有不同，其於《周易
通論月令》云：

> 羽，毛鱗介狀，氣之屈信也。冬陰盛，萬物閉固，故蟲介陰凝陽，
> 陽氣結也。至春則陽氣出地，甲散為鱗。夏陽動而上騰，故羽。陽
> 者，揚也，飛之象也。中央陽極而陰萌，故倮。至秋則陰成體而寒
> 將至，故蟲毛皮革堅，至冬則轉而為介矣。此陰陽舒斂之義，一氣
> 之轉也。〔註51〕

案：《禮記・月令》以鱗蟲、羽蟲、裸蟲、毛蟲、甲蟲為五蟲。春季之動物以
魚類（鱗蟲）為代表，夏季之動物以鳥類（羽蟲）為代表，一年之正央，其
動物以靈長類（裸蟲）為代表，秋季之動物以獸類（毛蟲）為代表，冬季之
動物以甲殼類（甲蟲）為代表。一年四季及年中之氣候陰陽變化，與動物之
生長皆有相關聯，此乃本諸象數《易》之說。姚配中又以此理釋《禮記・月
令》之五音、十二律，其於《周易通論月令》云：

> 性殊則氣殊，氣殊則形殊，形殊則聲殊，而于是元之往來屈信，其情
> 狀可得而以音審之，以律寫之矣。《呂氏春秋》曰：「音樂之所由來者
> 遠矣，生于度量，本于太一，太一出兩儀，兩儀出陰陽，陰陽變化，
> 一上一下，合而成章，渾渾沌沌，離則復合，合則復離，是謂天常。」
> 又曰：「萬物所出，造于太一，化于陰陽，萌芽始震，凝鑫以形，形體
> 有處，莫不有聲，聲出于和，和出于適，和適先王定樂，由此而生。」
> 太一者，元也，兩儀者，〈乾〉〈坤〉也，陰陽者，〈乾〉〈坤〉九六也。
> 陰陽交而性生，性使氣，氣成形，有形而聲生焉。太史公曰：「音始于
> 宮，窮于角；數始于一，終于十，成于三，氣始于冬至，周而復生。」

〔註49〕 同註47，頁697。
〔註50〕 《禮記・月令》云：「孟春之月，……其帝大皞，其神句芒。……孟夏之月，……
　　　　其帝炎帝，其神祝融。……中央土，……其帝黃帝，其神后土。……孟秋之
　　　　月，……其帝少皞，其神蓐收。……孟冬之月，……其帝顓頊，其神玄冥。」
〔註51〕 同註47，頁697。

音始于宮者，中央之宮，四方之所交會，元之所藏也。一者，氣之始；十者，陰陽之合，氣之終也。成于三，則陰陽之始交也。乾元荄于亥，妊于壬，滋于子，以一起，陰陽交而數變，此太一之造生萬物，而黃鐘之宮，爲萬事之根本也。太史公曰：「神生于無，形成于有，形然後數，形而成聲，故曰神使氣，氣就形。」神者，元也，無謂元之伏藏時也。元不可見而律以寫之，所謂形成于有也。有形則數見而聲成矣。故曰：形然後數，形而成聲；數形，謂十二律之長短，足以見無形之神，而寫其形也。形成則聲成矣，五聲十二律者，所以寫消息之氣之隨時易者也。離則復合，合則復離，而聲律變矣，宮數八十一者，九九之數，所以究極中和爲萬物元也。八十一者究其數以明元在中央也。是故氣藏則數多。而音濁象其藏也。氣升則數少，而音清象其出也，冬至陽生，夏至陰生，天地用過，故宮三分去一，而生徵五十四。由是而秋徵三分益一而生商七十二，由是而冬商三分去一而生羽四十八，由是而春羽三分益一而生角六十四，乾元極于巳中無伏陽氣俱外發而音窮矣。故五音始于宮，窮于角也，此元也。其十二律之短長，則各寫其月消息之氣，〈乾〉〈坤〉之十二爻也，元之用也。某曰：律中某者，言其時之音某而于律則中某也。律之數不必與音同，音狀一時，律寫一月，音者、元也；律者、爻也。元藏于中，交周其外，陰陽變而律呂調矣。《呂氏春秋》曰：「大聖至理之世，天地之氣，合而生風，日至則月鐘其風，以生十二律，天地之風氣正則十二律定矣。」〈漢志〉云：「天之中數五，地之中數六，而二者爲合。六爲虛，五爲聲，周流于六虛。虛者，爻律夫陰陽，登降運行，列爲十二，而律呂和矣。太極元氣，函三爲一。極，中也。元，始也。行于十二辰，始動于子。此陰陽合德，氣鐘于子，化生萬物者也。」然則律者，爻也。氣者，元也。行于十二辰而元周矣。《易》之元不可知而爻以明之，聲之元不可知而律以寫之，而天地之氣，其數可得而紀矣。〔註52〕

案：《禮記·月令》以宮、商、角、徵、羽爲五音，黃鐘、大呂、大蔟、夾鐘、姑洗、中呂、蕤賓、林鐘、夷則、南呂、無射、應鐘爲十二律〔註53〕。在季

〔註52〕 同註47，頁 698～700。
〔註53〕 《禮記·月令》云：「孟春之月，……其音角，律中大蔟。……仲春之月，……其音角，律中夾鐘。……季春之月，……其音角，律中姑洗。……孟夏之月，……

節之五音中，與氣候及十二律皆能相應，如孟春之音階以角音爲代表，氣候與十二律中之大蔟相應，此音律之理皆通乎《易》，音樂之由來，本於太極，出於兩儀，陰陽之變化，合而成章，正如司馬遷所言，五音以宮聲爲基礎，上下相生至角聲爲止；數從一始，以十爲終，而完成於三；陽氣由冬至點始，循環至冬至點又始生，而其十二律之短長，則各寫其月消息之氣，〈乾〉〈坤〉之十二爻，此乃以《易》義與五音、十二律相比附也。姚氏又用《易》理釋《禮記·月令》之五祀、五藏，其於《周易通論月令》云：

> 五祀者，安之也。民知氣之有歸也，而氣亦爲之平，則氣無往而不返，順其時于其位，祀之所以調爕之，使之無過不及，則時和而民不病矣。是以自天子以下，皆各有以調爕之，使其氣有所歸也。其神，許慎、馬融以爲即句芒、祝融之等，鄭以爲小神，竊謂句芒、祝融亦時氣之名耳。五祀不必求其神以實之，不過于其時祀其氣于其位耳。故曰，其祀某。……腎者，水藏坎離合居，水火不相射。陽來成坎，則陰去爲離，水火所以相息也。故中央祭先心冬祭先腎，冬至陽生，夏至陰生，先以心腎，所以養其元也。其春夏俱食所勝者，所以調其氣也。春，木王，木勝土制之過則土病；故先脾，所以益土氣。益土氣，正以調木氣也。夏，火王，火勝金制之過則金病；故先肺，所以益金氣。益金氣，正以調火氣也。秋，金主，金勝制之過則木病；故先肝，所以益木氣。益木氣，正以調金氣也。元則養之，王則調之，氣和物遂而民不病矣。〔註54〕

案：《禮記·月令》以戶、竈、中霤、門、行爲五祀，脾、肺、心、肝、腎爲五臟〔註55〕。鄭玄以春陽氣出，故祀之於戶，夏陽氣盛，故祀之於竈，一年之中央，故祀之於中霤，秋陰氣出，故祀之於門，冬陰盛寒，故祀之於行。姚氏以爲祭祀爲安民，並使氣有所歸，而於五祀不必求其神，但須於其時祀

其音徵，律中中呂。……仲夏之月，……其音徵，律中蕤賓。……季夏之月，……其音徵，律中林鍾。……孟秋之月，……其音商，律中夷則。……仲秋之月，……其音商，律中南呂。……季秋之月，……其音商，律中無射。……孟冬之月，……其音羽，律中應鍾。……仲冬之月，……其音羽，律中黃鍾。……季冬之月，……其音羽，律中大呂。」

〔註54〕同註47，頁703～704。

〔註55〕《禮記·月令》云：「孟春之月，……其祀戶，祭先脾。……孟夏之月，……其祀竈，祭先肺。……中央土，……其祠中霤，祭先心。……孟秋之月，……其祀門，祭先肝。……孟冬之月，……其祀行，祭先腎。」

之。春季其祀戶，祭品以脾臟爲上；夏季其祀竈，祭品以肺爲上，年中其祠中霤，祭品以心臟爲上；秋季其祀門，祭品以肝爲上，冬季其祀行，祭品以腎爲上，此皆與五行金、木、水、火、土之相生相剋有關聯，正是以《易》義與五祀、五臟相比附也。

綜上所述，姚配中雖推崇鄭玄，但不墨守其說，擇善而從，用七八九六之義，以與〈月令〉之五神、五蟲、五音、五味、五祀、五臟及干支十二律相比附，雜引《大戴禮記》、《小戴禮記》、《洪範五行傳》、《淮南子》、《春秋繁露》、《史記‧律書》、《緯侯說》、《白虎通義》以證明，思想新穎，此爲其《易》學特色。

姚配中一生博覽經史百家，尤嗜《易》，其爲樸學派漢《易》學家，於漢魏諸家遺存《易》說，進行大規模梳理，尤以鄭玄、荀爽、虞翻、京氏諸家《易》說，進行細密之整理歸納，如《周易姚氏學》即在疏通舊說之基礎上，進行全新之綜合演繹之作。此種新疏之撰，實有功於清之《易》學研究者，清宋翔鳳《周易姚氏學‧題解》曰：「治《易》三古進黃羲、何止條流分漢學，周秦百氏歸揚搉，張侯絕業竟同情。」〔註56〕姚配中常自命巧慧，左右采獲，穿穴无所不通，加以其能博徵古義，並旁引馬、鄭、荀、虞，訓辭深厚，似若悉有典據，故宋翔鳳以豪傑之士稱之。然其於《周易通論月令》中，以卦象說七十二候，依據李溉所傳孟喜之〈卦氣圖〉爲準，既以四正卦主四時，以六十卦主六日七分，復取八卦用事各四十五日之說。錯綜而參用，實先王體天窮民之大經，其義一本於卦氣，乃漢學之末流，惠棟、張惠言之遺法也。

〔註56〕同註6，頁 449。

第十二章　結　論

　　清代八家《易》學思想，經由以上各章節之討論分析，對各家之《易》學理論、識見、特色，已有初步之瞭解。今再分類歸納、比較各《易》學家學說之異同及相互關係，可得到以下幾點心得：

　　其一、順、康、雍時期，王夫之、李光地、程廷祚皆義理學派大家；王夫之治《易》之綱領，大抵以〈乾〉〈坤〉並建爲諸卦之統宗，以陰爻、陽爻於卦爻之位間錯綜相易，爲變化之經。而以陰陽之消長、屈伸，變動不居者，爲不測之神。以錯綜合一爲象，〈象〉〈爻〉一致，四聖一揆爲釋。因其視《易》學爲成德成業之聖學，故側重義理之探究。王夫之之〈乾〉〈坤〉並建說乃對朱熹思想之吸收，有其淵源，朱熹以爲任何事物皆必然是〈乾〉〈坤〉並存，不可能只有〈乾〉或只有〈坤〉，朱熹將〈乾〉〈坤〉視爲一統一體，爲一物兩個不可分割之面，此兩個方面互爲顯隱，相互爲用，反映事物質之變化，剛中必有柔，柔中必有剛；陰中必有陽，陽中必有陰；剛柔、陰陽實爲一體，不可相分。王夫之主義理，但不完全否定象數；主張以「錯綜合一」之象以說明「〈乾〉〈坤〉並建」之理，將錯綜視爲「〈乾〉〈坤〉並建」之展開過程，王夫之既重視象數，亦主象數與義理之統一〔註1〕。其以「〈乾〉〈坤〉並建」爲體，以「錯綜」爲用，解釋《周易》整套卦爻之旁通秩序；在此，〈乾〉〈坤〉

〔註1〕　汪學群：《王夫之易學——以清初學術爲視角》云：「王夫之《易》學對象數學中的合理之處，也有所採納，批判地加以繼承，這尤其表現在他解《易》的原則和體例上。如〈乾〉〈坤〉並建思想基于陰陽向背之說，陰陽向背說是在漢《易》的飛伏說啓發下提出的，從錯綜角度解釋卦序，受來知德的陰陽錯綜說的影響。」（北京社會科學文獻出版社，2002年5月），頁60～61。

兩卦成對,其他六十二卦亦成對,所謂「錯」者,孔穎達《周易正義·序卦》亦稱為「變」;「綜」者,亦稱為「覆」,王夫之以錯綜解釋六十四卦間相對表現之作用,以虛擬天地之道。王氏以義理派與象數派皆有偏頗,而主象理合一〔註2〕,其研《易》倡實學,故反對魏伯陽《參同契》、佛家《華嚴經》、風水術數之類。而在釋《易》方法上,其卦主說,主張〈乾〉、〈坤〉兩純卦,無卦主,其他再分為三類,即「一爻行乎眾爻之間」為主者,即一爻行於眾爻之間,以此爻為一卦之主者,在六十四卦之中,一陽而行乎眾陰之間者有六,分別為〈復〉、〈師〉、〈謙〉、〈豫〉、〈比〉、〈剝〉;一陰而行乎眾陽之間亦有六,分別為〈姤〉、〈同人〉、〈履〉、〈小畜〉、〈大有〉、〈夬〉等共十二卦。以「二爻相往來,而以所往來者為主」,即二爻相往來,而以所往來者為主,此類卦主皆是屬三陰三陽之卦。其皆由〈泰〉、〈否〉卦變而來,通常卦主即是由卦變相往來之那兩爻決定之,如〈損〉、〈益〉即是。又「以相應不相應為主者」,即此類卦皆屬於二陰二陽之卦,以不相應之兩爻作為卦主者,有〈中孚〉、〈小過〉等卦,此類卦六爻中有兩對爻相應,只有兩爻不應。此三種卦主之定義皆有其特殊之含意,即在反京房、王弼之一爻以為主說。

李光地研《易》,首尊朱熹,次為程頤,以義理為主,然因受黃道周象數學影響;由黃道周而朱震,而邵雍,一直溯源至漢儒《易》學,故其《易》學思想,能博采眾家,尊崇宋《易》,折中求本,自成一家;以《易》學致用,融《易》理於政事以成實學。其《周易折中》既不專言象數,又不專言義理,由《周易》本身出發,吸取象數與義理合理處,合於「中正」之道,歸於《易》之本,而成一家之言,並以《易》學致用,由天地陰陽之道中,發展出施諸人事之「論道經邦」實用哲學,此種象數、義理兼採,重實學之說,實與王夫之有大致雷同處。而於釋《易》方法上,李氏亦主卦主說,其提出「成卦之主」與「主卦之主」之論,其所言之主,絕大多數為五爻,依李氏所言之「成卦之主」,即以每卦本身為中心,凡構成一卦之爻,此爻不分其位之高低,(即不管此爻處於何爻位),亦不論其品德之善與惡,(即不管此爻位是否處

〔註2〕 按:崔波:〈京房易學思想述評〉云:「清初王夫之不贊成孟、京《易》學,謂:『《易》可以該律,律不可以盡《易》,猶《易》可以衍曆,曆不可以限《易》,蓋曆者,象數已然之述,而非陰陽往來之神也。故一行智,而京房迷』。(《周易外傳·繫辭上》第四章)他反對用卦氣說取代《周易》,指出孟、京《易》學講災異是迷誤,同時,又承認,『《易》可以衍曆』,包括著對《易》學中科學成分的肯定,是較公允的看法。」(《周易研究》,1994 年第四期),頁 22。

於「中位」之二、五兩爻位上，以及是否「當位」)，只要以其爲構成一完整之六爻卦，此卦即爲「成卦之主」，而「主卦之主」即指在卦中起主要作用之爻，「主卦之主」須以「德、善」爲本，故必處於居「中位」之二、五爻位上，而在二、五兩爻位上分析選定其「主卦之主」時，又以「得時」、「得位」之爻爲主〔註3〕，李光地之卦主論與王夫之之卦主說應有相異之處。又李光地探究《參同契》，以爲此書隱藏《易》之大義，其以〈坎〉爲「天魄」，〈離〉爲「地熒」，此爲取「日月爲《易》」之說，以「天魄」指日，「地熒」指月，日月相交而《易》見；六十四卦，由〈乾〉〈坤〉始，終於〈既濟〉、〈未濟〉，終則復始，於是「周易」之大義備〔註4〕；李氏以道士用丹砂鉛汞以煉「仙丹」之喻，以說明人可通過心性修養之修煉，顯現自身固有之善性而成「聖賢」，此因《參同契》悟得《易經》之理，借道教經典而達對儒家經典之領悟，李氏堅持陳摶、朱熹《參同契》之觀點，此說又與王夫之反對《參同契》之「煉丹修化」之術意見相左也，然二人同爲順、康時期傑出之《易》學家。

　　程廷祚說《易》主義理，頗採王弼之說法，亦採程頤之《易》傳，而動靜之理爲義理學派《易》學家所討論之重點，遠在三國時，王弼即以其理解之動靜，闡述《易》理，王弼以爲動靜之理爲；當動則動，當靜則靜，孰動孰靜，由時決定。北宋程頤主動靜相因，南宋朱熹則主靜中有動，動中有靜，王夫之主動靜相函〔註5〕，即物質之運動與靜止爲相互包含，互相融合，並於一定條件下互相轉化，程廷祚結合諸家之說，主《周易》中之動靜之理，爲動靜互涵，動中有靜，靜中有動；陰陽各有動靜，故程廷祚與王夫之動靜說，實有相因相成之關係。

　　其二、乾、嘉時期，惠棟、張惠言、姚配中皆象數派大家；惠棟治《易》則恪守漢儒荀爽、虞翻、鄭玄等解《易》之體例，尤推崇孟喜、京房以來之

〔註3〕 李光地：《周易折中・義例》云：「凡所謂卦主者，有成卦之主焉，有主卦之主焉，成卦之主則卦之所由以成者，無論位之高下，德之善惡，若卦義因之而起，則皆得爲卦主也。主卦之主必皆德之善而得時得位者爲之，故取於五位者爲多，而他爻亦間取焉。」(臺中瑞民書局，民國87年12月)，頁114。

〔註4〕 李光地：《榕村全集・參同契・鼎符・上篇》云：「〈乾〉〈坤〉設位，而〈坎〉〈離〉行。至哉二用，萬物資生。鼓舞寒暑，雷霆以形。〈坎〉者天魄，〈離〉者地熒。二者相交，《易》道乃并，《易》始〈乾〉〈坤〉，終於〈既〉〈未〉，中六十卦，互爲始終。」(臺北：大西洋圖書公司，民國58年元月)，頁7291。

〔註5〕 王夫之：《周易內傳》卷四：「夫行止各因時以爲道，而動靜相函。靜以養動之才，則動不失靜之體。」(長沙嶽麓書社，1996年10月)，頁420。

象數之學及卦氣說，而排斥宋《易》解經之傳統，惠氏於漢儒諸家皆有所取
捨、選擇，大致以取象說爲綱，以虞翻之升降說及荀爽之旁通說爲主幹，以
象數之學爲主體，惠氏著眼於漢《易》之象數理論，於《周易》經傳中之《易》
學注釋，則不同於宋《易》義理學之結論，亦有異於宋《易》象數學之觀點，
遂形成《易》學史上獨具特色之漢《易》考據學，爲清代《易》學史上首位
成系統之樸學《易》。往後張惠言之《易》學，實淵源於惠棟；惠氏專精《周
易》，其反對宋人說《易》，張惠言則以爲漢人《易》說之可見者鄭、荀、虞
三家，互有不同，唯虞翻得孟喜之正傳，繼七十子之微言，故專以虞氏爲主，
發明虞氏義。張氏研究虞翻關於《易》象之釋入手，並進而探究孟喜義理。
張氏推崇虞翻上繼孔門，未免不能除漢人之陋見。然漢儒之《易》學各派不
同，鄭荀出於費氏，而虞翻出於孟喜，其勢不能合，而惠棟作《周易述》，尊
虞翻而補以鄭、荀，大有「凡漢皆好」，不忍割捨之情，但又不察其說之不通
處。張氏意在「探賾索隱，以存一家之學」，故其精研漢《易》，欲由虞翻《易》
學以上求田何、楊叔、丁將軍之旨；因而於《周易虞氏義》中，依虞翻義，
於《周易》經傳作全盤注疏。其注疏卦爻辭之體例有旁通說，卦變說、升降
說、飛伏說、納甲說、五行說、卦氣說、互體說等，而歸結爲取象說，並以
十二消息卦說爲解經之綱領，其識見實高於惠氏也〔註6〕。又張惠言以治《易》
之法以治詞；即以虞翻之《易》義治詞；張氏治詞，其舍數取象，於象中，
又重綜合義理，將「比重合象，推爻附卦」之法，用於詞學之中，是爲「觸
類條鬯，各有所歸」。茗柯以爲漢儒說《易》，莫不參互卦爻，而依〈說卦〉
以爲象，尤以虞翻說《易》所體現之「發揮旁通」、「貫穿比附」之特點爲佳，
其甚崇之，推而之於箋詞，所謂「義有幽隱，并爲指發」也。張氏以虞翻之
《易》義治詞，重視「求是求眞」之要義，爲惠棟所無，亦爲其精妙也。而
姚配中初善張惠言《虞氏義》，然其以鄭玄之《易》學爲最優，故發明鄭學，
其《周易姚氏學》，鄭君所未備者，取荀、虞諸家補之，然必與鄭義相比附；
荀、虞諸家所未及者，附加案語，亦本鄭君家法，由卦象以求義理，一洗附
會穿鑿之陋。至鄭君間取爻辰徵之星宿爲後人所駁斥者，配中悉皆刪去，一
字不登，尤見擇善而從，不爲門戶之標榜，可謂善學鄭君者，此種好鄭玄與
張惠言之重虞翻有異。

〔註6〕張惠言除有《周易虞氏義》外，尚有《周易虞氏消息》、《虞氏易禮》、《虞氏
　　　易事》、《虞氏易候》等，皆其名著者。

　　其三、毛奇齡爲順、康時期，圖象派之《易》學家，其解經重訓詁、考據，反對宋，並以己意闡發經義。毛氏推崇漢《易》，持守漢魏六朝儒者解《易》之說，而不取宋儒圖書《易》說，並考辨《易》圖；毛氏考辨〈河圖〉、〈洛書〉，均早已亡佚，今所見〈河圖〉乃陳摶依《易、繫》「大衍之數」鄭玄註推演而成，當名〈大衍圖〉，而非古所謂〈河圖〉；今之〈洛書〉非聖人所傳，而爲陳摶據《易緯・乾鑿度》而僞作，即所謂「太乙下九宮法」，故其作有「太一下九宮圖」以正之。毛氏又考證〈太極圖〉之來源爲：漢魏伯陽作《周易參同契》，其中有〈水火匡廓圖〉及〈三五至精圖〉兩幅。隋唐時，道士作《上方大洞眞元妙經品》，將〈水火匡廓圖〉與〈三五至精圖〉合而爲一，又加幾個圓圈，作成〈太極先天之圖〉。而陳摶剽竊《眞元品》之圖，改成〈太極圖〉，傳於周敦頤，周敦頤依陳摶所傳，於宋英宗即位之前繪成〈太極圖〉，署名爲周惇（敦）實，後因避英宗諱，方改名爲周敦頤。至宋徽宗政和六年（西元1116 年），朱震得此圖，獻於宋高宗，朱震之注解言：「右太極圖，周惇實茂叔傳二程先生」。言明朱震此圖不僅保持原有署名，亦保持〈太極先天之圖〉之形制。往後，朱熹不僅改篡《太極圖說》，亦改篡〈太極圖〉，其去掉「陽動」之圖，於說明亦有更動。而毛奇齡作《太極圖說遺議》後，有僧人告之，〈太極圖〉源於唐代高僧宗密（圭峰）之〈十重圖〉，故毛氏得出結論言，陳摶以前，已有圖，陳摶所作之圖，一來源於《道藏》之《眞元品》，另一爲宗密《禪源詮集》之〈十重圖〉，此乃考證〈太極圖〉源於道教、佛家。又惠棟亦批判河洛圖式，其以爲〈河圖〉、〈洛書〉並非宋《易》中所言之十河九洛圖，其在《易漢學・辨河圖洛書》中指出，自古相傳之載九履一之圖，即《乾鑿度》中所言之九宮之法，在宋以前，未有以九宮之法爲〈河圖〉者，直至宋劉牧及阮逸出，方有此荒謬之說。劉牧始以之爲〈河圖〉，又以五行生成圖爲〈洛書〉，阮逸又僞作《洞極經》，以五方爲〈河圖〉，以九宮爲〈洛書〉。漢儒鄭玄與虞翻關於〈繫辭〉「天地之數」之說，雖與〈河圖〉之數相合，然二人皆未嘗言此爲〈河圖〉，以漢代去古未遠，康成，仲翔尙未有此說，則宋代以後所言〈河圖〉與〈洛書〉爲伏羲時所出，則必爲妄說，惠氏於宋圖書學之反動精神，與毛奇齡有相似之處。又張惠言亦以宋之圖書學不可依信，其著《易圖條辨》，總結黃宗羲、毛奇齡以來評論圖書之學之成果，駁斥陳摶與劉牧之〈河圖〉、〈洛書〉說，並評論周敦頤之〈太極圖〉〔註7〕，此乃毛奇

〔註 7〕 皮錫瑞：《經學通論》云：「張惠言《易圖條辨》駁詰精審，足箴先儒之失。」

齡之延續者。又焦循之《易》學屬象數一派，但獨樹一幟，堪稱樸學《易》
中之象數創新派，今人多以焦氏之《易》學爲漢《易》之學，其實焦氏之治
《易》，不同於惠棟、張惠言之唯漢《易》是從，而是力主會通百家之說，不
墨守一家之言，企圖於漢人象數學之基礎上，獨闢蹊徑，另立一解《易》新
體制。焦氏治學重文字訓詁，但不贊同以考據代經學，反對恪守漢代經師一
家之法，因而於漢《易》卦變、納甲、卦氣六日七分、爻辰等理論進行批判，
焦氏雖批評漢《易》諸家《易》學體例，但觀其於《周易》經傳之解，乃在
闡發漢《易》象數學之傳統，其不同之處在於揚棄漢人解經體例，而另立一
新體制，解說《周易》經傳文字，故其《易學三書》能以數理推《易》，以小
學通《易》，而架構其求通《易》象、《易》辭、《易》理之根本原則，此與惠
棟、張惠言、姚配中、毛奇齡諸人之《易》學識見略有不同矣。

　　總體而言，王夫之生當季明初清之際，致力於《易》學研究，其能貫串
群經，融攝眾說，研幾見理之精到，直證聖脈之心傳，王氏《易》旨在合四
聖爲一途，庶幾正人心，有息邪說之意；其於漢《易》京房卦氣即有質難，
不以十二地支即範圍天地，至於爻辰、納甲、卦氣、緯書，責其迷離彷彿，
於邵堯夫之《易》，則言其自然排比，一覽有盡之天地，聖人之所不敢言，有
違世教，宜然均皆合我心。其言《易》不廢占，占學一理，在於學《易》重
運用，能體現通經致用之精神，此皆爲其於學術上之價值。毛奇齡於《易經》
之辨僞考證，致力於駁正宋儒圖、書之說、廓清宋明以來種種謬誤曲解，其
批判周氏圖說，特重考證其思想資料及其觀點之歷史淵源，以考證圖書之原
貌，此種重「實學」之精神，誠開清代漢學家研究漢《易》之先驅，從而爲
樸學《易》展開新途，以爲其貢獻。李光地論《易》，尤重《周易》之應用，
以《易》治國，以《易》修身。其於象數派與義理派各有褒貶，從《周易》
中，既吸取兩派之「合理」處，又削去其枝蔓之說，以合於「中正」之道，
此爲《易》之「本」。李氏又張揚程朱之宋《易》，使宋《易》之精微處，能
彰顯於世，其《周易折中》集歷代各家《易》說之大成，使人瞭解《易》學
發展之脈絡，其間積累二千多年之《易》學成就，二百多家之《易》說，保
留豐富之《易》學資料，此爲其價值。程廷祚主萬物相感，生生不已，陰陽
各有動靜高論，其排定甚熾，主拋棄邵雍、周敦頤、朱熹之象數之學，並不
承認兩漢之互體、卦變、卦氣之說，專以義理爲宗，於樸學《易》盛行時期，

其於《周易》之義理探討，深具貢獻。惠棟爲清代樸學《易》之主要代表，其《易》著，大體以漢人爲宗，更以荀、虞爲主，對於漢人《易》說，鉤證考稽，掇拾散佚，不遺餘力，並引據古義，使學者得見漢《易》之門徑，有助儒林，此皆爲對漢《易》之恢復與保存所作之貢獻〔註8〕。張惠言獨宗虞翻，意在「探賾索隱，以存一家之學」，其在輯錄兩漢及魏晉南北朝多數名家《易》文時，對所引《易》文，皆注明出處，並作考證與疏釋，而尤以虞翻之《易》最爲詳備可觀。張氏於漢《易》與虞氏《易》之整理與解說，則深具學術價值，及對《周易》經傳之校勘與字義之解釋，亦有貢獻。焦循之《易》學，依據其實測、天元術，以假借治《易》等方法，及其旁通、相錯、時行等《易》例，對《周易》之卦象與卦爻辭作全面解釋，其學說新穎、有特色，阮元、王引之皆給與極高之評價〔註9〕。又其對漢《易》卦變、納甲、納音、卦氣六日七分、爻辰等理論進行批判，故雖屬象數派，而敢於發言，於象數學之發展亦有價值。姚配中研究漢《易》，獨尊鄭康成之家法，其大義微言，有如絕學復明，姚氏注《易》二十餘年，其寢食于周秦百氏也，洵有非末學所能窺其蘊奧者，宋翔鳳稱爲絕去依傍，獨探本元；百里一賢，下觀千古。沈欽韓稱爲通儒之學，非沾沾一師之言。蓋由其學之博，而擇之精也。〔註10〕以上種種，從《易》學史之角度觀之，清代《易》學八大家承前代《易》學餘緒，而能自出機杼，創立新說，並能復漢存古，尤其象數派富懷疑精神，其對清末今文《易》學派之崛起，亦有推波助瀾之功，今文學派《易》學家，秉持懷疑精神提出反傳統《易》學觀點〔註11〕，今人又本著今文家懷疑之精神，採用科學方法，運用地下出土古物，以整理舊文化，從事《易》學研究，故八大家《易》學之大成，實富有承先啓後之樞紐地位。

　　本文之作，初由探討清代以前《易》學發展之脈絡，進而明晰清代《易》

〔註 8〕 周中孚《鄭堂讀書記補逸》云：「漢學之絕者，千有百餘年，至是而粲然復章矣。」
〔註 9〕 按：《焦氏遺書、雕菰樓易學》卷前，錄阮元致里堂手札，言其讀《易學三書》大略，以爲「石破天驚」之論。又《焦氏遺書》卷前所錄王引之致里堂手札，以爲里堂「示以說《易》諸條，鑿破混沌，掃除雲霧，可謂精銳之兵矣。」
〔註10〕 參見姚配中：《周易通論月令·郭賢坤跋》，收入《續修四庫全書》編輯委員會編《續修四庫全書三十·經部·易類》（上海：上海古籍出版社，1995 年 3 月），頁 717。
〔註11〕 按：如姚際恆承歐陽修之緒，以爲《易傳》非孔子所作，其《古今僞書考》更首列《易傳》爲《僞書》之類。

學如何上承前代，下開近代研究《易》學之先河。而研究清代《易》學發展與特色，並確認清人治《易》重注釋、校勘、輯佚；又提倡經世致用，實事求是之功，故由清代《易》學發展之成績，得知八大家《易》學特色，凡此種種，一一探究，綜合比較，明其異同，則八大《易》學家能領袖清代《易》學風氣，爲其開一新局，可見一斑。而本文之成，每由戒愼之情，初探各家《易》學之樞要，對各家《易》學思想要義，有若干仍待商榷處，未能主觀評議；及清代《易》學八家思想對民國之《易》家所作影響，皆是本文研究，力有未逮，未能致其廣大而盡其精微者，盼今後能繼續研究，以期能開拓新論題，重加探索，以尋求《易經》不易之至理。

參考書目

一、專書部分

1. 上海圖書館，《中國叢書綜錄》，上海：上海古籍出版社，1983 年 5 月一版。

2. 中山大學中國文學系主編，《第一屆清代學術研討會論文集》，臺灣國立中山大學中國文學系，民國 78 年 11 月。

3. 支偉成，《清代樸學大師列傳》，臺北：藝文印書館，民國 59 年 10 月初版。

4. 孔穎達，《周易正義》，《十三經注疏本》，臺北：藝文印書館，民國 65 年 5 月六版。

5. 孔穎達，《禮記正義》，《十三經注疏本》，臺北：藝文印書館，民國 65 年 5 月六版。

6. 方以智，《周易時論合編》，臺北：文鏡文化事業公司，民國 72 年。

7. 毛奇齡，《河圖洛書原舛編》，《續修四庫全書本》，上海：上海古籍出版社，1995 年 3 月。

8. 毛奇齡，《毛西河先生全集》，臺北：中央研究院傅斯年圖書館藏清嘉慶年間刊本。

9. 毛奇齡，《西河集》，《四庫全書本》，臺北：臺灣商務印書館，民國 72 年 7 月。

10. 王夫之，《讀通鑑論》，長沙嶽麓書社，1996 年 10 月。

11. 王俊義・黃愛平，《清代學術文化史論》，臺北：文津出版社，1996 年 11 月初版。

12. 王雲五主編，《明王船山先生夫之年表》，臺北：臺灣商務印書館，民國

67 年 7 月初版。

13. 王雲五主編，《續修四庫全書提要》，臺北：臺灣商務印書館，民國 61 年 3 月初版。

14. 王德毅主編，《叢書集成續編》，臺北：新文豐出版公司，民國 78 年 7 月臺一版。

15. 王新春，《周易虞氏學》，臺北：頂淵文化事業有限公司，1999 年 2 月初版。

16. 王昶，《春融堂集》，清嘉慶丁卯十二年、戊辰十三年熟南書舍刊本。

17. 北京圖書館編，《北京圖書館古籍善本書目》，北京：書目文獻出版社。

18. 司馬遷，《史記》，臺北：洪氏出版社，民國 64 年 9 月三版。

19. 四庫全書存目叢書編纂委員會，《四庫全書存目叢書》，臺北：莊嚴文化事業有限公司，1997 年 2 月。

20. 皮錫瑞，《經學通論》，臺北：臺灣商務印書館，民國 78 年 10 月臺五版。

21. 皮錫瑞，《經學歷史》，臺北：藝文印書館，民國 76 年 10 月二版。

22. 全祖望，《鮚埼亭集》，臺北：華世出版社，民國 66 年 3 月初版。

23. 任法融，《周易參同契釋義》，西安：西北大學出版社，1993 年 9 月一版。

24. 朱熹，《朱子語類》，臺北：文津出版社，民國 75 年 12 月。

25. 朱熹，《周易本義》，臺北：華聯出版社，民國 78 年 12 月。

26. 朱熹，《朱熹集》，成都：四川教育社，1996 年 10 月一版。

27. 朱伯崑，《周易知識通覽》，濟南：齊魯書社，1993 年 12 月一版。

28. 朱伯崑，《易學哲學史》，臺北：藍燈文化事業公司，民國 80 年 9 月初版。

29. 朱伯崑主編，《國際易學研究》第五輯，北京：華夏出版社，1999 年 9 月一版。

30. 朱啓經，《易經卦主分析》，北京：中國醫藥科技出版社，1994 年 12 月一版。

31. 朱彝尊，《經義考》，中央研究院中國文哲研究所籌備處，民國 86 年 6 月初版。

32. 朱彝尊，《曝書亭集》，《四部備要》本，臺北：臺灣中華書局，不著出版年月。

33. 江日新編輯，《清代經學國際研討會論文集》，中央研究院中國文哲研究所籌備處，民國 83 年 6 月初版。

34. 江藩，《國朝漢學師承記》，北京：中華書局，1998 年 12 月二版。

35. 周駿富編，《國朝耆獻類徵初編》，臺北：明文書局，民國 75 年元月初版。

36. 何澤恆，《焦循研究》，臺北：大安出版社，1990 年 5 月一版。

37. 李淼主編，《中國古代序跋文選集》，廣東：汕頭大學出版社，1996 年一版。

38. 李鏡池，《周易探源》，北京：中華書局，1991 年 7 月。

39. 李申，《話說太極圖－易圖明辨補》，北京：知識出版社，1992 年 7 月一版。

40. 李光地，《榕村全集》，臺北：大西洋圖書公司，民國 58 年元月。

41. 李光地，《榕村語錄》，北京：中華書局，1995 年 6 月一版。

42. 李光地，《榕村續語錄》，北京：中華書局，1995 年 6 月一版。

43. 李光地，《周易折中》，臺中：瑞民書局，民國 87 年 12 月一版。

44. 李塨，《周易傳注》，《四庫全書》本，臺北：臺灣商務印書館，民國 72 年 7 月。

45. 李開，《惠棟評傳》，南京：南京大學出版社，1997 年 7 月一版。

46. 李慈銘，《越縵堂讀書記》，臺北：世界書局，民國 64 年 7 月再版。

47. 李鼎祚，《周易集解》，臺北：臺灣商務印書館，1996 年 12 月臺一版。

48. 阮元，《揅經室集》，臺北：臺灣商務印書館，民國 56 年 2 月臺一版。

49. 汪學群，《王夫之易學──以清初學術為視角》，北京：社會科學文獻出版社，2002 年 5 月一版。

50. 屈萬里，《書傭論學集》，臺北：臺灣開明書局，民國 69 年 1 月二版。

51. 屈萬里，《先秦漢魏易例述評》，臺北：臺灣學生書局，民國 74 年 9 月三版。

52. 林麗真，《王弼及其易學》，臺北：國立臺灣大學文學院，民國 66 年 2 月。

53. 林忠軍，《象數易學發展史》，濟南：齊魯書社，1994 年。

54. 林忠軍，《易學心知》，北京：華夏出版社，1995 年 5 月北京一版。

55. 林慶彰，《清初的群經辨偽學》，臺北：文津出版社，民國 79 年 3 月。

56. 林慶彰編，《中國經學史論文選集》，臺北：文史哲出版社，民國 82 年 3 月初版。

57. 林慶彰，《經學研究論叢》第一輯，臺北：聖環圖書有限公司，83 年 4 月一版。

58. 林慶彰，《經學研究論叢》第二輯，臺北：聖環圖書有限公司，83 年 10 月一版。

59. 紀昀等編，《文淵閣四庫全書》，臺北：臺灣商務印書館，民國 72 年 7 月。

60. 周正禮，《易經門窺－易經與中國文化》，北京：學苑出版社，1990 年 12 月一版。

61. 周康燮主編，《清代學術思想論叢第一集》，香港：大東圖書公司，1978

年 7 月一版。

62. 周康燮主編,《清代學術思想論叢之二——顏李學派研究叢編》,香港:大東圖書公司,1978 年 12 月一版。

63. 范耕研,《江都焦里堂先生年表》,臺北:文史哲出版社,民國 81 年 4 月初版。

64. 姚配中,《周易姚氏學》,《續修四庫全書》本,上海:上海古籍出版社,1995 年 3 月。

65. 姚配中,《周易通論月令》,《續修四庫全書》本,上海:上海古籍出版社,1995 年 3 月。

66. 姚配中,《姚氏易學闡元》,《續修四庫全書》本,上海:上海古籍出版社,1995 年 3 月。

67. 胡自逢,《先秦諸子易說通考》,臺北:文史哲出版社,民國 78 年 8 月三版。

68. 胡自逢,《周易鄭氏學》,臺北:文史哲出版社,民國 79 年 7 月一版。

69. 胡自逢,《程伊川易學述評》,臺北:文史哲出版社,民國 84 年 12 月初版。

70. 胡適,《胡適文集》,北京大學出版社,1998 年。

71. 胡渭,《易圖明辨》,《四庫全書》本,臺北:臺灣商務印書館,民國 72 年 7 月。

72. 高亨,《周易雜論》,濟南齊魯書社,1988 年。

73. 高懷民,《宋元明易學史》,高懷民,民國 83 年 12 月初版。

74. 高懷民,《兩漢易學史》,臺北:中國學術著作獎助委員會,民國 72 年 2 月三版。

75. 徐芹庭,《易學源流》,臺北:國立編譯館,民國 76 年 8 月初版。

76. 徐芹庭,《魏晉七家易學之研究》,臺北:成文出版社,民國 66 年 2 月。

77. 徐芹庭,《兩漢十六家易注闡微》,臺北:五洲出版社,民國 64 年 12 月。

78. 徐芹庭,《虞氏易闡微》,臺北:龍泉出版社,民國 87 年 11 月。

79. 徐世昌,《清儒學案小傳》,臺北:明文書局,民國 75 年元月初版。

80. 徐世昌,《清儒學案》,國防研究院、中華大典編印會,民國 56 年 10 月臺初版。

81. 孫殿起編錄,《販書偶記》,京都:中文出版社,1979 年 6 月。

82. 班固,《漢書》,臺北:臺灣商務印書館,1996 年 12 月。

83. 晁公武,《郡齋讀書志》,臺北:臺灣商務印書館,民國 70 年 10 月。

84. 桂文燦,《經學博采錄》,臺北:明文書局,民國 81 年 8 月初版。

85. 張立文，《周易思想研究》，湖北：人民出版社，1980 年 8 月。

86. 張其成，《易通：中華文化主幹》，北京：中國書店，1997 年 1 月一版。

87. 張其成，《易學大辭典》，臺北：建宏出版社，1996 年 2 月初版。

88. 張惠言，《易學十書》，臺北：廣文書局，民國 66 年 7 月再版。

89. 張惠言，《茗柯文》，《四部備要》本，臺北：中華書局，民國 77 年 12 月。

90. 張惠言，《周易鄭荀義》，《續修四庫全書》本，上海：上海古籍出版社，1995 年 3 月。

91. 張善文，《歷代易家與易學要籍》，福州：福建人民出版社，1998 年 4 月一版。

92. 張載，《張子全書》，臺北：中華書局，民國 55 年 3 月二版。

93. 梁啓超，《清代學術概論》，臺北：臺灣商務印書館，民國 74 年 2 月二版。

94. 梁啓超，《中國近三百年學術史》，臺北：華正書局，83 年 8 月。

95. 國立中央圖書館編，《國立中央圖書館善本書目》，國立中央圖書館，民國 75 年 12 月。

96. 國立故宮博物院編，《國立故宮博物院善本舊籍總目》，臺北：故宮博物院，民國 72 年 4 月。

97. 國史館，《清史稿校註》，國史館，民國 78 年 2 月。

98. 許蘇民，《李光地傳論》，福建：廈門大學出版社，1992 年 9 月一版。

99. 許抗生，《魏晉玄學史》，西安：陝西師範大學出版社，1989 年 7 月一版。

100. 陳壽，《三國志》，臺北：鼎文書局，民國 69 年 9 月。

101. 陳振孫，《直齋書錄解題》，臺北：臺灣商務印書館，1968 年。

102. 陳澧，《東塾讀書記》，臺北：世界書局，民國 50 年 12 月初版。

103. 陳奇猷，《呂氏春秋校釋》，臺北：華正書局，民國 74 年 8 月初版。

104. 陳居淵，《焦循儒學思想與易學研究》，濟南：齊魯書社，2000 年 5 月。

105. 商國君，《中國易學史話》，哈爾濱：黑龍江人民出版社，1995 年 12 月一版。

106. 陸費逵總勘，《二程全書》，《四部備要》本‧子部，臺北：臺灣中華書局。

107. 郭群一‧吳旭民編輯，《中國古籍善本書目》，上海：上海古籍出版社，1989 年 10 月。

108. 崔述，《崔東壁遺書》，臺北：世界書局，民國 52 年 6 月初版。

109. 曾昭旭，《王船山哲學》，臺北：遠景出版事業公司，民國 72 年 2 月初版。

110. 曾春海，《易經哲學的宇宙與人生》，臺北：文津出版社，1997 年 4 月初版。

111. 惠棟，《松崖文鈔》（《聚學軒叢書》第一集，收錄於《叢書集成續編》），

臺北：藝文印書館，民國 59 年 6 月。

112. 惠棟，《周易述》，臺南：大孚書局，民國 83 年 10 月初版。

113. 惠棟，《九曜齋筆記》，臺北：藝文印書館，1970 年。

114. 程石泉，《雕菰樓易義》，臺北：臺灣商務印書館，民國 64 年 12 月臺二版。

115. 程頤，《易程傳》，臺北：文津出版社，民國 76 年 6 月初版。

116. 程廷祚，《大易擇言》，紀昀等編《文淵閣四庫全書》本，臺北：臺灣商務印書館，民國 72 年 7 月。

117. 程廷祚，《易通》，《續修四庫全書》本，上海：上海古籍出版社，1995 年 3 月。

118. 程廷祚，《讀易管見》，《續修四庫全書》本，上海：上海古籍出版社，1995 年 3 月。

119. 程廷祚，《青溪集》，（收錄於《叢書集成續編》冊一九〇），臺北：新文豐出版公司，民國 78 年 7 月。

120. 焦循，《易通釋》，《續修四庫全書》本，上海：上海古籍出版社，1995 年 3 月。

121. 焦循，《雕菰樓易學》，《續修四庫全書》本，上海：上海古籍出版社，1995 年 3 月。

122. 焦循，《易圖略》，《續修四庫全書》本，上海：上海古籍出版社，1995 年 3 月。

123. 焦循，《易話》，《續修四庫全書》本，上海：上海古籍出版社，1995 年 3 月。

124. 焦循，《雕菰集》，臺北：洪氏出版社，民國 70 年 8 月。

125. 焦循，《焦氏遺書》，清光緒二年衡陽魏氏重刊本，中央研究院歷史語言研究所傅斯年圖書館典藏善本。

126. 黃沛榮師，《易學乾坤》，臺北：大安出版社，1998 年 8 月一版。

127. 黃沛榮師，《易學論著選集》，臺北：長安出版社，1991 年 3 月一版。

128. 黃沛榮師，《周易象象傳義理探微》，臺北：萬卷樓圖書有限公司，2001 年 4 月增訂一版。

129. 黃虞稷，《千頃堂書目》，上海：上海古籍出版社，1990 年。

130. 黃宗義，《黃宗義全集》，上海：上海古籍出版社，1993 年。

131. 黃宗羲，《明儒學案》，臺北：明文書局，民國 80 年 10 月。

132. 黃宗炎，《周易尋門餘論》，《四庫全書》本，臺北：臺灣商務印書館，民國 72 年 7 月。

133. 黃宗炎，《圖學辨惑》，《四庫全書》本，臺北：臺灣商務印書館，民國

72 年 7 月。

134. 黃慶萱，《魏晉南北朝易學書考佚》，臺北：幼獅文化公司，民國 64 年 11 月。

135. 黃壽祺‧張善文，《周易譯注》，上海：上海古籍出版社，2000 年 1 月。

136. 廖名春，《周易研究史》，長沙：湖南出版社，1991 年 7 月。

137. 楊家駱主編，《新校本新唐書》，臺北：鼎文書局，民國 72 年 11 月三版。

138. 楊家駱主編，《新校本宋史》，臺北：鼎文書局，民國 72 年 11 月三版。

139. 楊晉龍主編，《元代經學國際研討會論文集》，中央研究院中國文哲研究所籌備處，民國 89 年 10 月初版。

140. 楊國楨，《李光地研究》，福建：廈門大學出版社，1993 年 5 月一版。

141. 熊十力，《原儒》，臺北：明文書局，民國 77 年 12 月初版。

142. 趙韞如編，《大易類聚初集》，臺北：新文豐出版社，民國 72 年 10 月初版。

143. 鄭吉雄，《易圖象與易詮釋》，臺北：喜瑪拉雅研究發展基金會，民國 91 年 2 月。

144. 劉大鈞，《周易概論》，成都：巴蜀書社，1999 年 12 月一版。

145. 劉安，《淮南鴻烈解》，臺北：河洛圖書出版社，民國 65 年 3 月臺初版。

146. 劉玉建，《兩漢象數易學研究》，南寧：廣西教育出版社，1996 年 9 月一版。

147. 劉國樑注釋‧黃沛榮師校閱，《新譯周易參同契》，臺北：三民書局，八十八年 11 月初版。

148. 樓宇烈，《王弼集校釋》，臺北：華正書局，民國 81 年 12 月初版。

149. 盧央，《京房評傳》，江蘇：南京大學出版社，1998 年 12 月一版。

150. 盧建榮等編，《中國歷代思想家》，臺北：臺灣商務印書館，1999 年 8 月更新版。

151. 蔣貴麟主編，《康南海先生遺著彙刊》，臺北：宏業書局，民國 65 年 8 月。

152. 蔣國榜，《金陵叢書乙集總目》，臺北：考正出版社，民國六十年 6 月。

153. 蔡可圍，《清代七百名人傳》，臺北：廣文書局，民國 79 年 4 月再版。

154. 賴貴三，《焦循年譜新編》，臺北：里仁書局，民國 83 年 3 月。

155. 賴貴三，《焦循雕菰樓易學研究》，臺北：里仁書局，民國 83 年 7 月初版。

156. 錢穆，《中國近三百年學術史》，臺北：臺灣商務印書館 1996 年 7 月臺二版。

157. 錢大昕，《嘉定錢大昕全集》，南京：江蘇古籍出版社，1997 年 12 月一版。

158. 錢儀吉纂錄,《碑傳集》,臺北:明文書局,1985 年。

159. 戴震,《戴東原集》,臺北:大化書局,民國 67 年 4 月。

160. 戴君仁,《談易》,臺北:臺灣開明書店,民國 84 年 3 月。

161. 蕭天石主編,《橫渠張子釋・張子正蒙注》,中國子學名著集成編印基金會,民國 67 年 12 月。

162. 蕭一山,《清代通史》,臺北:臺灣商務印書館,民國 61 年。

163. 蕭漢明等編,《周易縱橫錄》,湖北:人民出版社,1986 年 11 月。

164. 蕭漢明,《船山易學研究》,北京:華夏出版社,1987 年 1 月一版。

165. 魏徵,《隋書》,臺北:洪氏出版社,民國 63 年 7 月。

166. 簡博賢,《魏晉四家易研究》,臺北:文史哲出版社,民國 75 年元月初版。

167. 嚴一萍選輯,《叢書集成》二編,臺北:藝文印書館,民國 59 年 6 月。

168. 嚴靈峰,《無求備齋易經集成》,臺北:成文出版社,民國 65 年元月臺一版。

169. 顧炎武,《日知錄集解》,臺北:中華書局,民國 55 年 3 月。

170. 顧頡剛等,《古史辨》,臺北:藍燈文化事業公司,民國 82 年 8 月二版。

171. 《續修四庫全書》編纂委員會編,《續修四庫全書》,上海:上海古籍出版社,1995 年 3 月。

二、學位論文部分。

1. 江超平,《伊川易學研究》,國立臺灣師範大學國文研究所碩士論文,民國 75 年 5 月。

2. 江弘毅,《朱子易學研究》,國立臺灣師範大學國文研究所碩士論文,民國 74 年 5 月。

3. 江弘毅,《宋易大衍學研究》,國立臺灣大學中國文學研究所博士論文,民國 80 年 6 月。

4. 江弘遠,《惠棟易例研究》,國立臺灣師範大學國文研究所碩士論文,民國 77 年 5 月。

5. 林文彬,《船山易學研究》,國立臺灣師範大學國大研究所博士論文,民國 83 年 6 月。

6. 林文鎮,《俞琰生平與易學》,國立臺灣師範大學國文研究所碩士論文,民國 80 年 5 月。

7. 孫劍秋,《清代吳派經學研究》,國立政治大學中文研究所博士論文,民國 81 年 12 月。

8. 涂雲清,《吳澄易學研究》,國立臺灣大學中國文學研究所碩士論文,民

國 87 年 6 月。

9. 耿志堅，《惠棟之經學研究》，國立政治大學中文研究所碩士論文，民國 73 年 5 月。

10. 高志成，《皮錫瑞易學述論》，逢甲大學中國文學研究所碩士論文，民國 84 年 5 月。

11. 許維萍，《歷代論辨太極圖之研究》，東吳大學中國文學研究所碩士論文，民國 84 年 6 月。

12. 許朝陽，《胡渭易圖明辨之研究》，國立中央大學碩士論文，民國 85 年 5 月。

13. 許朝陽，《胡煦易學研究》，輔仁大學博士論文，民國八十八年 6 月。

14. 陳正榮，《張載易學之研究》，國立臺灣師範大學國文研究所碩士論文，民國六十八年 6 月。

15. 陳進益，《清焦循易圖略‧易通釋研究》，國立中央大學中國文學研究所碩士論文，民國 83 年 6 月。

16. 康雲山，《南宋心學易研究》，國立高雄師範大學國文研究所博士論文，民國 84 年 6 月。

17. 曾春海，《王船山易學闡微》，輔仁大學博士論文，民國 66 年 6 月。

18. 黃忠天，《楊萬里易學之研究》，國立高雄師範學院國文研究所碩士論文，民國 77 年 5 月。

19. 黃忠天，《宋代史事易學研究》，國立高雄師範大學國文研究所博士論文，民國 84 年 5 月。

20. 劉慧珍，《漢代易象研究》，輔仁大學中文研究所博士論文，民國八十六年 6 月。

21. 賴貴三，《項安世周易玩辭研究》，國立臺灣師範大學國文研究所碩士論文，民國 79 年 5 月。

22. 蔡月禎，《王弼易學研究》，國立中央大學中國文學研究所碩士論文，民國 88 年 5 月。

23. 龔鵬程，《孔穎達周易正義研究》，國立臺灣師範大學國文研究所碩士論文，民國 68 年 6 月。

三、學報、期刊部分

1. 尹彤，〈惠棟學術思想研究〉，《清史研究》，1999 年第二期，中國人民大學，1999 年 6 月。

2. 尹彤，〈惠棟周易學與九經訓詁學簡評〉，《寧夏社會科學》，1997 年第一期，1997 年。

3. 田永勝,〈論王弼易學對兩漢象數易學的繼承〉,《周易研究》,1998 年第三期,1998 年 8 月。

4. 白壽彝,〈周易本義考〉,《史學集刊》第一期,民國二十五年 4 月。

5. 李之鑒,〈論孫奇逢「學易全是用易」的學以致用思想〉,《周易研究》,1993 年第一期,1994 年。

6. 李秉乾,〈李光地著作簡目〉,《福建論壇》(文史哲版雙月刊) 第五期,1992 年。

7. 汪學群,〈王船山易學淵源試探〉,《周易研究》,1998 年第三期,1998 年 8 月。

8. 汪學群,〈王船山占學觀試探〉,《中國哲學史》,1998 年第三期,1998 年 8 月。

9. 周玉山,〈易學文獻原論〉(二),《周易研究》,1994 年第一期,1994 年。

10. 周玉山,〈易學文獻原論〉(三),《周易研究》,1994 年第二期,1994 年。

11. 周玉山,〈易學文獻原論〉(四),《周易研究》,1994 年第三期,1994 年。

12. 高晨陽,〈王弼的崇本息末觀與玄理化的易學傾向〉,《周易研究》,1997 年第二期,1997 年 5 月。

13. 楊向奎,〈論張惠言的易學理論〉,《中國社會科學院研究生院學報》,1990 年第五期,1990 年。

14. 孫明章,〈李光地與後期閩學〉,《廈門大學學報》哲學社會科學版,總八十八期,1987 年。

15. 唐明邦,〈王船山論學易和占易的認識意義〉,《船山學報》,1984 年 3 月。

16. 徐楓,〈張惠言與常州經學〉,《杭州師範學院學報》,1997 年第二期,1997 年 3 月。

17. 徐楓,〈張惠言的家族傳統與其詞學淵源〉,《漳州師院學報》,1998 年第四期,1998 年。

18. 唐侶叔,〈王船山的家學淵源〉,《民主評論》第六卷,第五期,民國 44 年 5 月。

19. 陳水雲,〈張惠言的詞學與易學〉,《周易研究》,2000 年第一期,2000 年。

20. 陳憲猷,〈從易理看王夫之對朱熹的吸收和繼承〉,《船山學刊》,1994 年 1 月。

21. 陳祖武,〈李光地年譜略論〉,《文獻季刊》第三期,1989 年。

22. 陳祖武,〈論李光地的歷史地位〉,《福建論壇》文史哲版雙月刊第五期,1992 年 10 月。

23. 陳居淵,〈論焦循易學〉,《孔子研究季刊》第二期,總第三〇期,1993 年 6 月。

24. 黃沛榮師，〈先秦筮書考〉，《書目季刊》，第三期，1983 年 12 月。

25. 詹石窗，〈李光地與易學〉，《周易研究》，1992 年第四期，1992 年。

26. 劉光本，〈象數易與義理易之流變——從易學發展之角度看象數、義理、卜筮三者之關係〉，《周易研究》，1992 年第四期，1992 年。

27. 劉大鈞，〈讀周易折中〉，《周易研究》，1997 年第二期，1997 年。

28. 錢璵之，〈論張惠言〉，《鎮江師專學報》（社會科學版），1999 年第一期，1999 年。